중도장애학생을 위한
문해교육

Susan R. Copeland · Elizabeth B. Keefe 공저
이미경 · 박경옥 · 박윤정 공역 | 한경근 감수

Effective Literacy
Instruction
for Students With Moderate or Severe Disabilities

학지사

**Effective Literacy Instruction for Students with
Moderate or Severe Disabilities**
by Susan R. Copeland, Ph.D., and Elizabeth B. Keefe, Ph.D.

역자 서문

　'중도장애를 지니고 있는 학생에게 문해를 가르칠 수 있을까? 중도장애 학생이 문해 학습을 받는 것이 가능할까?'라는 의문은 현장에서 그들을 가르치는 교사 및 언어치료사의 가슴속에 늘 내재되어 있다. 이는 중도장애학생에게는 기능적인 접근의 교수가 중요하다는 인식과 더불어, 우리 마음속에 자리 잡고 있는 그들이 지닌 학습 잠재력에 관한 의문 때문이라 할 수 있다. 또한 특수교육 관련 종사자가 중도장애학생의 문해적 접근 및 문해력 향상을 위해 심혈을 기울여 왔지만, 아직까지 그들의 특성을 고려한 문해 지도에 대한 이론 및 실제적 접근을 소개하거나 제시해 주는 관련 도서가 충분하지 않은 것도 이유로 들 수 있다.

　이러한 배경하에 이 책은 중도장애학생을 대상으로 한 문해 지도에 대하여 유용한 가이드를 제공해 줄 수 있으리라 기대한다. 이 책은 중도장애학생의 문해 능력 향상을 위한 환경 조성에서부터 단어 재인, 유창성, 읽기 이해력 및 쓰기 의사소통 능력 등 문해의 모든 영역을 포함하고 있다. 또한 실제 현장에서 중도장애학생에게 문해의 주요한 요소를 어떻게 지도할 것인가를 상세히 안내하고 있다. 단지 이론에 그치기보다 중도장애학생을 위한 문해 교수를 어떻게 지도할 것인가에 관한 다양한 예를 제공하고 있어 실제 현장에서 적용할 수 있도록 구성되어 있다. 이에 따라 현장에서 중도장애학생에게 문해 교수를 하면서 느끼게 되는 어려움을 상당

부분 해소해 줄 수 있으리라 기대한다.

이 책이 출간될 수 있도록 많은 지원을 제공해 주신 학지사 김진환 사장님을 비롯하며, 멋진 책으로 출간될 수 있도록 많은 신경을 써 주신 편집부 정다운 선생님 외 편집부 직원 분에게 감사의 인사를 전하고자 한다. 또한 기꺼이 이 책의 번역에 대한 감수를 맡아 주신 한경근 교수님께도 깊은 감사를 표한다. 마지막으로 꼼꼼히 교정을 도와준 세한대학교 김선영, 한명지, 오하늘 학생에게도 감사함을 전한다.

역자 일동

저자 서문

Kliewer, Fitzgerald와 Meyer-Mork(2004)는 문해를 환경에서 제공되는 메시지에 대하여 '의미를 만드는 것'으로 정의할 수 있다고 하였다. 유사하게 Teale과 Sulzby(1986)는 개인의 일상에서 문해는 듣기, 말하기, 읽기, 쓰기를 공유하는 것이라 하였다. 다른 말로, 문해는 개인이 사람들과 상호작용하는 것과 맥락 내 여러 가지 활동에 참여하는 방식을 공유하는 것이라 할 수 있다. 문해를 구성하는 네 가지 분야를 교수할 때 우리는 어떻게 그것들이 서로 관련성을 지니며 동시에 상호작용하는 방식으로 개발 가능한가와 듣고, 말하고, 읽고, 쓸 수 있는 진정한 기회를 제공하면서 모든 네 가지 구성요소를 섞어서 교수할 수 있는가를 고려해야 한다(Koppenhaver, Pierce, Steelman, & Yoder, 1995; Notari-Syverson, O'Cornor, & Vadasy, 1996; Ryndak, Morrison, & Sommerstein, 1999).

대부분의 중등도 또는 중도 장애학생은 문해 사회의 일원으로 완전히 참여하는 데 필요한 효과적인 교수를 받지 못했다(Kliewer & Biklen, 2001; Ryndak et al., 1999). 예를 들어, 몇 년 동안 나는 문해 교수가 반영된 서비스가 포함된 통합교육 맥락에서 중등도 또는 중도장애학생을 위해 효과적인 서비스의 개발과 실행을 통합하여 체계적인 변화를 시도하는 학교 지역구에 참여했다. 나는 한 중학교에서 중복장애(즉, 심한 신체장애가 있으면서 중도/최중도 인지장애)를 지닌 학생만 모여 있는 전형적인 특수학습반에서 학생을 가르쳤다. 이 학생들은 아주 어릴 때부터 중복장애로 명명되었기 때문에 매년 특수교육 관련 서비스를 받아 왔다. 이 학생들이 교육을 받아 온 기간 동안 교육 팀은 지속적으로 일반 아동이 받는 일반교육 내용과 의미 있는 맥락에서 교과 내용을 학습하거나 사용하는 것 대신 발달 기술(예, 색깔, 숫자, 운동 능력)이나 기능적 일상 기술(자기 관리)이 더 필요하다고 결정했다. 일반교육과정 내용은 문해 세상에서 능숙하게 사용할 수 있도록 확장된 문해 발달을 포함하고 있다. 몇 년 동안 이루어진 패턴으로 볼 때 중등도 또는 중도 장애학생이 글을 읽고 쓸 수 있게 해 주는 효율적인 교수적 접근이 이루어지지 않았다는 것은 분명하다.

게다가 중등도 또는 중도 장애학생들이 특수학급에 배치되었다는 것은 그들이 급우와 일반 학생들을 포함하여 다양한 사람이 제공하는 의미 있는 맥락보다 특수화된 배경에서 어른이 제공하는 지속적인 일대일의 지원이 더 요구된다는 결정을 반영한 것이다. 본질적으로 특수학급의 배치는 생활연령이 같은 학생이 다양한 실제적 맥락에서 학습자에게 중요한 사람들과의 의미 있는 활동에서 이루어지는 삽입 교수를 받아, 교수적 요구와 학습 특징이 부각될 수 있는 배경에 접근하지 못하고 지원을 받지 못하게 한다(Koppenhaven, 2000; Ryndak & Alper, 2003). 그러한 교수적 맥락은 문해적 요구, 학습 및 사용뿐만 아니라 진짜 연령에 적합한 문해 역할에 대하여 진정한 기회를 제공해 주었을 것이다.

특수학습반에 들어서자마자 나는 Ken과 Victor를 만났다. 하루 동안 두 소년은 어른들(예, 특수교사, 관련 서비스 제공자들, 준전문가들)의 일대일 지원을 받았으며, 음성이나 다른 스위치를 만져서 가장 기본적인 예/아니요 질문(너는 ~을 원하니?)에 대답하는 교수를 받았다. 보완대체 의사소통(AAC)은 두 가지의 선택권이 있다. 음성을 이용하거나 한 번에 하나씩 만져야 하는 두 개의 스위치를 이용하는 것이다. 어른은 다수의 집중적인 훈런 회기 동안 AAC 체계 사용에 관한 교수를 제공한다. 즉, 학생은 하루 동안 10~15분의 교수가 세 번 진행되는 동안 여러 번 예/아니요 질문에 대답을 하게 된다. 교수를 받는 동안 맥락이나 활동의 변화는 거의 없다. 활동이 학생에게 의미 있는 결과를 가져올 수 있도록 하기 위해 과제는 시작, 완료, 종료로 정의되기보다는 느슨하게 정의된다.

학교 시스템의 과정을 변화시키는 동안 중학교 교장과 교사가 지역 특수교육부의 지원을 받아 이 학생에게 일반 학생과 상호작용할 수 있는 기회를 제공해 주기로 결정했기 때문에 Ken과 Victor는 더 이상 특수 학급에 머무르지 않아도 되었다. 처음에는 이것을 '사회적 통합'으로 논의하였다. 이를 성취하기 위해 학생은 특수교육 인력과 학점을 주는 공식적인 또래 지원 프로그램을 통해 한 학년 높은 또래 학생의 지원을 받아 일반학급에 배치되었다. 몇 달 이내에 통합학급 교사와 또래 지원자는 Ken과 Victor가 이전에 교수를 받았던 것에 비해 학문적으로 가능한 것이 훨씬 더 많아졌다는 것을 알 수 있었다. 그들은 피상적인 AAC 체계를 가지고 학년 수준에 적절한 학습 내용에 대하여 예/아니요로 시작되는 질문에 정확히 대답할 수 있었을 뿐만 아니라 내용과 관련 있는 다중 응답을 제시해도 정확히 선택할 수 있었다.

그들이 현재 사용하고 있는 의사소통 체계는 부적절했으며, 그들의 문해 능력을 반영하지 못했다는 것이 분명하였다. Ken과 Victor는 몇 년 동안 부적절한 문해 교수를 받아 왔다. 그들은 부족한 문해 능력에도 불구하고 이를 발전시킬 수 있었다. 사실상 중학교 통합학급 교사와 또래 지원자는 Ken과 Victor가 학년 수준에 적합한 교과 수준을 이해하고 더욱 복잡한 AAC 체계가 필요하다는 것을 입증하고 있다는 사실을 특수교육 전문인에게 이해시켜야만 했다. 몇 달 안에 Ken과 Victor는 조정/수정 및 지원을 받아 통합학급에 참여하였으며, 그들의 교육 팀은 그들을 위해 더욱 정교화된 AAC 체계를 확인하고 획득하였다. Ken과 Victor는 배열되어 있는 8항목과 5개의 줄에서 선택할 수 있는 문해와 이동력을 이미 갖추고 있다는 것이 결정되었다. 각각의 AAC 체계는 Ken과 Victor가 더욱 정교화된 의사소통 선택권을 요구할 수 있을 정도로 확장되었으며, 학교 안과 밖의 맥락에서 충분히 사용할 수 있을 정도의 이동성을 갖추었다.

교육을 받기 시작한 이래 처음으로 Ken과 Victor는 학업 내용에 대한 요구, 바람, 지식을 의미 있는 방식으로 의사소통할 수 있는 방법을 제공받았으며, 그들이 필요하거나 원할 때 활동, 맥락, 의사소통 파트너와 의사소통할 수 있게 허락해 주는 AAC 체계를 가지게 되었다. Ken과 Victor는 다른 중학생들과 의사소통할 수 있는 기회와 문해 교수의 접근, 문해가 필요한 상황, 문해 모델, 그리고 특수학급 배경에서 비효율적인 교수를 받아 왔음에도 불구하고 그들이 발전시켜 온 문해 기술을 증명할 수 있는 적합한 AAC 체계를 제공받아 진짜 중학교 생활을 경험할 수 있게 되었다.

이 경험으로 인하여 최적화된 의제는 두 가지로 나누어 볼 수 있다. 첫째, 우리가 반드시 관심을 지녀야 하는 하나의 장으로, 특히 Ken과 Victor 같은 학생을 위한 문해 교수에 있어 일반교육과정 접근이 부족하다는 것에 분노하지는 않더라도 관심을 가져야 한다는 것이다. 내가 국내외 동료들과 얘기를 나눈 것처럼 Ken과 Victor에 대한 경험은 독특한 것이 아니라는 증거가 점점 늘고 있다. 오히려 몇몇 동료는 다수의 학교에서 일어난 비슷한 경험을 설명하였다. 모두에 대한 책임감이 요구되는 사회라면 중등도 또는 중도 장애 학생이 능력을 갖춘 소비자가 되고 그들의 또래와 더불어 문해 세상에 참여하기를 기대하며, 그 후 그들도 같은 교육과정에 접근할 수 있도록 해야 한다(McSheehan, Sonnermeier, Jorgensen, & Turner, 2006; Sturm et al., 2006). 게다가 중등도 또는 중도 장애학생은 문해 교수에 참여할 수 있도록 개별화된 조정과 수정에 접근할 수 있어야만 한다(Gillette, 2006).

장애학생이 전통적인 방식으로 문해 학습이 가능하다는 것을 입증하기가 어려울지라도(Strum et al., 2006), 점차로 통합교육 교사와 교육행정가는 Ken과 Victor 같은 학생도 일반교육과정 내용을 이해할 수 있고, 그들에게 언어나 쓰기 형식으로 교육과정을 제시하면 그 내용을 이해할 수 있으며 (Van der Bijl, Alant, & Lloyd, 2006), 언어나 쓰기를 사용하여 그들의 이해력을 입증할 수 있다는 인식이 증가하고 있다(Basil, 2003). 단지 학생의 언어나 쓰기 표현이 보조공학 장치(예: 스위치, 음성 출력 장치, 컴퓨터)에 통합될 수 있기 때문에 문해를 사용한 학생의 지식 표현은 결코 감소되지 않는다는 인식이 증가하고 있다.

둘째, 통합교육 맥락에서 중등도 또는 중도 장애학생을 위한 교수적 전략의 효율성을 증명하는 연구 기반(Ryndak & Fisher, 2003)과 통합교육 실현의 효율성을 고려해 본다면(McGregor & Vogelsberg, 1998), 우리는 Ken과 Victor 같은 학생이 교수를 받는 배경에 관심이 부족하다는 것을 반드시 염두에 둘 필요가 있다. 개인적 독립과 지역사회의 기여로 이어지는 높은 성과에 가치를 두는 사회에서 우리가 중등도 또는 중도 장애학생이 장애가 없는 또래 학우와 같이 문해 세상에 참여하는 결과를 기대한다면, 중등도 또는 중도 장애학생은 일반교육과정과 같은 교수 내용, 아주 높은 자격을 갖춘 교과 담당 교사, 같은 질의 효율적이며 증거 기반의 교수 전략에 접근할 수 있어야만 한다. 게다가 중등도 또는 중도 장애학생은 발달과 활동과 문해가 자연스럽게 포함된 활동과 맥락 사이에서 발달과 문해 사용에 초점을 둔 개별화 조정과 수정이 반드시 이루어져야 한다(McSheehan, Sonnenmeier, Jorgensen, & Turner, 2006; Strum et al., 2006). 여기에는 교수적 전략의 조정과 수정, 의미 있는 활동과 맥락에 걸친 교수 기회의 분배, 그들에게 중요한 사람들로부터의 자연적 지원, 책임감의 과정 등이 포함될 수 있다.

중등도 또는 중도 장애학생 일부는 일반 학우와 같은 방식으로 교수 활동에 참여하지 못할 수도 있지만, 통합학급 교사와 교육행정가는 어떻게 차별화 교수와 지식의 논증이 교육적 노고에 포함되어야 하는가를 점차적으로 인식하고 있다. 게다가 그들이 차별화된 교수와 지식에 대한 논증을 포함시킬수록 그들의 교육적 노력이 어느 정도까지 학생의 학습을 이끌고 모든 학생의 성취를 증가시키는가를 더 잘 이해하게 될 것이다.

통합학급 교사와 교육행정가가 Ken과 Victor 같은 학생의 능력을 인정한다면, 이제는 특수교사뿐 아니라 일반 교사도 중등도 또는 중도 장애학생에 대하여 그들이 지니고 있는 가정을 반성해 보아야 한다. 이 책에서 Susan Copeland와 Liz Keefe는 이러한 논제를 지속적으로 다루어 왔다. 그들은 현장이 중등도 또는 중도 장애학생의 교육과 삶에서 문해를 어떻게 바라볼 것인지를 재개념화하는 데 필요한 근거, 연구 기반 및 효과적인 교수 전략을 제시하였다. 그들의 통찰과 전략은 중등도 또는 중도 장애학생이 문해 능력을 갖추고 일상생활에서 문해를 사용할 수 있도록 하는 데 필요한 효과적인 전략을 기대할 수 있게 하였으며, 현장에 새로운 희망을 가져왔다. 증진된 문해만이 중등도 또는 중도 장애학생에게 문해 사회에 더 의미 있는 참여를 할 수 있게 해 주며 더 큰 공헌을 할 수 있게 해준다.

플로리다 대학 특수교육과 부교수
Diane Lea Ryndak

References

Basil, C. (2003). Acquisition of literacy skills by children with severe disability. *Child Language Teaching & Therapy, 19*(1), 27.

Gillette, Y. (2006). Assistive technology and literacy partnerships. *Topics in Language Disorders, 26*(1), 70–84.

Kliewer, C., & Biklen, D. (2001). "School's not really a place for readings": A research synthesis of the literate lives of students with severe disabilities. *Journal of the Association for Persons with Severe Handicaps, 26*(1), 1–12.

Kliewer, C., Fitzgerald, L. M., & Meyer-Mork, J. (2004). Citizenship for all in the literate community: An ethnography of young children with significant disabilities in inclusive early childhood settings. *Harvard Educational Review, 74*(4), 373–403.

Koppenhaver, D. A. (2000). Literacy in AAC: What should be written on the envelope we push?. *Augmentative & Alternative Communication, 16*(4), 270–279.

Koppenhaver, D. A., Pierce, P. L., Steelman, J. D., & Yoder, D. E. (1995). Contexts of early literacy intervention for children with developmental disabilities. In M. Fey, J. Windsor, & S. Warren (Eds.), *Communication and language intervention series: Vol. 5. Language intervention: Preschool through the elementary years.* Baltimore: Paul H. Brookes Publishing Co.

McGregor, G., & Vogelsberg, T. (1998). *Inclusive schooling practices: Pedagogical and research foundations: A synthesis of the literature that informs best practices about inclusive schooling.* Baltimore: Paul H. Brookes Publishing Co.

McLane, J. B., & McNamee, G. D. (1990). *Early literacy.* Cambridge, MA: Harvard University Press.

McSheehan, M., Connenmeier, R. M., Jorgensen, C. M., & Turner, K. (2006). Beyond communication access: Promoting learning of the general education curriculum by students with significant disabilities. *Topics in Language Disorders, 26*(3), 266–291.

Notari-Syverson, A., O'Connor, R., & Vadasy, P. (1996). *Facilitating language and literacy development in preschool children: To each according to their needs.* Paper presented at the annual American Educational Research Association meeting, New York. (ERIC Document Reproduction Service No. ED395692)

Ryndak, D. L., & Alper, S. (2003). *Curriculum and instruction for students with significant disabilities in inclusive settings* (2nd ed.). Boston: Allyn & Bacon.

Ryndak, D. L., & Fisher, D. (Eds.) (2003). *The foundations of inclusive education: A compendium of articles on effective strategies to achieve inclusive education* (2nd ed.). Baltimore: TASH.

Ryndak, D. L., Morrison, A. P., & Sommerstein, L. (1999). Literacy prior to and after inclusion in general education settings. *Journal of the Association for Persons with Severe Handicaps, 24*(1), 5–22.

Sturm, J. M., Spadorcia, S. A., Cunningham, J. W., Cali, K. S., Staples, A., Erickson, K., et al. (2006). What happens to reading between first and third grade? Implications for students who use AAC. *Augmentative & Alternative Communication, 22*(1), 21–36.

Teale, W. H., & Sulzby, E. (1986). Emergent literacy as a perspective for examining how young children become writers and readers. In W. H. Teale & E. Sulzby (Eds.), *Emergent literacy: Writing and reading* (pp. vii–xxv). Norwood, NJ: Ablex Publishing.

Van der Bijl, C., Alant, E., & Lloyd, L. (2006). A comparison of two strategies of sight word instruction in children with mental disability. *Research in Developmental Disabilities, 27*(1), 43–55.

/ 차 례/

제1장
문해력

Susan R. Copeland

『아메리칸 헤리티지 사전(*American Heritage Dictionary*)』(2000)에서
는 empower라는 동사를 '능력을 갖추거나 보완하도록 하다.' 로 정의한
다. 교육의 중요한 목적 중 하나는 학생으로 하여금 기회, 선택 혹은 자율
성을 확대시킬 수 있는 지식과 기술을 갖추도록 하는 것이다. 사실 우리 사
회에서 요구되며 높이 평가되는 중요한 기술 중 한 가지는 문해력(읽고 쓸
줄 아는 능력)이다. 글을 읽을 수 있는 자(독자)가 된다는 것은 매우 중요한
사회적 역할이다. 기본적인 문해 기술을 습득하는 것은 공동체에 좀 더 참
여할 수 있는 기회를 만들며, 타인에 대한 의존도를 줄이고, 개인이 원하는
것을 하고 배우도록 하는 개별적인 선택을 할 수 있게 한다. 예를 들어, 고
용의 기회를 확대시키며, 개인의 생각, 관념, 의도를 소통할 수 있는 기회
를 늘리고, 안전, 건강, 복지를 향상하고, 새로운 지식을 습득하고 새로운
배움의 영역을 탐색하는 기회를 확장시키며, 여가 활동이나 사회적 활동
에 참여하는 것을 수월하게 해 준다. 사회가 점점 읽고 쓸 아는 기술에

중점을 두고 이를 강조함에 따라 모든 국민이 이러한 필수 기술을 습득할 수 있는 기회를 지녀야 한다는 것이 점점 더 중요해지고 있다.

특히 학교가 중등도 또는 중도 장애학생을 위해 그들이 문해력과 관련한 중요한 교육의 이점에 접근할 수 있도록 문해 교수(literacy instruction)를 제공하는 것은 중요하다. 종종 교육 시스템은 중도장애학생에게는 학습이 어렵다고 보고, 문해 교수에 응하지 않거나 혹은 적절하지 않고 효과적이지 않은 교수를 제공해 왔다(McGill-Franzen & Allington, 1991). 이 같은 낮은 교육적 기대는 많은 장애학생에게 덜 긍정적인 결과를 가져왔다. 예를 들어, 중도장애학생은 고등학교 이후 높은 실업률을 보이거나 저임금 직업에 고용되었고, 낮은 사회적 지위와 사회적 고립 또한 증가되었다(Wagner, Newman, Cameto, Garza, & Levine, 2005).

중등도 또는 중도 장애학생에게 문해 교수를 제공하지 않음으로써 가능한 결과는 간과하기에는 너무나 중대하다. Ewing(2002)이 인용한 것처럼 Michael Bach의 문해의 중요함에 대한 발표는 적절한 교수와 지원에 대한 필요성을 설명해 준다.

더 이상 특정한 기술의 한 세트로 보기보다, 문해란 사람들에게 그들이 가진 그리고 개발할 수 있는 기술과 능력으로 의사소통할 수 있는 기회와 지원을 제공하는 한 상태를 의미한다. 읽고 쓸 줄 안다는 것은 타인을 존중하고 적응해 가는 상태이자 의사소통에 필요한 기술을 습득하는 것이고(구어, 문어, 신호, 몸짓 또는 다른 언어), 개인의 공동체와 더 넓은 사회에서 개인 선택에 따라 의사소통 과정에 참여할 수 있도록 하는 정보와 매체에 접근하는 것이다.

우리 분야는 더 이상 개인이 이 같은 중요한 기술을 배울 수 있는 기회를 단순히 장애라는 꼬리표를 가지고 부인할 수 없다. 오히려 우리는 덜 위험한 가정을 가지고 임해야 한다. 적절한 교수와 지원이 주어진다면 모든 개인은 중요한 기술을 습득할 수 있다. 그렇게 하지 않으면 개인이 그들의 공동체에 완전히 참여하는 권리를 부인하는 것이다. Yoder, Erickson과 Koppenhaver(1997)는 이러한 권리의 중요성을 '문해장전(Literacy Bill of Rights)'에서 표현했으며, 이는 〈글상자 1-1〉에 제시되어 있다.

글상자 1-1 ≫ 문해장전

모든 사람은 장애의 유무 또는 정도에 관계없이 활자를 사용하는 기본 권리를 지닌다. 이 일반 권리 외에 특정 문해 권리는 반드시 만인에게 보증되어야 한다. 이러한 기본 권리는 다음과 같다.

1. 읽고 쓰는 것을 배울 수 있는 기회에 대한 권리. 기회는 높은 성취를 보이는 과제에 대한 활발한 참여를 포함한다.
2. 항상 명확하고, 의미 있고, 문화적으로나 언어적으로 적절한 본문에 접근할 수 있는 권리. 본문은 그림책에서 신문, 소설, 시리얼 상자 문구 그리고 전자 문서의 범위까지 폭넓게 정의된다.
3. 본문을 읽고, 쓰고, 들으면서 타인과 상호작용할 권리. 상호작용은 질문, 코멘트, 논의, 그리고 본문에 대한 혹은 관련된 다른 의사소통을 모두 포함한다.
4. 읽고 쓰는 능력을 통해 가능한 삶을 선택하는 능력. 삶의 선택은 고용, 고용 변화, 독립생활, 공동체 참여, 자기 옹호를 포함하지만 이에 제한되지는 않는다.
5. 문해 교수와 사용에 관련한 평생교육 기회에 대한 권리. 평생교육 기회는 언제 제공받는지와 관계없이 빼앗길 수 없는 힘을 제공하는 잠재력을 지닌다.
6. 문해 교수 방법과 원리에 대해 잘 아는 교사나 다른 서비스 종사자를 지닐 권리. 방법은 교수, 사정, 장애가 있는 개인에게 문해를 가능하도록 돕는 과학기술을 포함하지만 이에 제한되지는 않는다. 원리는 문해가 시간과 장소를 초월해 학습이 가능하며 장애가 심한 누구도 문해 학습 기회를 통해 이점을 얻을 수 있다는 믿음을 포함하지만 이에 제한되지는 않는다.
7. 활자 사용의 다양한 모델이 제공되는 환경에서 살고 배울 수 있는 권리. 모델은 영수증 읽기, 금액 지불하기, 농담에 공감하기 혹은 편지 쓰기처럼 목적 있는 활자의 사용을 의미한다.
8. 모든 사람이 문해 학습자라는 기대와 태도를 유지할 수 있는 환경에서 살고 배울 수 있는 권리를 의미한다.

출처: Yoder, D. E. (2001).

모든 국가의 아동을 위한 읽기 교수의 향상에 대한 현재 국가적 차원의 강조(예, Reading First)는 일반 아동뿐만 아니라 중도장애아동 또한 포함해야만 한다. 실로 문해 교수 향상에 대한 이러한 새로운 관심은 중도장애학생을 위한 문해 교수에 대해 재고해 볼 수 있는 유일한 기회를 제공하며, 그들이 '기회, 선택 혹은 자율성을 확대시킬 수 있는 지식과 기술을 갖추도록' 돕는 보다 효과적인 프로그램을 받을 수 있도록 한다(*American Heritage Dictionary*, 4th ed., 2000).

중등도 또는 중도 장애학생을 위한 문해 교수

이 책의 목적은 교사 및 다른 현장 전문가와 부모에게 중등도 또는 중도 장애학생을 위한 효과적인 문해 교수에 관한 정보를 제공하는 것이다. 중등도 및 중도 장애학생은 지적장애, 중복장애 혹은 자폐성 장애로 진단받은 학생을 포함한다. 이러한 학생을 위한 문해 교수는 다른 경도장애를 지닌 학생보다 간과되곤 한다. 역사적으로 사회는 중등도 또는 중증장애를 지닌 개인을 '읽을 수 있는 자(독자)'로 여겨 오지 않았다. 그들은 Kliewer와 동료들이 부르는 '읽고 쓸 수 있는 시민'(Kliewer et al., 2004, p. 373)으로 여겨지지 않아서 항상 문해 기술을 습득할 수 있는 기회가 제공되지 않았을 뿐 아니라 그들의 독특한 교육적 요구에 맞는 방법으로 제공되지 않아 왔다.

중등도 또는 중도 장애학생을 위한 과거 문해 교수 모델의 개관

오랫동안 중등도 또는 중도 지적장애학생을 위한 교육 프로그램은 준비 모델(readiness model)을 활용했다. 이 모델은 계속적으로 문해 교수를 하도록 허락하기 이전에 학생이 좀 더 높은 수준의 문해 기술에 필요한 하위 기술을 우선적으로 습득하도록 요구했다(Mirenda, 2003). 예를 들어, 학생은 자신의 이름을 읽는 것을 배우기 이전에 우선 모든 알파벳을 익히고 바르게 읽을 수 있어야 했다. 안타깝게도 이러한 하위 기술은 맥락에서 벗어나거나 일관성 없이 지도되어 중등도 또는 중도 장애학생이 그것을 습득하기가 매우 어려웠다. 그래서 결국 그들은 낮은 수준의 기술 습득에 머물거나, 아직 다음 단계의 기술을 습득할 준비가 되어 있지 않다고 여겨지는 이유로 추가적인 문해 교수가 제공되지 않았다. 나아가 이 모델은 종종 연령에 적합하지 않은 교수로 학생에게 유익함이 적었다. 예를 들어, 이 모델을 사용하는 학급에서는 17세의 학생이 알파벳 노래를 부르거나 컬러 단어로 연습하는 것을 흔히 볼 수 있었다.

1907년대 중후반, 중등도 또는 중도 장애학생을 위한 교육과정의 중심이 기능적 기술 중심으로 변화되었다(Browder et al., 2004). 문해 교수와 관련하여, 이는 교사가 학생에게 학교나 공동체에서 살아가는 데 필요하다고 고려한 일견 단어를 가르쳤다는 것이다(Connors, 1992; Katims, 2000). 예를 들어, 학생은 출구, 독성과 같은 단어를 학습하거나 이력서를 작성하는 데 필요한 단어를 쓰는 것을 배우는 데 시간을 할애하였다. 여러 가지 방식으로 이 교수적 접근은 준비 모델보다 향상된 것이었다. 학생은 학교에서, 직장에서 그리고 지역사회 공동체에서 바로 사용할 수 있는 단어를 읽는 것을 배웠고, 따라서 타인에 대한 의존도가 감소되었다.

기능적 문해 접근의 잠재적 제한점

기능적 문해 교수가 많은 이점을 지닌다 할지라도, 이 또한 학생이 습득할 수 있는 문해 기술의 범위와 그에 따른 공동체에 완전히 참여하도록 하는 기회를 제한한다. 이 접근은 학생에게 즐거움을 위한 읽기나 친구에게 이메일을 보내는 데 필요한 쓰기 기술을 습득하는 것과 같은 보다 넓고 풍부한 범위의 문해 경험을 허락하는 문해 기술을 가르치지 않는다. 중등도 또는 중도 장애아동과 문해에 대한 최근 연구는 이 아동의 능력을 과소평가하지 않으며, 역으로 문해 기술의 개발을 제한하지 않는 것이 얼마나 중요한지를 보여 주었다(Connors, 1992; Katims, 2000). 모든 아동이 전형적인 글을 읽고 쓸 수 있는 사람이 되지는 않지만, 교사는 단지 장애라는 꼬리표만을 보고 결론에 달할 수는 없다. 대신에 현장 전문가는 이 학생에게 보다 넓은 문해 기술을 개발할 수 있는 기회를 반드시 주어야 한다. 그들은 또한 이 학생을 글을 읽고 쓸 수 있는 개인으로 바라보고, 그들이 배울 수 있다는 것에 대한 높은 기대를 가지고, 최대 가능한 범위 내에서 그들의 기술을 개발할 수 있도록 하는 의미 있는 방법으로 적절한 문해 교수를 제공해야 한다.

 ## 문해에 대한 국가적 논의

국립읽기위원회(National Reading Panel: NRP)의 2000년 보고 이후로, 공립학교에 읽기 교수에 대한 새로운 중점이 생겨났다. 연구자, 정책 전문가 그리고 현장 전문가는 읽기 교수의 핵심 요소가 무엇인지에 대해서 다시 한번 활발히 논의하게 되었다. 관련 법안(예, NCLB)은 학교가 모든 아동이 읽는 것을 배우도록 효과적인 교수를 시행할 것을 강조해 왔다. 이 논의는 중등도 또는 중도 장애아동의 학부모, 교사 그리고 관련 서비스 제공자가 '모든 아동'이라는 말이 중등도 또는 중증 장애아동 또한 포함하는 것인지에 대해 의문을 갖도록 했다. 초기 읽기 교수에 대한 국가적 수준의 정책을 개발한 연구자와 정책 전문가는 교수적 그리고 정책적 추천 사항을 마련할 때 이 아동을 실제로 고려했는가? 현장 전문가는 이 아동을 위한 문해 교수를 지도함에 있어 NRP 보고서의 결과를 활용해야 하는가?

중등도 또는 중도 장애아동을 위한 문해 교수의 새로운 중점

이와 같은 질문은 중등도 또는 중증 장애아동의 문해 개발과 관련한 관심을 증대시켰다. 비록 NRP(2000) 보고서가 지능이 70 이하인 아동(즉, 지적장애아동) 또는 보완적인 의사소통 수단을 사용하는 아동에 대한 연구를 포함하지는 않았지만, 우리는 그것이 여전히 중등도 또는 중증 장애아동을 위한 문해 교수의 상태를 점검해 보도록 한 상당히 시기 적절한 것이라고 본다. 모든 아동을 위한 문해에 대한 국가적 관심은 현장 전문가에게 중등도 및 중증 장애아동을 위한 효과적이며 근거 기반의 문해 교수가 무엇인지에 대한 자원을 제공한 이상적인 출발이 된다.

관련 연구

점점 더 많은 연구자가 중등도 또는 중증 장애아동을 위한 효과적인 문해교육의 실제를 연구하고 있지만, 이 분야에 대한 연구는 여전히 상대적으로 적다. 활용 가능한 연구는 몇 가지 주목할 만한 자격을 지닌 NRP 보고서에서 확인된 교수적 요소의 사용을 지지한다. 첫째, 맥락 내에서 문해 기술을 가르치려는 노력이 그들의 일반 또래 아동보다 중등도 또는 중증 장애아동에게 강조되어야 한다. 현장 전문가는 문해교육의 목적이 단순히 독립적인 단어 인지(pattern recognition) 기술을 가르치는 것이라기보다는 의미를 만들고 습득하는 교수에 중점을 둔다는 점을 확실히 알아야 한다. 이는 의미 있는 상황 내에서 문해를 가르친다는 것이며(Connors, 1992; Katims, 2000), 학생에게 그들이 학습한 기술과 실제 생활을 연결할 수 있도록 돕는 것을 의미한다. 둘째, 각 학생의 개별적 요구와 강점을 인식하고 그러한 요구에 부응하도록 문해 교수를 조정해야 한다(Yoder, 2001). 우리 분야는 다양한 장애를 지닌 개인을 위한 교육에의 접근을 제공하기 위한 효과적인 적합화와 테크놀로지의 활용에 관한 무수히 많은 지식의 기반을 구축하고 있다. 우리는 지금 이 지식을 효과적인 문해 교수를 위해 적용해야 한다.

🌐 이 책의 개관

이 책에서 각 장의 저자는 중등도 또는 중도 장애인을 위한 효과적이며 근거 기반의 문해 교수의 실제에 대해 기술한다. 이 책은 일반적으로 어떻게 읽기를 가르칠 것인지와 관련한 교재로서의 의도는 없다. 이미 그러한 목적을 위해 활용 가능한 훌륭한 교재는 무수히 많다. 대신에 저자들은 중등도 또는 중도 장애인을 위해 효과적인 교수의 요소를 어떻게 통합시킬 것인가에 관한 최신 정보를 현장 전문가에게 제공한다. 이 책은 문해 습득의 초기 단계에 있는 어린 아동만을 위해 구성되지는 않았다. 사실 제시된 교수 전략은 문해 기술을 발전시키고 있는 모든 연령의 학습자에게 적용된다. 이는 저자들이 중도장애인이 체계적이며 효과적인 문해 교수를 받을 수 있는 기회가 없었다는 점을 고려하여 내린 결정이다. 그러므로 초기 문해 수준에 있는 나이 든 학생도 각 장에서 제시한 교수 전략으로부터 교육적 이점을 얻을 수 있다.

이 책은 초급 독자를 위한 교수의 핵심 요소에 해당하는 내용부터 구성되었다(〈글상자 1-2〉 참조). 각 장에 제시된 문해 교수의 실제가 다양한 교육적 요구를 지닌 학생에게 적용 가능하다는 점을 언급하는 것은 중요하다. 이는 장애가 있는 학생뿐 아니라 일반 학생도 포함한다. 그러나 저자들은 중등도 또는 중도 장애가 있는 학생을 위한 활용을 강조한다.

글상자 1-2 》 효과적인 읽기 교수를 위한 요소

다음은 음성 언어 관련 내용과 함께 NRP(2000) 보고서에서 확인된 효과적인 읽기 교수의 요소다.

- 음성 언어: 언어는 문해의 기본을 구성한다. 언어의 소리(음) 체계를 이해하는 것(음운론), 단어 조합 방법에 따라 다른 의미를 만들어 내는 규칙(문법 또는 구문론), 사회적 맥락 내에서 언어를 어떻게 사용하는지(화용론), 그리고 단어의 의미(의미론)는 모두 문해 기술 발달에 영향을 미친다.
- 음운론적 인식: 음운론적 인식은 구어를 형성하는 단위를 인식하고 조작하는 능력이다. 이는 단어로 구성된 문장, 단어의 음절, 음절의 개별 소리, 즉 음소의 확인을 포함한다. 음소론적 인식은 읽기 기술을 개발함에 있어 특별히 중요하다. 구어 단어 내의 개별 소리를 알아채고 조작하는 것이 필요하다.
- 음성학: 음성학은 낱글자(알파벳의 각 자모음, 철자 체계에서의 최소 단위)와 그들의 관련 소리(음소) 사이 관계에 대한 지식이다. 음성학(파닉스) 지식은 아동에게 구어를 낱글자로 만들 수 있게 한다. 이 지식은 알지 못하는 단어를 코드화하거나 본문을 만들 때 단어를 철자화하는 데 적용된다.
- 유창성: 무리 없이 빠르고 부드러운 속도로 본문을 정확하게 읽는 능력이다. 유창한 독자가 되려면, 아동은 본문 내의 각 단어를 해독하는 데 속도를 늦추지 않고 자동으로 단어를 인식해야만 한다. 유창한 읽기는 아동에게 각 낱글자의 소리에 집중하도록 하기보다는 읽고 있는 것의 내용에 집중하도록 해 준다. 유창한 독자는 천천히 읽거나 읽는 속도의 변동이 심한 독자에 비해 읽은 내용을 보다 쉽게 이해할 수 있다.
- 어휘: 아동의 어휘는 아동이 듣기, 말하기, 읽기, 쓰기에 있어서 이해 및 사용이 가

능한 단어들로 구성된다. 듣기 어휘는 아동이 구어로 그것을 들었을 때 이해가 되
는 단어를 포함하며, 아동이 일상 대화에서 사용하지는 않는다 해도 듣고 이해하
는 단어를 포함한다. 말하기 어휘는 아동이 이해하고 생활에서 말할 때 사용하는
단어다. 읽기 어휘는 아동이 읽을 수 있고 이해 가능한 단어다. 쓰기 어휘는 아동
이 이해하고 본문을 작성할 때 사용할 수 있는 단어다. 활자로 된 단어 읽기는 아
동의 어휘력을 요구하기 때문에 초기 독자에게 잘 발달된 어휘 실력은 중요하다.
예를 들어, 한 번도 들어 본 적 없는 단어를 코드화하는 것은 그것의 의미를 이해
하는 데 아무런 참고가 되지 않기 때문에 그리 유용하지 않다.

• 본문 이해: 활자로 된 본문의 의미를 이해하거나 읽은 것이 뜻이 통하는지 이해하
는 것이다(읽기의 핵심이다!). 본문 이해는 개별 단어('정지!')의 의미를 이해하는
것부터 Shakespeare의 소네트에 나타난 뉘앙스를 이해하는 것까지 이른다. 효
과적인 이해는 효율적인 단어 인식, 잘 발달된 어휘력, 읽기 유창성, 그리고 적절
한 배경지식('세계 지식')을 포함한 몇 가지 기술을 요구한다.

출처: Armbruster, B. B., Lehr, F., & Osborn, J. (2001).

각 장은 교수의 핵심 요소에 중점을 두고 있으며, 이 집단의 학생에게
효과적이라고 밝혀진 근거 기반의 교수 전략을 기술한다. 비록 그것이 다
양한 장애를 지닌 학생과 관련해 중요한 고려 사항일지라도, 이 책의 주안
점은 단순히 각각의 핵심 요소에 대한 교수적 접근을 제공하는 것이 아니
다. 오히려 각 장의 저자는 왜 교수적 요소가 효과적인 문해 프로그램을
계획하는 데 있어서 상당히 중요한지와 어떻게 종합적인 문해 교수에 각
요소를 적용할 수 있는지에 대한 정보를 제공한다.

각 장은 또한 통합 환경 내에서 학생을 위한 문해 교수를 제공하는 것을
강조한다. 사회적 상호작용만을 위한 목적으로 중등도 또는 중도 장애학
생을 일반학급에 배치하는 것은 충분하지 않다. 사회적 상호작용이 중요
한 것처럼 현장 전문가는 모든 학생이 그들의 공동체에 완전히 참여할 수
있도록 돕는 중요한 학업 기술 또한 습득하도록 지원하는 데 책임이 있다.

저자는 일반학급 또는 다른 학교교육 외의 통합 환경이 중등도 또는 중도 장애학생의 문해 교수를 위한 최적의 장소라고 가정한다. 실제로 중등도 또는 중도 장애학생을 위한 문해 교수는 통합 환경에서 실시될 때 가장 효과적이다(Erickson, Koppenhaver, & Yoder, 1994). 이는 이 집단의 학생을 위한 문해 교수는 반드시 의미 있는 맥락을 기반으로 한 상황에서 이루어져야 한다는 것을 제안한 연구 결과에 의해 지지되었다. 다양한 장애를 지닌 학생과 그들의 다양한 관심이 가득한 교실은 관찰 학습을 위한 강한 모델이 된다. 나아가 통합 환경은 분리된 특수학급에서 제공되는 것보다 학생에게 보다 풍부하고 다양하며 좀 더 정교한 문해 경험의 기회를 제공한다(예, 제2장 Brinkerhoff와 Keefe의 보다 풍부한 문해 학습 환경을 조성하기 위한 뇌 기반 학습 전략의 활용에 관한 논의를 참조하라). 각 장에서 제시된 교수의 실제는 상황 내에서 쉽게 적용할 수 있고, 장애학생 및 일반 학생도 포함하며 두 집단 모두에게 교육적 이익을 제공할 것이다.

제2장
모든 학생을 위한
다양한 문해 학습 환경 조성

Jonathan D. Brinkerhoff &
Elizabeth B. Keefe

중등도 또는 중도 장애학생을 위한 교사의 주안점과 어려움은 개별화 교수와 동시에 일반교육 환경에의 접근을 계속해서 제공해 온 것이다(Brown, Wilcox, Sontag, Vincent, Dodd, & Gruenewald, 2004; Jackson, Ryndak, Billingsley, 2000; Villa & Thousand, 2005). 특수교육 분야의 최근 간행물을 정독하면 Infused Skills Grid(예, Categnera Fisher, Rodifer, & Sax, 1998), Program at a Glance(예, Snell & Janney, 2000) 그리고 Ecological/Discrepancy Analysis (Downing, 2002, 2005; Ryndak & Alper, 2003; Snell & Brown, 2006)와 같은 전략을 통해 의미 있는 일반교육과정에의 접근을 목표로 한, 보다 수준 높은 교육적 지식과 교수의 실제를 볼 수 있다.

중등도 또는 중도 장애학생의 일반학급 배치를 통한 이점은 연구에서 명확히 드러난다(Villa & Thousand, 2000). 연구를 통해 읽기 향상(Fisher & Meyer, 2002; Ryndak, Morrison, & Sommerstein, 1999), 참여 시간의 증대 (Katz, Mirenda, & Auerbach, 2002; Logan, Bakeman, & Keefe, 1997), 사회적 혹

은 놀이 기술의 향상(Fisher & Meyer, 2002; Keefe & Van Etten, 1994) 그리고 개별화교육계획(IEP)의 질 향상(Hunt, Farron-Davis, Beckstead, Curtis, & Goetz, 1994)과 같은 다양한 영역에서 밝혀졌다. 동시에 일반 학생이 통합학급에서 보다 잘 적응하고 수행한다는 것 또한 밝혀졌다(Cole, Waldron, & Majd, 2004; Sharpe, York, & Knight, 1994; Staub & Peck, 1994). 장애학생들이 분리된 교육 배치로부터 얻는 교육적 이점에 대해 보여 준 연구는 없었다(Downing, 2005).

모든 학생에게 긍정적인 교육 결과를 가져온다는 통합학급에서는 무슨 일이 일어날까? 우리는 장애학생의 접근이 향상됨에 따라 교사가 장애의 유무를 떠나 모든 학생에게 보다 다양한 학습 환경을 조성하는 교수 전략을 실행할 것이라고 믿는다. 이 장에서는 학생을 위한 다양한 학습 환경 조성에 관한 최근 연구와 문헌을 살펴보고자 한다. 뇌 기반 학습은 새로운 교육 연구 분야로, 어떻게 뇌가 학습에 관여하는지에 대한 화학적이며 구조적인 측면을 중점적으로 다룬다. 우리는 뇌 기반 연구가 중도 장애학생을 포함한 모든 학생을 위한 차별화 교수, 다양한 감각 양상의 활용, 협력학습과 같은 혁신적인 교육적 접근의 활용을 정당화하는 데 탄탄한 기반을 제공하리라 본다. 이 장은 뇌 기반 학습에 대한 가장 최근의 연구 개관을 살펴보고, 연구와 일치하는 교수 전략의 몇 가지 예에 대해 설명하며, 어떻게 개별화교육계획의 목표가 설명될 수 있는지를 살펴보고자 한다.

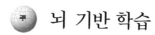

뇌 기반 학습

자기공명영상(MRI), 기능자기공명영상(FMRI)과 양전자방사단층촬영법(PET)과 같은 영상 기술의 진보는 연구자가 전례 없는 뇌의 자세한 부분의 기능을 시험할 수 있도록 해 주었다. 뇌가 어떻게 기능하는지를 직관하기 위한 기본으로 인간 행동의 외적 관찰에 중점을 두었던 교육심리학 분야의 고전 연구와는 대조적으로, 이러한 영상 기술은 환경 자극의 인식과 관련한 실시간 신경계 활동과 주입된 감각 자극이 어떻게 진행되는지, 그리고 정보가 기억에 어떻게 저장되는지, 즉 뇌가 어떻게 학습하는지를 알기 위한 수단이 된다. 고전 교육심리학 연구와 새로운 뇌 영상 기술의 조합 연구 결과는 학습 과정과 관련한 새로운 수준의 이해를 도출하였다. 학습 과정에 대한 정보는 교사가 학생을 위한 교수법의 효과를 극대화하는 데 관심을 갖도록 할 것이다.

뇌는 어떻게 작동하는가

뇌 연구의 교육적 시사점을 좀 더 이해하기 위해 우리는 우선 뇌가 무엇으로 이루어졌고, 어떻게 정보를 받아들이고 처리하며 저장하는지에 대해 이해해야 한다. 뇌는 신경계의 일부다. 신경계의 기본 조직은 뉴런이라고 하며, 다른 세포와 달리 화학과 전기적 신호의 조합을 통해 상호작용하도록 고안된 특수 세포다.

뉴런은 다양한 형태를 띠지만, 전형적인 뉴런은 나무와 같은 형태다. 나무의 캐노피는 핵심 세포체로 구성된다. 잎 부분에서 뉴런의 세포체는 인접한 뉴런과 접해 있는 수상돌기라 하는 무수히 많은 돌기로 덮여 있다. 세포의 수상돌기의 기능은 주변 뉴런으로부터 화학적 신호의 형태로 정보를 받아들이는 것이다. 만약 받은 신호가 충분히 강하다면 뉴런은 활성화되는데, 이는 몸통 또는 축색돌기 그리고 뿌리 아래까지 신호를 방출하는 것을 의미한다. 뿌리는 다른 뉴런의 수상돌기와 인접해 있는 필라멘트(가는 실과 같은 것)다. 한 뉴런의 필라멘트는 실제 인접한 세포의 수상돌기와 맞닿아 있지 않다. 그들은 몹시 좁은 간격으로 분리되어 있다. 이 공백을 시냅스라고 부른다. 뉴런은 이러한 시냅스를 통해 신경전달물질은 화학물질을 방출함으로써 신호를 보낸다. 신경전달물질의 예로는 글리신, 에피네프린, 도파민, 세로토닌, 코르티솔 그리고 엔도르핀이 있다.

뇌는 서로 연결된 수십만 개의 뉴런으로 이루어졌으며, 다양한 형태로 배열되어 있는데, 가장 명확한 형태는 두 개의 반쪽 또는 반구, 즉 대뇌 반구로 뇌량이라는 뉴런의 두꺼운 다발로 연결되어 있다. 다른 뇌의 구조는 일반적으로 좌반구와 우반구가 서로 쌍을 이룬다. 이러한 구조의 일부분은 신체의 기능을 활동적 사고 과정 없이 자동적으로 조절한다. 예를 들어, 뇌간은 호흡과 심장 박동을, 소뇌는 균형과 근육의 조화를 조절하며, 편도체는 감정을 조정한다. 이러한 구조는 학습에 영향을 미칠 수 있다. 교사에게 보다 큰 관심은 뇌의 구조가 의식적인 사고와 기억을 하는 데 중요한 역할을 담당한다는 것인데, 바로 뇌에서 학습의 가장 활발한 양상이 발생한다.

의식적 사고는 대뇌 피질이라는 뇌의 일부에서 일어난다. 대뇌 피질은 각 뇌의 기능의 특정 양상에 기본적인 기능을 관장하는 뇌엽으로 이루어져 있다. 예를 들어, 기본적으로 후두엽은 시각을, 측두엽은 청각을 관장하고, 두정엽은 열기, 냉기, 고통 또는 압력과 같은 자극을 느끼는 신체 지각력과 주어진 시간에 집중하기 위해 이러한 자극을 조절하는 것의 두 가지를 관장한다. 마지막으로, 의식을 과장하는 전두엽은 의식적 사고 또는 인지 그리고 의도적인 신체의 움직임을 조절한다. 예를 들어, 전두엽은 대화에 참여했을 때 그 내용을 이해하도록 하며, 무엇을 말할지를 결정하도록 하며, 목과 입의 근육을 조절하여 말할 수 있게 한다.

그러나 뇌의 다양한 구조에 관한 구조적 설명과 관련된 기능은 굉장히 단순화된다. 사실 뇌의 기능은 상당히 복잡하면서 좌우 대뇌반구의 모든

부분이 통합된다. 뇌를 단일 부분으로 분리하고 그것을 가르치려는 시도
는 수년 전에 이루어진 좌뇌·우뇌에 대한 요란한 선전, 즉 좌뇌 중심의
사람은 더 언어적이고 분석적인 반면에 우뇌 중심의 사람은 더 예술적이고
감정적일 것이라는 것을 특별히 조정해 보고자 했던 것과 같은 교육적 유
행을 초래한다. 사실상 두 반구는 분석적이고도 창의적인 모든 활동에 동
시에 활발히 관여한다. 하지만 좌·우뇌 기반 교수 전략을 고려하는 노력
이 잘못 지도되어 왔을지라도, 뇌가 어떻게 학습하는지에 대한 보다 더 정
교한 이해를 바탕으로 교수법을 좀 더 효과적으로 만들고자 한 의도는 하
나의 타당한 적극성이다. 그 목적을 달성하는 것은 뇌를 구조적으로 보기
보다는 기능적으로 보려 함으로써 더욱 효과적으로 가능하게 될지 모른다.

정보처리 모델

　정보처리 모델(Gagne & Driscol, 1988; [그림 2-1] 참조)은 뇌 기능의 기저
인 특정 생물학적 구조 대신 학습을 책임지는 뇌의 기능을 설명한다. 모델
은 신체의 감각 수용소를 활성화하는 다양한 자극을 생성하는 환경에서부
터 시작한다. 즉, 빛이 눈에 들어와 망막 신경계를 작동시키고, 소리가 귀

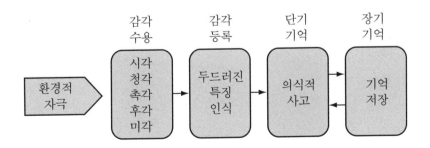

[그림 2-1]　정보처리 모델의 예

출처: Gagne, R. M., & Driscol, M. P. (1998).

에 들어와 내이를 자극하며, 미세 물질이 코나 입에 들어와 냄새 또는 맛에 관련된 신경을 촉발시키며, 피부 자극은 압력, 온도 또는 통증과 관련된 신경계를 작동시킨다.

신경계는 이러한 감각 자극을 등록하는데, 자극이 패턴 인식 과정을 통해 그 두드러진 특징을 인식하는 것을 책임지는 뇌로 전달된다. 예를 들어, 알파벳 X를 바라보면서 형성되는 시각 자극은 두 가지 교차선으로 인식될 수 있다. 이 과정은 정보가 단기 또는 의식 기억으로 전환되기 전에 아주 잠깐 동안 일어난다. 여기서 정보는 의미 있는 개념으로 인식된다 (즉, 교차선 패턴은 장기기억으로부터 꺼내 온 알파벳 X의 저장된 기억과 관련이 있다). 의식은 알파벳 X가 보이는 것으로 바로 인식한다. 이 정보는 아주 활발히 다루어지지 않는 한 잠깐 동안 단기 또는 의식 기억에 있게 된다. 의식 기억은 문장 내 한 단어의 일부분으로서 알파벳 X의 특정 부분 또는 그 의미를 고려할 것이며, 이는 보다 오랫동안 기억되는 결과를 가져올 것이다. 만약 의식기억 속의 정보가 기억된다면, 그것은 향후 검색을 위해 저장되는 장기기억으로 보내진다. 아마 당신은 뇌의 이러한 기능적 설명이 학생의 문해력과 어떤 관련이 있는지 의아해할지 모른다. 이는 좋은 질문이며, 그에 답하기 위해 우리는 의식 또는 단기기억과 장기기억에 대해 좀 더 자세히 알아볼 필요가 있다.

단기기억

단기기억은 들어오는 자극을 의식적으로 다루기보다는 즉각적으로 받아들인다. 예를 들어, 지금 당장 뉴런은 당신이 입은 옷이 피부에 어떻게 느껴지는지, 앉아 있는 의자가 신체에 미치는 압력은 어떠한지, 그리고 주변에서 들리는 소리에 대해 뇌에 메시지를 보내고 있지만, 이 문장을 읽기 전까지 당신은 그러한 것을 전혀 의식하지 못했을 것이다. 오히려 당신은 이 책을 읽는 데 집중해 왔다. 사람들은 일정 시간 동안 의식적으로 주의 집중을 할 수 있으나, 무엇에 집중할지 선택하는 것은 대부분이 무의식적 과정이다. 뇌 기반 학습의 저자이자 컨설턴트인 Patrica Wolfe에 따르면, 아이들은 집중하지 않는 것으로 인해 비난받을지 모르지만 사실 모든 사람은 항시 무엇인가에 집중하고 있다. 단지 학생이 집중하고 있는 것이 교사가 집중하기 원하는 것을 나타내지 않는 것이다(Wolfe, 2001). 모든 교사는 학생이 과제에 보다 더 집중하면 더 많이 학습할 것이라는 데 동의한다. 단기기억이 어떠한 영향을 미치는지에 대한 연구는 어디에 주의를 집중해야 하는지를 결정함에 있어 단서를 제공해 준다.

새로움

사람들은 새롭거나 다른 것에 더 많은 주의를 기울인다. 새로운 게시판에 가능한 한 단순한 것을 게시하거나 교실 책상을 재배열하는 것은 학급 내에서 주의를 환기시킬 것이다. 학급 전체 대 소그룹 활동과 같은 교수 스타일이나 또는 OHP 프로젝터, 강의, 비디오, 파워포인트 또는 조작물의 사용과 같은 다양한 교수 전달 방법을 고려할 수 있을 것이다. Fisher와 Frey(2003)는 보다 효과적으로 문해 기술을 지도하기 위해 학생의 주의를 집중시키는 것의 중요성을 논의했다. 그들은 그것이 시범하기, 일치하지 않는 사례 제시하기, 시각적 자료 제공하기, 질문하기 등을 통해 가능하다고 제안했다. 마찬가지로 상당수의 수업 지도안은 교수 전 학생의 주의와 관심을 끌기 위한 주요 요소로 선행 학습을 포함하고 있다.

강도

학생은 보통 좀 더 강도가 센 자극에 주의를 잘 기울인다. 따라서 다른 상대되는 자극보다 소리가 크고, 빠르며, 화려한 자극은 더 쉽게 주의를 끌 수 있다. 교사는 이를 가르치는 목소리에 활용하거나 교수 자료를 보다 화려하게 제시하는 데 적용할 수 있다. 움직임은 단기기억이 주의를 집중하도록 하는 데 영향을 미치는 또 다른 요인이다. 이야기를 연극화하여 움직임으로 표현하거나 소리 내어 읽는 동안에 연극 소도구를 사용하는 교사는 단지 의자에 수동적으로 앉아서 하는 교사보다 더 주의를 끌 수 있다.

의미

의미는 주의에 영향을 미친다. 예를 들어, 우리가 스페인어 말하기를 자발적으로 시작하는 그룹에 있으면서도 영어로만 말을 한다면, 대화의 의미는 사라지고 우리의 주의력은 흩어지기 시작한다. 이것은 명확하지 않거나, 조직화되어 있지 않거나, 너무 넓은 범위의 단계들이 제시되거나, 익숙하지 않은 단어로 혼란스럽게 하는 수업에 처한 아이들과 다르지 않다. 이 같은 환경에서 학생의 주의력은 매우 산만해질 것이다.

정 서

미국 오리건 대학교 교육학과의 명예교수인 Robert Sylwester는 "정서는 주의를 이끌고, 주의는 학습을 이끈다."라는 그의 주장으로 잘 알려져 있다(Sylwester, 1995). 얼바인 소재 캘리포니아 대학교의 Larry Cahill과 James McGaugh 교수의 연구가 그 핵심을 잘 보여 준다. 연구 참가자는 두 그룹으로 나뉘었고, 각 그룹은 슬라이드를 보며 해당 이야기를 들었다. 한 이야기는 방재 훈련을 위한 사고에 대한 것으로, 훈련을 현실감 있게 하도록 사용된, 한 젊은 피해자의 몹시 훼손된 다리를 보여 주는 슬라이드가 제시되었다. 다른 한 이야기에서는 실제 사고 장면을 보여 주는데, 거

기서 그 젊은 피해자의 몸의 일부로 다리가 나오고 나중에 외과 의사가 그 다리를 접합시키는 데 어려움을 보이는 장면이 제시되었다. 2주 뒤, 연구 참가자가 이야기의 세부 정보를 얼마나 잘 기억하는지 시험해 본 결과, 실제 사고 장면의 이야기를 들은 참가자가 각색된 이야기를 들은 참가자보다 더 많이 기억해 냈다(Cahill & McGaugh, 1995). 이 연구와 유사한 다른 연구가 시사하는 바는 사람들이 정서적으로 관계된 것을 보다 더 잘 기억한다는 것이다.

　교사가 학생의 학습에 대한 정서적 참여를 증가시킬 수 있는 방법은 많다. 한 가지 방법은 학생이 그들 스스로 공부할 관심 있는 주제를 선정하도록 하는 것이다. 예를 들어, 교사는 학생에게 분석할 시를 정해 주거나 한 가지 동물에 대해 글을 쓰도록 하기보다는 과학 실험을 통해 그들이 답하기를 원하는 질문을 제안해 보도록 할 수 있다. 학생의 정서적 참여를 증가시키기 위한 또 다른 전략은 수업에 몰입할 수 있도록 어려운 문제나 수수께끼를 제시해 학생들의 호기심을 자극하는 것이다. 학생이 그룹으로 공부하도록 하는 것도 그들의 정서적 참여를 이끌어 낼 수 있다. 수업을 우리 사회가 직면한 실제 사회적 질문과 이슈로 구성하는데, 예를 들어 학생은 위험에 처한 동물의 역경에 대해 조사하거나 또는 주 법안을 작성해 보거나 지역사회가 우려하는 이슈에 대해 연설문이나 제안서 등을 작성할 수 있다. 비록 불안과 스트레스와 같은 해로운 부정적 감정을 일으킬지 모르나, 학생에게 시험에 출제될 특정 정보에 대해 알게 하는 것 또한 정서적 참여를 증대시킬 것이다.

　어린이 TV쇼 〈세서미 스트리트(Sesame Street)〉는 연구에 기반을 두고 고안된 것으로, 주의력에 영향을 미치는 요소가 명확하다. 빅버드(Big Bird: 세서미 스트리트에 나오는 크고 노란 새 - 역자 주)를 생각해 보라. 거대하고 말하는 새는 분명 신선하고, 그 색감은 또한 강렬하다. 그리고 이 새가 걸어 다니면서 말을 하고 특정 의미 있는 수준에서 아이들과 상호작용을 하는데, 만약 당신이 이 쇼에 매료된 아이들을 봤다면 그들은 분명 정서적으로 푹 빠져 있었을 것이다!

밀러 세븐(The 'Miller Seven')

교사가 중요하게 고려할 단기기억의 또 다른 특징이 있다. 즉, 단기기억은 용량이 제한적이다. 프린스턴 대학교의 심리학 명예교수 George Miller의 연구는 성인의 단기기억이 최대 7±2개의 요소까지 저장할 수 있음을 보여 주었다. 아이의 경우에는 7세 2개, 9세 4개, 11세 5개, 13세 6개로 그 제한이 더 낮다(Miller, 1956). 중등도 또는 중도 장애학생은 그 제한이 더 낮을 수 있다는 점을 기억하는 것이 중요하다.

교사는 매일 이러한 제한의 근거를 본다. 학생이 소리 내어 읽는 것을 생각해 보라. 학생은 익숙하지 않은 단어를 마주하면 일단 멈추고 단어를 낱글자씩 소리 내기 시작한다. 몇 초 후에는 그 낱글자를 한 단어로 조합하려 하지만 그 문장이 말하고자 하는 바는 바로 잊게 되어 문장의 처음으로 되돌아가 다시 읽게 된다. 읽기는 글자의 조합과 이전 단어에 대한 기억과 더불어 문장의 전체 의미를 유지하는 것을 요구하는 매우 복잡한 과제다. 익숙하지 않은 단어로 인해 말을 더듬고 자주 멈춰서 낱글자를 따라 소리 내어 읽는 것은 전체 단기기억 용량을 소모하며, 결과적으로 전체 문장의 뜻을 잊게 한다.

단기기억 향상 방법

교사가 학생으로 하여금 제한된 단기기억 용량을 극복하도록 돕기 위해 사용할 수 있는 실제적인 방법에는 무엇이 있을까?

분리와 연속 교수   무엇보다도 교수 자료는 무엇을 가르칠지를 조절할 수 있고 논리적인 단계로 분리되면서 연속적이어야 한다. 각 학습 단계가 논리적 순서에 따라 작은 단위로 전개될 때, 학생은 수업을 이해하기 위해 시도하는 단기기억의 제한에 압도되지 않고 수업을 따라갈 것이다. 과제 분석은 특별히 중등도 또는 중도 장애학생에게 효과적인 분리 및 연속 기법을 사용한 교수 전략의 한 예다. 교사는 또한 학생이 수업 도중 헤매고 있지는 않은지 이해를 점검해야만 한다. 이 같은 점검은 단지 학생이 이해했는지와 각자 질문이 있는지를 묻는 것보다는 학생으로 하여금 질문에 답하는 능력을 통해 그들이 이해했는지를 나타낼 수 있도록 하는 특정 질문에 기반을 두어야 한다. 구어로 답하기 어려운 학생은 제스처, 신호 등을 통해 그들이 수업을 이해했다는 것을 보여 줄 수 있다.

명확하고 명백한 교수 제공   제한된 인지적 업무량을 위한 또 다른 전략은 예와 함께 명확하고 명백한 교수를 제공하는 것이다. 만약 학생이 과제를 끝내기 위해 무엇을 해야 하는지 혼란스러워한다면, 단지 무엇을 해야 하는지 살피는 것은 주의력의 중점이 되고 활동을 통한 학습에 집중하는 데 사용되어야 할 단기기억의 용량을 제한하는 것이 된다. 시험이나 활동지에 하나의 완성된 예의 형태로 보기를 제공해 주는 것은 학생으로 하여금 무엇을 해야 하는지 명확히 해 주며, 곧 그들이 하고 있는 활동에 정신력을 집중하도록 허락한다.

비계 제공   비계(scaffold)는 학생이 복잡한 과제를 하는 동안 그들의 단기기억에 필요한 정보의 양을 줄이기 위해 교사가 지원해 주는 것이다. 문해 교수 분야에서 비계의 예로는 ABC 차트, 이름 모델, 벽면 단어, 그래픽 조직자, 이해를 돕는 촉구 질문 등이 있다. 이러한 지원은 개별적으로 또는 게시판, 칠판, 유인물, 조작물, 학급 벽면을 통해 전체 학급에 제공될 수 있다. 비계는 장기적 지원을 의미하지 않으며 학생이 새로운 정보나 처리 과정을 배우는 동안 생각하는 것을 돕도록 하는 것이다. 아이가 과제를 완수하는 동안 최대한 효율적으로 해 나가도록 하는 데 있어서 어려운 것의 일부를 제거해 줌으로써, 교사는 학생이 단기기억 제한을 초과하지 않았음을 확인하도록 도울 수 있다. 중등도 또는 중도 장애학생 중 일부는 독립적으로 과제를 완수하기 위해 개별화된 비계가 지속적으로 필요할지 모른다.

이미지와 그래픽 사용　제한된 단기기억 자원에 대한 요구를 줄일 수 있는, 수업 중에 사용 가능한 또 다른 전략은 이미지와 그래픽을 사용하는 것이다. 우리는 "천 마디의 말보다 한 번 보는 것이 더 낫다."는 속담을 들어 왔다. 왜 이러한지에 관한 통찰은 애리조나 주립대학교에서 Ray Kulhavey가 여러 대학원 학생과 연계하여 실시한 일련의 연구결과로 하나의 전체적인 이미지가 단기기억에서 하나의 단위로 처리되며, 이미지 안의 모든 공간적이고 다른 정보가 정보처리과정 중에 7±2 중에 한 요소로 전달될 수 있다는 것을 통해 알 수 있다(Kulhavey, Stock, Verdi, Rittschof, & Saranye, 1993). 하나의 단일 단위로서의 이 모든 정보의 구현은 단기기억 제한에 영향을 주는 것을 감소시킨다. 따라서 사진, 다이어그램, 과제 절차도, 시간표, 수업에 도움이 되는 도표 등 어떠한 형태의 도표 사용은 단기기억 용량에 부담을 주는 것을 방지해 준다. 많은 전략은 단기기억에 대한 부담 요소를 줄이는 데 유용할 뿐 아니라 학생이 정보를 저장하고 인출하는 데 있어 장기기억을 사용할 수 있는 능력을 키우도록 하는 데에도 효과적이다. 어떻게 뇌가 장기기억에 정보를 저장하고 조직하는지 이해함으로써 교사는 학생의 학습을 지원하는 특정한 전략에 대해 보다 나은 통찰력을 발견할 수 있을 것이다.

장기기억

장기기억은 개인이 학습한 모든 것을 저장하고 나중에 필요할 시 기억해 낼 수 있도록 하는 것을 담당한다. 개인이 평생 동안 습득하는 정보의 양은 방대하고 제한된 수의 뉴런만이 저장에 관여하는데 어떻게 이것이 가능할까? 뇌가 정보를 조직하는 것은 마치 뉴런이 파일 폴더를 구성하고 파일로 가득 찬 폴더는 서류 보관함에 보관하는 것으로 생각되어 왔다. 이 이론에서는 뉴런의 일부 조직이 사과의 개념과 같은 정보의 제한된 부분을 저장하는 것을 담당한다고 간주했다.

그러나 뇌 영상 기법은 한 사람이 사과를 생각할 때 시각을 관장하는 후두엽과 청각을 관장하는 측두엽 그리고 다른 많은 부분을 포함하는 뇌의 모든 부분이 활성화된다는 것을 보여 준다. 사과를 생각하는 것은 사과와 관련해 경험하는 모든 주입 자극을 처리하는 데 책임이 있는 뇌의 모든 부분을 활성화한다. 사과의 모양과 빨간색을 보는 것, 사과의 냄새를 맡는 것, 사과를 한 입 깨물었을 때 나는 소리를 듣는 것, 사과를 손에 쥐고 있으면서 그 질감을 느끼는 것, 그리고 사과를 입 안에서 느끼고 맛보는 것처럼 모든 부분이 활성화되는 것이다. 연구자는 사과의 개념이 단일 위치에서 할당된 뉴런에 의해 저장되지 않으며, 오히려 뇌에 걸친 거미줄 같은 형태의 뉴런의 활성화를 통해 저장된다는 것을 깨달았다. 만약 한 사람이 바나나에 대해 생각해 본다면 다른 형태의 뉴런의 활성화가 뇌의 정보 처리 영역에 나타날 것이다. 저장된 학습과 기억을 나타내는 다른 거미줄 형태의 활성화를 보이는 것으로, 특정 뉴런이 여러 다양한 기억과 관련될 수 있기 때문에 이는 상당히 효율적이다.

　이러한 복잡한 거미줄 형태를 '스키마(Scheme)'라고 부른다. 당신은 사과에 대한, 바나나에 대한, 그리고 포드 머스팅에 대한 스키마를 가진다. 스키마는 이러한 것들 각각의 물리적 특징에 국한되지 않는다. 또한 다른 어떤 관련 정보도 포함한다. 사과의 경우, 스키마는 사과와 관련된 이야기의 개념과 연결되고, 그로부터 아담과 이브나 백설공주와 같은 특정 이야기까지 연계된다. 스키마는 또한 색과 맛과 관련된 다른 형태의 사과와도 연계될 뿐만 아니라 사과로 만들 수 있는 사과 설탕조림, 사과 소스, 사과 파이와 같은 다양한 음식과도 관련된다. 더 나아가 사과나무 번식에 대한 역사적 정보나 Johnny Appleseed(각지에 사과 씨를 뿌리고 다녔다는 미국 개척 시대의 전설적 인물-역자 주)에 대한 것뿐만 아니라, 과수원에서 사과를 경작하는 것에 대한 정보 및 사과가 어떻게 번식하고 수확되며 주스를 만드는 과정은 어떠한지와도 연계될지 모른다. 스키마 내의 연결 고리는 계속해서 확대되고 더 많은 정보와 결합된다. 특정 정보를 기억하는 것은 그 정보가 있는 스키마의 부분에 접근할 것을 요구하는데, 그것은 그 정보에 달할 수 있도록 스키마 내의 일련의 연결 링크를 통해서 이루어질 수 있다.

장기기억 향상 방법

　스키마가 링크로 연결된 정보적 집합의 복잡한 패턴이라는 것과 학습한 내용을 기억해 내는 것이 그러한 연결 링크들을 따라서 적절한 정보의 중심점을 찾아가는 과정이라는 것을 이해한다면, 어떻게 보다 효과적으로 교수할 수 있을지에 대해 강한 통찰력을 갖게 된다. 학생이 알파벳 'c'가 어떻게 /k/ 또는 /s/ 소리를 만드는지 배우는 것을 가정해 보자. 이 음성학적 사실이 하나의 스키마의 일부분으로서 다른 정보와 연결되는 집합점을 나타낸다. 또한 그 사실을 기억해 내는 것은 근본적인 정보의 중심점으로 통하는 연결 링크들을 요구하게 된다. 어떻게 하면 학생이 이것을 할 수 있는 가능성을 증대시킬 수 있을까?

한 가지 방법은 새롭게 학습한 사실에 대해 가능한 한 많은 연결 링크를 만드는 것이다. 몇 개 되지 않는 연결 링크로 덜 세분화된 스키마는 정보의 중심점에 이르는 것을 어렵게 하는 반면, 주어진 정보에 대한 많은 링크로 잘 발달된 스키마는 주어진 정보 집합점에 쉽게 접근할 수 있도록 해 준다. 학생이 한 연결 링크 세트를 통해 정보를 기억해 내는 데 성공하지 못한다 하더라도 그 정보에 접근하는 데 사용할 수 있는 다른 옵션이 있다는 것은 많은 수의 잘 발달된 연결 링크를 가졌기 때문이라는 것은 틀림없는 사실이다. 반면에 몇 안 되는 빈약한 연결 링크로 된 스키마를 사용할 때, 학생은 정보를 기억해 내는 데 소수의 옵션만을 가지는 것이다. 그래서 첫 시도에서 실패할 경우 시도해 볼 수 있는 다른 옵션이 없을 수 있기에 정보에 접근할 수 없는 결과를 갖게 된다.

다양한 감각을 통한 연결 링크 만들기

교사는 어떻게 학생이 주어진 개념과 사실에 접근할 수 있는 많은 연결 링크를 만들도록 지원할 수 있을까? 사람들이 사과를 생각할 때의 뇌 영상은 사과에 대한 모든 감각 경험과 관련이 있는 뇌의 모든 영역이 활성화되는 것을 보여 준다는 것을 떠올려 보자. 따라서 알파벳 'c'가 어떻게 /k/ 또는 /s/ 소리를 만드는지 가르칠 때 가능한 한 많은 감각을 활용한 학습과 관련 지을 수 있으며, 각각의 감각은 스키마에 고유의 연결 링크로 기여하게 되고 결과적으로 학습이 일어나도록 하는 데 많은 연결 링크가 사용될 것이다. 많은 읽기 프로그램은 학생에게 다감각적 접근을 사용한다 (예, Wilson Reading Program, Animated Literacy, Patterns for Success). 따라서 학생으로 하여금 알파벳 'c'의 다양한 표상을 보여 주기 위해 단어의 시작, 중간, 끝에 조작물을 사용할 수 있다. 이것은 시각과 촉각을 사용하는 것이다. 말하기와 듣기를 사용하도록 알파벳 'c'를 사용해 단어나 랩을 암송할 수도 있다. 학생은 그들의 신체를 사용해 혹은 면도 크림과 같은 것으로 그림을 그려 알파벳 'c'를 표현해 봄으로써 시각, 촉각 그리고 운동 감각을 사용하게 된다. 많은 창의적인 교사는 다양한 감각을 활용한 교수가 더 효과적인 학습을 가져온다는 것을 알고 있다. 그러나 많은 수의 연결 링크로 구성된 보다 풍부한 스키마를 만드는 데 기여하는 다른 요인이 있는데, 이는 새로 학습할 내용과 이미 알고 있는 내용을 연결하는 것을 포함한다.

사전 학습과 연결하기

1880년대에 이루어진 연구는 이전에 학습한 것에 대한 소수의 연결 링크를 가지고 정보를 배우는 것이 얼마나 어려운지를 생생하게 보여 주었다. 사람들이 일반적으로 습득할 수 있는 사전 지식, 학습, 경험이 부재하는 경우의 학습에 대해, 독일 연구자 Hermann Ebbinghaus는 의미를 지니지 않는 doj 또는 geb과 같은 음절 목록을 기억하게 함으로써 첫 음절이 주어질 때 그 음절 목록을 자신 있게 반복할 수 있다는 것을 연구했다. 의미를 지니지 않는 음절 목록을 사용함으로써, 그는 음절이 그 어떤 사전 지식과도 관계가 없다는 것을 확신했다. 그리고 24시간 후에 음절의 50% 이하를 기억하고 48시간 후에는 단지 35%만을 기억할 수 있다는 것을 발견했다(Ebbinghaus, 1913). 이것은 기계적인 암기, 즉 현존하는 스키마와 연계되지 않는 분리된 사실적 정보의 학습은 성공적인 학습 전략과는 거리가 멀다는 것을 명백하게 보여 준다.

교사가 학생으로 하여금 현존하는 스키마와 새로운 학습을 연결하도록 도울 수 있는 방법은 많다. 교수 계획 단계에서 오늘 학습할 주제를 지난 시간 배운 단원과 학습 내용에 연계할 수 있다. 따라서 잉카 문명의 계단

형 피라미드에 대한 수업은 학생에게 이집트 피라미드에 관해 알고 있는 것을 생각해 보도록 하고 질문함으로써 시작할 수 있다. 사전 학습과 연결하기는 대부분의 체계적인 학습설계 모델에서 이루어지는 첫 단계다. 그 예는 Madeline Hunter가 개발한 7단계 모델로, 예비 교사 양성 프로그램에서 가르친다(Hunter, 1994).

교사는 수업 중에 학생이 새로 배우는 학습 내용을 사전 학습 내용과 관련시켜 연결 링크를 만들도록 도울 수 있다. 이를 위한 한가지 방법으로 무엇인가 새로운 것을 이미 알고 있는 것과 견주어 보는 은유, 직유, 비유를 사용할 수 있다. 예를 들어, 이 장에서는 뉴런의 형태를 나무에 비유하였다. 나무의 형태에 대한 지식은 뉴런이 어떤 형태를 띠는지를 학습하는 데 도움이 되었다. 잉카 문명의 피라미드 관련 단원에서 피라미드를 만드는 데 참여한 무수히 많은 사람을 은유, 직유, 비유를 통해 벌집을 만드는 벌과 관련짓는 것은 학생이 그 작업자의 조직과 협력을 이해하는 데 도움이 된다.

Bloom의 분류 상위 단계에 참여시키기

스키마 내에서 더 많은 연결 링크를 형성하도록 하는 또 다른 방법은 학생이 학습 과정 중에 상위 인지 과정에 참여하도록 하는 것이다. Benjamin Bloom(1956)은 다양한 사고 단계를 제시하였는데, 지식과 이해하기가 가장 낮은 수준의 사고 단계다. 이는 단순히 사실적 정보를 기억하거나 그대로 되뇌는 유형의 사고로, 예를 들어 M의 상징을 인식하고 그 자체의 소리를 아는 것이다. 그다음은 적용 단계로, 실제 생활 문제를 해결하는 데 지식을 사용하는 것이다. 이것은 읽기 수행을 위해 낱글자의 소리에 대한 지식을 가지고 있는 경우로 생각해 볼 수 있다. 적용 다음의 상위 수준은 분석, 종합 그리고 평가로, 더 깊은 사고 과정에 참여하도록 하는 단계다. 분석은 한 세트의 데이터에 드러난 패턴 혹은 한 편의 시의 주제를 발견하는 것으로서 의미의 평가라고 볼 수 있다. 종합은 가령 곰의 입장에서 『골디락스와 세 마리의 곰(*Goldilocks and the Three Bears*)』를 다시 써 보는 작업과 같이 무엇인가를 새롭게 창작하는 것이다. 그리고 평가는 한 편의 소설이나 그림 작품을 비평하는 것, 즉 정해 놓은 기준에 따라 무엇인가를 판단하는 것이다.

Bloom의 분류에 따른 상위 사고 과정에 학생을 참여하게 하는 교수법은 보다 많고 복잡한 정보의 집합점과 그와 관련된 연결 링크 개발과 함께 더욱 복잡한 스키마를 형성토록 한다. 이와 같은 교수법은 Ebbinghaus가 연구한 기계적 암기 관련 학습과는 정반대다. 의미를 지니지 않는 음절 기억의 급격한 감소와는 대조적으로, 연구를 통해 Bloom의 분류의 상위 사고 수준에 학생을 참여하게 하는 교수는 장기 단기 모두에서 기억이 향상되는 결과가 드러났다.

자동화 수준으로 기억 끌어올리기

지금까지 장기기억 향상을 위한 모든 전략은 주어진 사실적 정보에 대한 접근과 이해를 향상하고 기억을 촉진하는 방법으로서 스키마 내에서 연결 링크의 수와 복잡성을 향상하는 데 중점을 두고 있다. 장기기억으로부터 정보를 기억하도록 돕는 또 다른 수단은 그러한 연결 링크가 정보를 가능한 한 강력하게 이끌 수 있도록 만드는 것이다. 이것은 숲에서 잘 닦아 놓은 길을 따르는 것에 비유된다. 덜 닦인 길보다 잘 닦인 길을 따르는 것이 좀 더 쉽다. 마찬가지로 뇌에서도 잘 닦인 연결 링크를 따르는 것이 좀 더 쉽다.

어떻게 이것을 교실 내 수업으로 전환시킬 것인가? 교사로서 우리가 학생에게 어디에서 그들이 자동화 학습에 접근하고 또 사용할 수 있는지에 대한 핵심을 알도록 하는 특정한 학습의 형태가 있다. 이는 자동화 지점에 이르도록 하는 학습이라 부르는데, 교사가 학생에게 이와 같은 수준의 학습을 달성하도록 하는 기술의 예로 소리 · 상징 관계, 일견 단어, 작문 기술(예, 대문자 쓰기, 구두점)이 있다. 우리는 학생이 특별한 의식적 사고 없이 이런 기본적인 기술에 접근하고 사용할 수 있길 원한다. 이를 위한 한 가지 방법이 바로 연습이다. 학생이 매번 'c'를 /k/ 또는 /s/로 인식하면 이 사실적 정보에 대한 연결 링크는 강화된다. 충분한 반복을 통해 뉴런의 연결 링크는 차츰 스키마 안에 자리를 잡고 그 정보에의 접근은 점점 빨라지고 자동화된다. 그 정보를 기억해 내는 데 어떤 의식적 사고가 요구되지 않으며, 단기기억 제한에 대한 부과가 없고, 의식적인 기억이 좀 더 의미 추구에 참여할 수 있게 된다.

자동화 단계의 기본적인 소리 · 상징 관계에 대한 활자 인식의 예에서, 단기 또는 의식적 기억은 이해하기 과정에 완전히 집중하게 한다. 대문자 쓰기, 구두점 사용하기와 같은 기본적인 작문의 예는 학생이 이러한 작문 기술을 모든 교과 영역에서 사용하도록 함으로써 계속해서 그것이 자동화되도록 하는 결과를 가져올 수 있다. 따라서 쓰기 과제에서 학생에게 완성된 문장을 사용하도록 기대하는 것을 넘어 그들의 페이퍼에 전체 문장을 쓰는 것에 대한 책임과 더불어 완성된 문장에 철자 문제를 끼워 넣을 수 있다. 마찬가지로 과학 시험에서 짧은 답을 요하는 질문은 완성된 문장의 형태로 쓰일 수 있다. 정확한 작문 기술의 사용은 반복 학습을 통하여 자동화 수준에 이를 수 있으며, 단기기억으로 하여금 쓰인 내용에 좀 더 집중할 수 있도록 자유롭게 해 준다. 이 장의 나머지 부분에서는 풍성한 문해 학습 환경을 조성하도록 돕는 구체적인 교수 전략을 살펴보고 논의해 보자.

모든 학생을 위한 뇌 친화적인 수업을 지원하는 교수

뇌가 어떻게 학습하는지에 관한 연구로부터의 정보는 모든 학생에게 모든 상황에서 적용 가능하기에, 뇌의 기능에 대한 것을 명심하고 있는 교사는 수업을 계획하고 실행함에 있어서 그들의 교수적 목표를 달성하는 데 보다 성공적이다. 전반적으로 그러한 교수법이 무엇인지에 대해 살펴보고, 교사가 뇌 친화적인 수업을 고안해 내는 데 사용 가능한 구체적인 교수 전략을 고려해 보자.

뇌 기반 교수법은 단기기억이 지속적인 자극을 받는다는 것과 학생의 주의 끌기가 신기함, 중요도 또는 움직임과 관련된 교수를 통해 촉진될 수 있다는 것을 인정한다. 수업은 개인적으로 의미 있는 학습이 되도록 함으로써 학생을 정서적으로 참여시켜야만 한다. 단기기억이 과부하되는 것을 피하기 위해 수업은 이미지 또는 그래픽의 사용, 칠판에 쓰인 과정별 단계와 같은 적절한 비계 설정을 포함하는 작고 논리적으로 계열화된 단계로 제시되어야만 한다. 나아가 단기기억의 요구를 경감하기 위해서는 명확한 지시를 사용하고 문제의 예시를 사용해야 한다.

학생이 새로 학습한 것을 장기기억의 스키마에 존재하는 것과 통합하도록 돕기 위해서는 수업을 통해 새로운 학습 내용과 사전 학습 정보 간의 연결 링크를 형성하도록 지원해야 한다. 이는 유사, 비유, 직유 등의 사용을 통해 학생의 주의가 새로운 학습이 사전 정보와 어떤 관련이 있는지에 초점을 맞추도록 함으로써 가능하다. 유사, 비유, 직유, 그림, 그래픽, 보기 등의 사용은 학생이 새로 학습하는 것을 이해하는 데 사전 지식을 적용하도록 함으로써 단기기억에 대한 요구 감소에 부가적으로 도움이 된다.

보다 견고한 스키마의 형성을 돕기 위해서는 수업에서 다양한 감각을 사용해야 하며 Bloom의 분류에 따른 상위 사고 과정을 요구해야 한다. 기본적인 기술의 자동화를 촉진하기 위해서는 수업에 많은 예시와 다양한 형태의 연습을 포함하여 적절한 장기기억에의 연결 링크를 형성하도록 해야 한다. 차례로 기본적인 기술이 자동화 수준이 되면서 단기기억에 대한 요구는 감소하며, 학생은 음성학적 정보의 인식보다는 문제 해결과 이해에, 그리고 대문자 쓰기나 구두점 사용하기보다는 그들의 생각을 표현하는 것에 보다 집중할 수 있게 된다.

다음에서는 교사가 모든 학생을 위한 효과적인 수업을 계획하는 데 사용할 수 있는 교수 전략의 몇 가지 예를 살펴본다. 어떻게 이러한 전략이 중등도 또는 중도 장애학생에게 적용될 수 있는지에 대한 구체적인 예가 제시된다. 이러한 전략은 뇌가 어떻게 작동하는지에 관한 가장 최근의 연구와 밀접하게 관련되어 있기 때문에 효과적이다.

차별화 교수

차별화된 수업은 학생의 능력, 관심, 학습 선호도가 서로 다르다는 가정을 기반으로 한다(Tomlinson, 2001). 차별화된 수업에서의 교수는 모든 학생이 같은 방식과 속도로 학습한다고 가정하기보다 처음부터 다양한 수준의 학생을 고려해 계획한다. 이것은 교육과정이 모든 학생에게 동일한 방식으로 전달되는 많은 일반교육 수업과 대조되며, 교사에게는 장애학생을 위한 교육과정 수정을 요구한다(Udvari-Solner, Villa, & Thousand, 2002). 차별화되지 않은 수업에서는 교수 내용과 학생의 요구가 일치하지 않아 학습 성과를 내지 못하고 난 후에야 교수 수정이 이루어진다. 최악의 경우, 학생이 기대되는 성과를 달성하지 못하는 것이 학생이 일반학급에 속하지 못한 문제 때문인 것으로 간주되기도 한다.

차별화된 수업에서는 학생이 학습 내용과 정보 처리를 하고 다양한 과제를 통해 학습을 이룰 수 있도록 다양한 접근이 제공된다. 수업의 교수적 접근이 학생의 요구에 적합한지 확실히 하기 위해 평가가 활발하고도 지속적으로 이루어진다. 학생의 학습 준비도, 관심, 학습 프로필을 고려한 차별화된 수업이 이루어진다(Tomlinson, 2001). 차별화된 수업은 교사가 이미 학습자의 다양성을 가정하기 때문에 중등도 또는 중도 장애학생의 요구를 보다 적합화할 수 있다. 중등도 또는 중도 장애학생은 대개 동학년 또래에 비해 학습 준비 기술이 낮다. 차별화된 교수는 이미 학습 준비 기술을 기반으로 내용을 다양화하기에, 차별화된 수업에서는 중등도 또는 중도 장애학생만이 다른 학생과 다른 과제를 수행하는 것이 아니다. 중등도 또는 중도 장애학생은 일반 학생과 마찬가지로 다양한 관심과 학습 스타일을 가지며, 이러한 요인을 기반으로 한 차별화로부터 이익을 얻을 것이다.

차별화 교수의 예

한 3학년 수업에서 동물에 대한 연구 과제를 수행한다. 이 단원에서는 읽기, 쓰기, 구두로 말하기 기술, 그리고 연구와 비판적 사고력, 동물에 대한 과학적 지식이 요구된다. 학급 내에 다운증후군 학생 Jonah가 있는데, 그의 개별화된 목표는 기본적인 일견 단어 식별하기, 이름 쓰기, 지시 따르기, 또래와 적절한 상호작용하기 및 선택하기다. 차별화를 통해 학급 내 모든 학생은 그들의 요구를 만족시킬 수 있다. 학습 내용은 학습 준비도에 따라 차별화되어 있어 다양한 수준에 따른 그림책부터 백과사전까지 읽기 자료가 제공된다. 내용은 관심사에 따라 차별화되어 있어 학생이 자신이 조사하고 싶은 동물을 선택할 수 있다. 내용은 학습 프로필에 따라 차별화되어 책, 비디오, 오디오 테이프, 웹사이트 조사를 포함한 다양한 과제가 제공된다. 학습 과정도 차별화되어 있어 학생이 소그룹, 또래 학습, 개별 학습 등의 형태로 배울 수 있다. 학습 성과물도 차별화되어 있어 학생이 동물에 관한 시나 노래 만들기, 동물에 대한 디오라마나 포스터 제작하기, 동물 관련 놀이 활동, 동물에 대한 안내책자 만들기 등 다양한 과제를 선택할 수 있다. 학습 평가 사항은 과제에 대한 기대치를 명확히 소통하는 것이다. 학습 내용, 학습 과정, 과제물의 차별화는 중등도 또는 중도 장애 학생에게 수준에 맞는 자료를 제공함으로써 교육과정에 접근할 수 있도록 해 준다. 그래서 Jonah는 또래와 함께 참여할 수 있으며, 그의 개별화된 학습 목표를 달성하도록 하는 과제를 선택할 수 있다.

다양한 감각 양상

스키마 이론은 다양한 감각 양상을 활용한 교수가 보다 견고한 스키마를 형성함으로써 학생이 좀 더 쉽게 학습한 정보를 기억할 수 있도록 한다는 것을 보여 준다. 이것은 스키마 내에서 고유한 연결 링크에 기여하는 학습 처리가 이루어지는 동안 각각 다른 양상으로 나타나며, 각 연결 링크는 정보를 기억하기 위한 잠재적인 수단으로 간주될 수 있다. 다양한 감각 양상을 사용한 수업은 모든 학생뿐 아니라 특히 장애학생에게 도움이 된다. Howard Gardner(1983)는 다중지능 이론을 통한 다양한 감각 양상을 사용한 수업으로 유명해졌다. 다중지능 이론은 교사가 사용하는 전통적인 지능과 학업 성취 평가에서 말하는 지능의 구체적인 정의에 의문을 가진다. Gardner는 적어도 일곱 가지 지능이 있다고 제안하였다. 논리-수학적 · 언어적 · 공간적 · 음악적 · 운동감각적 · 대인관계적 · 개인내적 지능이 그것이다. Gardner는 학교 내 많은 학생이 단지 논리-수학적 및 언어적 능력을 측정하기 위해 고안된 평가를 잘 수행하지 못했기 때문에 지적이지 않다고 간주되는 것을 우려했다. Armstrong(2000)은 Gardner의 이론을 가지고 그것이 다양한 학습자 집단을 성공적이게 하는 학급 교수법을 개발하는 데 사용될 수 있는 여러 가지 방법을 제안하였다. 다양한 감각양상 이론은 일곱 가지 유형의 사람들이 있는 것이 아니라 모든 사람이 각각의 지능을 지니며 개발할 수 있다고 제안하였다. 게다가 여러 지능은 서로 독점적인 것이 아니라 종종 함께 관여한다. 다양한 감각양상 이론의 중요성은 학생이 그들의 지능을 인식하고 그들의 학습을 향상할 수 있도록 모든 지능을 사용하도록 하는 것이다.

다중 지능의 예

10학년 역사 수업 시간에 학생이 제1차 세계대전에 대해 공부하고 있다. 이 수업에서는 학생이 전쟁의 발생 원인과 다양한 나라에 걸쳐 경제, 정치, 사회 발달에 미친 영향을 설명하고 논의할 수 있는 기술이 강조된다. 게다가 학생은 읽기, 쓰기, 구두로 말하기를 수행할 수 있어야 하며, 한 가지 주제를 가지고 다양한 자료를 활용하여 조사할 수 있는 기술을 지녀야 한다. 이 수업에 지적장애와 지체장애를 지닌 16세의 중복장애학생 Karen이 참여한다. Karen의 개별화된 목표는 의사소통을 위해 보완대체 의사소통 기기를 사용하고, 수용 언어와 일견 단어 읽기 기술을 향상하며, 팔다리 움직임의 범위를 유지하고, 사물 잡기를 통해 소근육 기술을 향상하는 것이다. 이 단원에 해당하는 교수 전략과 활동은 다음과 같다.

- 강의(언어적)
- 선행 조직자, 오버헤드, 비디오(공간적)
- 논의와 집단 학습(대인관계적)

- 잡지와 편지 쓰기(대인관계적)
- 1914~1918년대의 음악(음악적)
- 제1차 세계대전 때의 최전선 생활의 재연(운동감각적)
- 전쟁의 원인과 승리로 이끈 요인에 대한 논쟁(논리적)
- 참여 국가의 인과 관계 및 인구 변화에 관한 그래프(논리적)
- 전쟁의 다양한 양상 및 여파를 조사하는 학교 도서관을 위한 박물관 전시(언어적 · 논리적 · 공간적 · 대인관계적)

이와 같은 교수 전략과 활동은 Karen이 의사소통 도구를 사용하여 토론에 참가하고, 그 단원과 연계된 일견 단어를 학습하고, 정보 검색을 위해 컴퓨터를 사용하고, 박물관 전시를 돕기 위해 대근육과 소근육을 사용하여 듣고 대답함으로써 의미 있는 참여를 하게 해 준다. 그리고 이러한 모든 것은 그녀가 스키마 내에서 보다 많은 연결 링크를 개발해 나가는 데 기여하고, 정보를 성공적으로 기억해 낼 수 있는 기회를 증가시킨다.

협력 학습

협력 학습이 장애학생과 일반 학생 모두에게 이롭다는 것은 연구를 통해 밝혀졌다(Johnson & Johnson, 1989; Putnam, 1998; Sapon-Shevin, Ayres, & Duncan, 2002). 협력 학습은 다음의 다섯 가지 주요 요소를 포함하도록 계획된 구조화된 집단 학습이다(Johnson, Johnson, & Holubec, 1993).

- 긍정적 독립성: 학생이 함께 학습하는 것에 대한 근거가 제시되어야 한다. 중등도 또는 중도 장애학생은 집단 내에서 의미 있는 역할을 지녀야만 한다.

- 개별적 책임: 학생은 집단 내에서 그들의 학습에 대한 책임감을 지녀야 한다. 중등도 또는 중도 장애학생의 개별화된 요구에 목표가 적합화될 수 있다.
- 협력 기술: 학생은 협력 학습의 부분으로서 협력 기술을 반드시 배워야 한다. 교사는 학생이 어떻게 효과적으로 협력하여 학습하는 지를 알 것이라고 가정해서는 안 된다. 협력 학습 집단은 중등도 또는 중도 장애학생이 사회성 기술을 배우고 연습할 수 있는 기회를 제공해야 한다.
- 대면 상호작용: 집단 구성원 간의 상호작용을 확보하는 것이 중요하다.
- 집단 정보 처리: 집단의 효과를 평가하는 데 집단 정보 처리는 중요하다. 학생이 어른보다 어떻게 중등도 또는 중도 장애학생을 위해 협력 집단 구조를 수정할 것인지에 대한 보다 나은 생각을 가질 수 있다.

중등도 또는 중도 장애학생이 일반학급에 포함될 경우, 협력 학습은 의미 있는 참여와 또래 간의 상호작용을 촉진할 수 있는 한 가지 효과적인 방법이 된다.

협력 학습의 예

Barbara는 2학년 중등도 또는 중도 장애학생이다. 학급에서 작은 시골 마을의 모델을 개조하기 위한 협력 집단 수업이 이루어지고 있다. 각 집단은 프로젝트를 위해 빌딩 개조를 선택했다. 학생은 4개의 집단으로 나뉘어 그들의 구조를 만든다(대면 상호작용). 집단 구성원은 재료를 반드시 공유해야 한다(긍정적 독립성과 협력 기술). 각 학생은 반드시 학급 전체에서 자신이 만든 빌딩의 부분에 대해 말해야 한다(개별적 책임). 학생은 교사에게 얼마나 그들의 집단이 함께 잘 작업하고 공유했는지에 대해 말한다(집단 정보 처리). Babara는 이 활동이 읽기나 쓰기와 관련된 것이 아니기 때문에 특별한 수정을 요구하지 않는다. 이 활동은 Babara에게 자연스럽게 사회적 상호작용과 의사소통 기술을 사용할 수 있는 기회를 제공한다.

Michael은 구어가 어려운 중등도 또는 중도 장애학생으로 움직임이 몹시 제한적이다. 6학년 과학 시간의 협력 활동 중에 학생은 다양한 음식의 pH를 측정하는데, Michael은 재료 담당자로서 그의 휠체어 테이블을 사용할 재료를 배열하는 공간으로 제공한다(긍정적 독립성). 학생은 재료를 가지고 가면서 Michael과 구어로 상호작용을 하고 그가 학생과 눈 맞춤을 하고 미소를 지었는지를 기록한다(개별적 책임, 협력 기술, 대면 상호작용). 집단 활동 후에 학생은 그들의 상호작용에 대해 평가하고 Michael이 향후 좀 더 나은 방식으로 참여할 수 있는 방안에 대해 제안한다(집단 정보 처리).

Celeste는 자폐장애학생이다. 그녀의 9학년 수업에서는 가상의 직업과 생활 장면에서 예산을 짜는 것과 관련해 협력적 수학 활동을 한다. Celeste는 정보 확인자 역할을 하는데 계산기를 사용해서 그녀 집단의 체크북 계산이 정확한지를 명확히 한다(긍정적 독립과 개별적 책임). 그녀는 물리적으로 그녀의 집단에서 활동한다(대면 상호작용과 협력 기술). Celeste와 집단 내 다른 학생은 그들이 집단에 얼마나 잘 기여했는지에 대한 개별적 평가를 수행한다(집단 정보 처리).

요 약

이 장에서는 중등도 또는 중도 장애학생을 위한 문해 교수를 설계하기 위해 어떻게 뇌가 작동하는가에 대한 연구의 중요성을 논의하였다. 우리의 가정은 장애학생의 뇌가 일반 학생의 뇌와 다르기보다는 좀 더 유사하다는 것이다. 우리의 최소 위험 가정은 어떻게 뇌가 작동하는가에 대하여 우리가 알고 있는 것과 일치하는 교수 전략을 사용하여 모든 학생에게 풍부한 학습 환경을 제공해 주는 것이 중등도 또는 중도 장애학생을 위한 최선의 실재라는 것이다. 다음 장에서는 모든 학생을 위한 문해 교수 조직을 위한 모델에 대해 처음부터 살펴볼 것이다.

제3장
문해 습득을 위한 기초로서의 언어와 의사소통의 역할

Julia Scherba de Valenzuela &
M. Marilyn Tracey

　이 장의 목적은 의사소통 발달을 이해하는 데 필요한 주요 개념을 논의하고 정의하는 것이다. 이는 강한 의사소통 요구를 가진 많은 학생의 성취 이상으로 여겨져 왔던 것으로, 사회적으로 그 가치가 인정되고 중요한 의사소통 양식과 문해가 학생에게 매우 필요한 것이라는 것을 이 책에서 밝히고자 한다. 문해 발달은 의사소통의 몇 가지 잠재적 양식의 하나로서 개인이 지니고 있는 전체 의사소통 기술에 대한 종합적인 이해가 전제된다. 의사소통의 양식은 개인에 따라 다양하게 나타날 수 있으며, 이는 의사소통의 개별적인 목록으로 구성될 수 있다. 구어, 수화, 문서, 대상 혹은 개념을 나타내는 그래픽 혹은 촉각 표상(예, 그림 카드 또는 축소형 물체), 관습적인 및 비관습적인 몸짓, 눈 응시, 얼굴 표현, 발성, 몸동작, 그리고 의미 있는 것으로 해석되는 다른 어떤 습관적 행동이 그것이다.

　가장 심각한 지원 요구를 지닌 학생뿐만 아니라 모든 사람은 그들을 둘러싸고 있는 것과 함께 의사소통의 다양한 양식을 사용하는 것을 인지하는 것이 중요하다. 중도장애인 의사소통 요구에 대한 국가연합회(National Joint Committee for the Communicative Needs of Person with Severe Disabilities: NJC)에서는 의사소통을 '모든 인간의 기초적인 요구와 기초적인 권리 일체'(NJC, 1992, p. 3)로 정의했다. Johnson, Baumgart, Helmstetter와 Curry (1996)는 존재하는 의사소통 기술을 유지하고 새로운 것을 학습하기 위해 필요한 지원과 맥락을 제공하는 것이 전문가들의 책임이라는 것과 '각 개인은 어떠한 방식으로 의사소통한다는 것'(p. 5)을 상기시켰다. Johnson과 동료들은 개인이 일관성 없는 반응을 보인다 하더라도 독립적으로 체계를 사용하는 것이 불가능하다고 믿는 것이나 어떠한 개인이 의사소통 능력의 미리 의도된 수준에서 의사소통 체계에 참여하는 것으로부터 제외될 수 있다는 것에 대해 경고하고 있다. 이는 전문가의 평가가 그들이 숙달되거나 혹은 독립적인 독자나 작가가 될 것이라고 예측하지 않는다 하더라도 모든 개인이 문해 능력을 개발하기 위한 다양한 활동에 참여하고 풍부한 인쇄 환경에서 열중하도록 하기 위한 것이라 강하게 주장했다.

이 장은 다문화와 다중 언어의 관점에서 계획적으로 작성되고 있다. 첫 번째 저자인 Julia Scherba de Valenzuela는 스페인어와 영어를 구사하는 특수교육자이면서 이중 음성-언어병리학자다. 남부 캘리포니아 주 다문화 가정에서 출생하고 성장한 그녀의 모국어는 영어다. 그녀는 유년 시절부터 몇 가지 다른 언어에 노출되어 있었으며, 유아기 때는 유대인 교육의 한 부분으로 히브리어를 시작했다. 그녀는 몇몇 라틴아메리카 국가에서 살아왔고 전문적이고 사적인 상황에서 매일 스페인어와 영어를 사용했다. 두 번째 저자는 Marilyn Tracey로, 북미 인디언의 나바호(Navajo)어와 영어의 이중 언어 교육자이며 교육 진단가다. 그녀는 그들 자신을 나바호인으로 언급하는 Diné의 구성원이다. 그녀는 출생하면서부터 나바호어를 구사하였으며 나바호의 국경에서 자랐다. Tracey는 애리조나 주 뉴멕시코와 몬테나 주의 몇몇 다른 북미 원주민 공동체에서 살면서 작업해 왔다. 그녀는 전통적인 공동체에 깊고 지속적인 기반을 두고 있으며 전문적이고 사적인 환경에서 매일 그녀의 나바호어와 영어 구사 기술을 사용한다. 우리는 이러한 사적인 정보를 뒤따르는 본문의 맥락과 관련짓는 한 방법으로서 드러내고자 한다. 이 장에서는 의사, 교사, 교육자, 그리고 다문화 및 다중 언어 공동체의 회원으로서의 경험의 실례를 정보를 구축하는 한 방법으로 보다 이해 가능하며 현실적으로 제시하였다. 따라서 독자는 저자의 실제 예와 관점의 맥락을 이해하기 위해 저자의 출신지, 지리적 · 문화적 · 언어적 측면을 이해하는 것이 중요하다. 또한 독자는 제시된 나바호인과 다른 북미 원주민의 특성과 행동을 모든 나바호인과 북미 원주민에 적용해서는 안 된다는 것을 이해하여야 한다. 개인마다 몇 가지 전통적인 특성이 있을지 모르나 시대 · 문화적인 변화, 그들이 살고 있는 지리구(그들의 공동체 안에서 소속되거나 소속되지 않을 때)와 같은 환경에 따라 달라질 것이다. 공통적 행동, 신념, 성격에 대한 설명이 장애인을 포함한 다른 집단의 사람 모두에게 동일하게 적용되어서는 안 된다.

본질적인 개념 정의하기

특정한 분야에서 보통 사용되는 용어를 명확히 해석하는 것은 매우 중요하다. 용어의 의미에 대한 동의는 지원을 요구하는 전문가와 개개의 가족 사이에 의사소통의 효과를 높인다. 교육 전문가와 학자가 사용하는 수많은 용어가 직업 환경과 일상생활 중 사용될 때에 서로 다른 의미를 지니고 있기 때문에 개념 정의는 특히 중요하다. 이것은 두 분야의 사람이 두 가지의 다른 방향에서 특정한 용어를 사용하고 이해할 때도 문제가 되지만, 동시에 명확하지 않은 상황일 때 특히 더 문제가 될 수 있다. 예를 들어, 한 교육자가 부모에게 그의 자녀가 이야기를 할 수 있는지 없는지 물어보았다고 하자. 그 전문가는 그 아이가 언어를 사용하고 있는지 아닌지에 대해 정의된 매우 구체적인 용어로 물어보았을 것이다. 그러나 그 부모는 질문의 뜻을 '당신의 아이는 구어를 사용하는가?'로 해석하고 아니라고 대답할지도 모른다. 그 아이가 몸짓 표현은 사용하지만 구어를 사용하지 않기 때문이다. 또는 그 부모는 교육자가 말한 '이야기'라는 것을 어떠한 종류의 구어적 산출물로 이해하고 "네, 저의 아이는 이야기해요."라고 말할지도 모른다. 왜냐하면 아이는 몸짓과 음성을 조합하여 사용함으로써 어떻게든 의사소통을 하고 있기 때문이다.

때로 용어는 포괄적인 의미로 사용되기도 하는데, 너무 포괄적인 의미는 무엇을 뜻하는지 모를 수도 있다. 예를 들어, '비구어적인'이라는 용어는 제한된다 할지라도 유의미하며 정상적인 말을 산출하는 많은 학생에게 부정확하게 적용되었다. 더구나 이 용어는 가끔 농학생이지만 유창한 수화자에게 적용되기도 했다. 수화를 사용하는 대다수의 개인은 말을 하지 못하나 분명 그들의 언어 산출은 제한을 받지 않는다. 그들은 단순히 언어의 비구어적인 유형을 사용할 뿐이다. 따라서 '비구어적인'이라는 용어는 넓고 다양한 개인의 집합에 적용할 때 의사소통 능력을 정확하게 묘사하는 유용한 의미를 상실한다.

용어가 정확하고 구체적으로 사용되지 않을 때는 개인의 실질적인 의사소통 능력에 대한 명확한 사진을 얻을 수 없다. 비구어적이며 심각한 장애를 가진 사람들이 소유할 수 있는 의사소통 능력에는 광범위한 다양성이 있다. 개인의 현재 수행 단계를 명백하게 이해하고 정확하게 묘사하지 않는다면 어떤 지원이 그의 요구를 충족할 수 있을지를 결정하는 것은 어렵다. 예컨대, 학생은 그들의 현재 의사소통 능력에 비해 그 이상이거나 이

하의 보완대체 의사소통 체계(AAC)를 제공받을 수 있다. 우리는 기능적인 문제가 있는 학생뿐만 아니라 제한된 구어를 구사하는 학생에게 그림카드 체계를 제공했을 때 현재 표현 능력에 미치지 못하는 수준에서 한 단어 목표의 의사소통의 요구가 제한되는 것을 보았다. 때때로 이런 일이 벌어지는 것은 학생이 영어를 주 언어로 사용하지 않는 가정에 있기 때문이다. 그의 언어 능력이 이중 언어로 사정되지 않고 전문가와 가족 구성원 및 다른 통역사(있다면) 사이에 명확한 의사소통이 이루어지지 않는다면 학생의 다양한 구어는 단순하게 횡설수설하는 것으로 해석될 수 있다. 이것은 적절한 기능적 의사소통 체계에 대한 접근을 제공받지 못한 개인에게 시간 및 자원 낭비 그리고 많은 혼란의 결과를 초래할 것이다.

의사소통

다음의 의사소통에 대한 정의는 강한 의사소통 요구를 지닌 개인과 함께 작업하는 전문가의 공동체에서 잘 받아들이는 것이다.

> 의사소통은 사람의 요구, 열망, 지각, 지식, 혹은 감정적 · 정서적 상태에 대하여 한 개인이 또 다른 개인에게 정보를 제공하거나 혹은 다른 개인으로부터 정보를 받는 것에 따른 어떠한 행동을 말한다. 의사소통은 의도적이거나 비의도적일 수 있고, 관습적이거나 비관습적인 신호를 포함할 수 있다. 또한 언어적 또는 비언어적 형태를 가질 수 있고, 구어 또는 다른 형태로 발화될 수 있다(NJC, 1992, p. 3).

이 정의는 의사소통 행동이 취하는 다양한 형태를 강조한다. 사람은 단어 외에도 여러 가지 방법으로 의사소통할 수 있다. 앞의 정의는 또한 개인이 그들 자신의 의사소통하는 능력(의사소통 의도)을 인식하지 않을 때조차도 의사소통이 발생하며, 일반적으로 인식된 의사소통의 형식을 사용하지 않아도 의사소통이 되며(관습적으로 쓰이는 신호들) 아직 발달되지 않은 언어를 사용해도 의사소통이 일어난다.

NJC(1992)는 의사소통 권리 법안(Communication Bill of Rights)을 만들었다. 우리는 이것을 모든 개인이 획득해야 한다고 강하게 권한다. 특히 강한 의사소통을 가진 개인의 가족 구성원을 포함해야 한다. 덧붙여 12개의 기본적인 의사소통 권리 중 네 번째인 이 권리 법안은 "그들 장애의 심각성 또는 확장에 관계없이 모든 사람이 그들이 있는 상태와 의사소통을 통해 기분에 대한 기본 권리를 가진다."(p. 3)라고 진술하고 있다. 이는 표현하고자 하는 의미에 대한 의사소통 방법을 찾아서 의도적이거나 기존의 방식으로 표현할 수 없는 개인의 상대방에게 책임이 있다고 본다. 대화 상대자는 반드시 개인이 이미 산출한 표현적 의사소통에 대한 가치를 가지고 반응하며 인지해야 한다.

의사소통은 공동체에서 살아감에 있어 필수적이며 중요한 부분이다. 사람들은 공동체 그리고 그들이 속한 단체, 작업장, 가정 등의 다양한 맥락에서 다른 사람들과 의사소통한다. 각 개인이 서로를 잘 이해한다 할지라도 의사소통은 어려운 것이다. Joe와 Miller(1987)는 문화가 종종 의사소통 도전의 근원이 된다고 언급했다. 왜냐하면 모든 의사소통은 문화적이며, 문화적으로 단단히 박힌 전제에 따른 적절한 방법으로 의사소통을 접근하게 하기 때문이다. 또한 문화는 다른 사람들과 의사소통에 참여하는 것에 영향을 주기 때문이다. 이러한 예는 남서부 아메리카의 나바호인이 그들의 씨족 혹은 다른 사람과 관계 있는 역할에서 "나의 아들, 나의 딸, 나의 형제."라고 언급함으로써 상호작용을 시작하는 것에서 볼 수 있다. 게다가 아메리카 원주민은 특히 공적으로 신체적 접촉과 함께 다른 이들과 인

사하는 일이 극히 드물다. 그러나 많은 라틴아메리카 나라의 대다수 사람
은 친구나 선생님조차 포옹과 함께 뺨에 입을 맞추며 인사할 것이다. 만약
의사소통에서 나타나는 이러한 차이점이 자연스럽고 기대되는 것이며 그
들이 보이는 문화적인 부분에서의 다양한 모습이 무능력을 가리키지 않는
다는 이해가 없다면, 다른 문화권의 사람들과 상호작용할 때 의사소통에
서 나타나는 문화적 패턴의 차이가 인지적 손상을 지닌 개인의 문제로 간
주된다.

의도적인 의사소통

영유아가 울거나 소리 지르거나 재잘거릴 때 그들이 의사소통 목적을
가지고 있다고 가정하는 것은 동부 사회에서는 흔한 일이며, 실제로 이러
한 중요한 인지적 기술은 시간을 초월하여 발달한다. 의도적인 의사소통
이 일어나기 전에서 의도적인 의사소통으로의 변천은 일반적으로 9개월
된 유아에게 나타나는 것으로 생각되었다(Wetherby, Warren, & Reichle,
1998). 전문가가 의도적인 의사소통을 논의할 때는 전형적으로 특정한 발
화 길이의 의사소통이 발달되었는가 아닌가가 아니라 개인이 의도적인 의
사소통의 가능성을 개발해 왔는가 아닌가를 지적한다. 때때로 사람들은
특정한 의사소통 행동에서 "내 말은 그런 의미가 아니에요!" 혹은 "그건
내가 의미하는 바가 아니에요."라고 언급하기도 한다. 그러나 의도적인
의사소통의 사정(assessment)은 개인이 청자에게 다소의 의사소통의 효과
를 줄 수 있다는 인식을 발달시켜 왔는지와 그들이 고의적으로 예정된 목
적을 추구하기 위해 의사소통을 하는 것인지를 알아보는 것이다. 그것은
하나의 특정한 의사소통 활동을 언급하는 것이 아니다.

개인이 가지는 강한 의사소통의 요구가 의도적인 의사소통을 발달시키

는지의 여부를 결정하는 것은 어려울 수 있다. Wetherby와 Prizant(1989)는 의사소통 의도의 증거로 제공될 수 있는 다음의 행동을 제시하였다.

① 목표와 청자를 번갈아 응시하는 것, ② 목표 성패가 좌우될 때까지 고집하는 신호, ③ 목표를 충족하기 전까지 신호의 질을 변화시키는 것, ④ 의식화 또는 관습화된(기존에 있던) 의사소통 양식, ⑤ 청자로부터 반응을 준비하는 것, ⑥ 목표 충족 시 신호를 종결시키는 것, ⑦ 목표 달성/비달성 시에 드러내는 만족/불만족(p. 78)

Wetherby와 Prizant(1989)는 또한 의도적인 의사소통의 발달은 명백히 경계를 표시할 수 없는 단계라고 시사했다. 여기서 의도적인 의사소통이란 한 개인이 지금은 진술할 수 있으나 이전에는 의사소통 의도를 가지고 불안정적으로 진술한 것을 말한다. 대부분의 인지 혹은 행동 양상과 같이 의사소통 의도는 점진적으로 발달한다. Wetherby와 Prizant(1989)는 의도성이 목표에 대한 무의식이 의식적인 자각과 능력 발달로 연속적으로 나타난다고 하였다. 이 능력은 일반적으로 발달하는 18개월 된 아동에게 나타나는 의도성의 발달과 함께 의사소통 목적을 달성하기 위한 수단의 발달에 반영된다.

가끔 가족과 전문가 사이에 중도장애아의 의도적인 의사소통 발달 여부에 대한 의견 불일치가 있을 수도 있다. 그러나 앞서 인용된 NJC의 의사소통 정의에서도 볼 수 있는 바와 같이 의사소통은 의도하지 않아도 일어날 수 있다. 중요한 점은 행동의 가능한 의미를 알아보는 시도를 하고자 하는 대화 상대자가 될 필요가 있다는 것이다. 의도성 발달은 개인의 비의도적인 의사소통에서의 일관성 있는 반응에 의해 촉진된다. 따라서 의사소통 의도가 의심스러울 때는 ① 개인에게 의사소통을 하기 위한 의미 있는 무엇이 있다고 가정하고, ② 특정한 행동이 무엇이었는지 이해하기 위한 시도를 하고, ③ 의사소통이 의도적인 것처럼 반응하는 것이 좋다.

관습적인 의사소통

의사소통 행위는 둘 또는 그 이상의 사람이 의미에 동의할 때 인정된다. 예컨대, 윙크, 끄덕임(인사) 혹은 다른 동작은 두 명의 형제자매, 친구 혹은 가족 구성원 간에 특별한 의미를 가질 수 있다. 의사소통 행위가 관습적일 때는 제한된 사회적 맥락의 외적인 측면으로 인지되거나 넓게는 큰 공동체나 문화적 집단으로서 이해된다. 때때로 사람들은 기존 방식의 의사소통이 보편적인 것이라고 가정한다. 그러나 당신이 다른 나라로 여행을 다녔거나 혹은 다른 문화 집단과 살았다면, 두 손가락을 세워 평화를 상징한다거나 옳은 것을 가리키기 위해 검지와 엄지로 원을 만드는 것과 같은 보편적인 동작조차 모든 나라에서 같은 방식으로 사용되거나 이해되지 않는다는 것을 경험했을 것이다. 보통은 고개를 끄덕이는 행동으로 나타나지만, Diné 구성원 사이에서는 동의나 긍정의 대답으로 눈썹을 치켜올리는 것이 보편적이다. 남서부의 일부 라틴 사람은 "안녕하세요."라고 말하며 빠르게 머리를 위로 끄덕인다. 이러한 의사소통 관습은 특정한 역사·사회·문화적 맥락과 함께 채택되고 사용되며 학습되고 발달되었다. 관습적인 의사소통 행동은 선천적이거나 보편적이지 않다.

그와 같이 가장 중요한 지원 요구를 가진 사람들은 의사소통을 위한 관습적 수단을 사용하거나 학습하지 않아 왔을지도 모른다. 그들은 민감하고 반응적인 상대방과 함께 의미 있는 것으로 인지되는 그들의 독특한 양식으로 의사소통을 해 왔다. 또한 의사소통 수단을 찾기 위한 지속적인 시도가 이루어져 왔다. 따라서 가족 구성원 혹은 양육자의 비현실적인 것 같은 해석을 철회하지 않는 것이 아주 중요하다. 의사나 다른 의학자가 혼수

상태에 있는 사람의 건강과 상태에 대한 의미 있고 관련된 정보의 의사소통을 통해 의학적 반응을 해석하고 추리하는 것을 배워 왔듯이, 강한 의사소통 요구가 있는 사람들의 양육자 또한 특정 행동이 어떤 상황 동안의 특정한 상태, 요구 혹은 바람을 가리킬 때 지속적으로 나타나는지 확인하는 것을 학습하였을 수 있다. 예를 들어, 한 어머니는 자신의 딸이 좋아하는 부드러운 스웨터를 입었을 때 편안함을 느끼면서 소리를 낸다는 것을 학습하였을 수 있다. 시행착오와 시간의 흐름을 통해 민감한 양육자는 독특한 의사소통 행위를 정확하게 식별해 낸다. 다른 예로, 한 교사는 자신의 학생 중 한 명이 교실에 있는 전자레인지로 걸어가 그 문을 열고 세게 닫음으로써 배가 고프다는 것을 표현한다는 점에 주목하였다. 그 교사는 자신의 해석이 옳다는 것을 알고 있었는데, 그 학생에게 음식을 주었을 때는 그것을 갖고 가서 먹었으나 음식을 주지 않았을 때는 그의 그런 행동이 증가되었기 때문이다. 중도장애학생의 의사소통은 일반적으로 기대되는 것과는 다를 수 있기 때문에 독특한 의사소통 양식을 가진 아이들의 양육자와 교육자가 의사소통 사전을 유지하고 서로 공유하는 것은 매우 중요한 것으로 강조되고 있다. 이러한 의사소통 사전을 공유함으로써 새로운 사람들과 적절하고 효과적으로 의사소통하며 반응하고 이해하는 것을 배울 수 있다.

언어의 정의

미국말언어청각협회(American speech-Language-Hearing Association: ASHA)에서 채택한 언어의 정의는 다음과 같다(ASHA, 1982).

언어는 생각과 의사소통을 위해 다양한 방식으로 사용되는 전통적

인 상징의 복합적이고 역동적인 체계다. 언어에 대한 현시대의 견해는
다음과 같다.

- 언어는 특정한 역사적 · 사회적 · 문화적 맥락에서 발달한다.
- 언어는 규칙에 지배되는 행동으로서 적어도 다섯 가지 변수(음운
  론, 형태론, 통사론, 의미론, 화용론)에 의해 설명된다.
- 언어 학습과 사용은 생물학적 · 인지학적 · 체계적 요인의 상호작
  용에 따라 결정된다.
- 의사소통을 위한 언어의 효과적인 사용은 비구어적 단서, 동기 유
  발, 사회문화적 역할과 같은 관련 요소를 포함한 인간의 상호작용
  의 광범위한 이해를 요구한다(p. 499).

이 정의는 특별하고 독특한 의사소통 양식인 언어로부터 다양한 수단으
로 성취될 수 있는 의사소통을 구분 짓도록 도와준다.

언어는 구어, 신호 또는 쓰기로 표현될 수 있다. 양식에 관계없이 언어
는 생성 방식과 규칙 지배 방식에 있어 추상적 상징과 전통적 상징의 조합
과 사용으로 비구어적 의사소통 양식과 차별화될 수 있다. 앞서 정의한 것
과 같이 어떤 것(대상이나 행동 혹은 개념)과 그것이 어떻게 나타나는가 사
이의 구체적이고 중요한 관계의 유형을 가리키기 위해 언어학자와 많은
아동 언어 전문가는 정확한 의미의 범위 내에서 상징이라는 용어를 사용
하고 있다. 상징(symbol)은 그것의 지시 대상과 추상적 또는 자의적인 관
계에 있다. 이와 대조적으로 도상(icon)은 직설적 혹은 명백한 표현 방식이
다. 핵심은 구체적인 표현이 상징인지 혹은 도상인지가 아니라 그것이 관
계 안에서 무엇을 지시하는가(지시 대상)에 있다. 사과 사진이 실제 사과를
나타내는 데 사용되었다면 그것은 도상이 될 수 있다. 왜냐하면 표현과 지

시 대상 사이의 관계가 직설적이며 명백하기 때문이다. 사과와 사과 사진을 보는 대다수 사람은 그들의 문화적 배경이나 사과에 대한 지식에 관계 없이 그 둘을 연결시킬 수 있어야 한다. 그러나 사과 사진이 뉴욕을 나타낸다면 그것은 상징이 된다. 왜냐하면 그 관계가 추상적이고 자의적이기 때문이다. 당신은 뉴욕이 '큰 사과'라고 언급된 것을 알지 못했다면 사과 사진이 구체적인 도시를 가리킨다는 것에 대해 알 방법이 없을 것이다.

상징과 도상 간의 차이점에 대해 깊이 생각하는 이유는 교육자가 자의적이든 직설적이든 상징을 다양한 표현을 위해 일반적인 의미도 종종 사용하기 때문이다. 이는 종종 AAC 문헌에서 사실로 드러나기도 한다. 예컨대, Beukelman과 Mirenda(2005)는 상징으로 표상되는 모든 것은 불투명성(사실적, 추상적 상징)에서 투명성(도상)까지의 범위 속에 있게 된다고 하였다. 그러나 앞서 제시한 언어에 대한 정의에서 '상징'이라는 용어는 자의적이고 추상적인 표상으로서의 기술적인 언어적 감각으로 사용되고 있다. 이것은 Formkin, Rodman과 Hyams의 다음 인용구를 통해 볼 수 있다. "언어의 소리와 구어 의미의 관계와 몸짓과 표현의 관계는 거의 대부분 자의적이다."(2003, p. 27)

이것은 언어 발달을 위한 전제 조건이 추상적인 상징의 이해와 사용이라는 것을 의미한다. 이는 인지장애를 가지고 있는 일부 학생에게 어려운 것이 될 수도 있다. 의도적인 의사소통으로의 전환과 마찬가지로 상징적인 의사소통으로의 전환은 더 복잡한 의사소통 채널의 개발을 향한 중요한 단계가 된다. 몸짓과 조기 단어를 창조적으로 사용하기 시작했을 때, 몸짓과 조기 단어가 처음 배웠던 맥락에서 벗어났을 때 상징의 질이 발달한다(Iverson & Thal, 1998; Wetherby, Reichle, & Pierce, 1998). Wetherby, Reichle과 Pierce에 따르면, "구체적인 사건의 발생에서부터 맥락과 관련되지 않거나 구분되어 온 한 단어는 하나의 상징으로 고려된다."(p. 200)

Wilcox와 Shannon(1998)은 맥락과 관련짓지 않는 것(탈맥락)은 "단어와 좀 더 일반화된 개념 사이에 연합을 형성하려는 아이에게 필요하다. 탈맥락은 다양한 의사소통 기능을 나타내는 서로 다른 맥락에서 단어에 대한 노출로 촉진된다."(p. 388)고 하였다. 이는 중요한 점인데, 상징적인 의사소통을 개발하고 있는 사람들은 풍부한 구어 환경과 함께 여러 가지 화제와 맥락에 대하여 의사소통에 몰두하기 위한 다양한 기회를 제공하는 것이 중요함을 주장하기 때문이다. 맥락의 제한적인 범위에서 이루어지는 반복적인 의사소통은 결국 상징적 · 언어적 의사소통으로의 전환을 촉진하지 않는다.

언어는 또한 독특한 의사소통 양식이라 할 수 있는데, 그것이 규칙에 지배되고 생성력이 있기 때문이다. 생성력이 있다는 말은 "모든 언어를 사용하는 화자가 무한한 문장 세트를 산출하고 이해하는 것이 가능하다는 것이다."(Fromkin et al., 2003, p. 27) 이것이 가능한 이유는 모든 화자가 무의식중에도 따르게 되는 언어에 관한 규칙이 있기 때문이다. 이러한 규칙은 소리와 단어가 어떻게 조합되는가, 그리고 각 언어별 유창한 화자에게서 기대되는 양식에 따라 좌우된다. 사실 화자는 그 단어의 의미를 이해하는 것과 관계없이 새로운 단어에 대해 이러한 규칙을 적용할 수 있다. 예컨대, 당신이 새로운 단어 'trif'를 들었다면 어제 어떤 이가 그것을 말했을 때는 'triffed', 지금 말하고 있을 때는 'is triffing', 혹은 습관적인 동작을 나타낼 때는 'trifs'라고 말하는 방법을 알았을지도 모른다. 중요한 언어 발달 부분은 특히 단어와 문장의 올바른 형성을 위해 이처럼 무의식적으로 규칙을 학습하는 것이다. 단어와 단어의 부분이 닥치는 대로 조합될 수 없다. 각 변이어에는 무엇이 용납되는지 아닌지를 통제하는 관습이 있다. 가령 영어에서 'It left running the dog.'는 올바른 표현이 아닐 것이다. 그러나 똑같은 단어의 배열('Salió corriendo el perro.')이 스페인어에서는 일상적인 것일 것이다. 이러한 예는 문법적인 규칙 또한 자의적임을 보여 준다. 즉, 그것은 시간이 지나면서 구체적인 언어 공동체에서 발전되어 온 것이다. 언어가 다른 방식으로 구성된 것에 대한 좋고 나쁨은 본질적으로 의미가 없다. 예를 들어, 이중 부정은 표준 미국 영어에서는 사용되지 않는 표현으로 방언을 사용하는 사람은 "우린 아무것도 가지고 있지 않아 (We don't have any)."와 같이 말할 것이다. 그러나 또 다른 영어 방언 사용자는 스페인어와 같은 언어를 사용하는 사람처럼 이중 부정을 잘 사용한다. 언어의 다양성을 가진 화자들은 특정 언어나 방언에서 "I don't have none." 또는 "No tengo nada."와 같이 언어 양식이나 규칙이 같은 것을 말한다.

구어는 문화의 한 부분으로서 많은 기능을 가진다. 그중에서도 가장 중요한 기능은 의사소통이다. 사람들은 그들이 말하는 어떠한 언어 종류에 따라 그들 자신을 사회 무리의 일부로 동일시한다. 언어는 공동체 체계와 사회적 상호작용 안의 참여자를 통해 발전되어 왔다(Ochs, 1986). 언어 학습의 또 다른 중요한 점은 결국 다른 사회 체계 속에서 그것을 어떻게 적절히 사용할 것인가, 즉 특정한 공동체 안에서 '담화 기준'으로 무엇이 언급되는가 하는 것이다(Corson, 1993). 다른 언어 공동체는 예절, 흥미, 존경과 화제의 중요성, 대화 주고받기(turn taking), 눈 응시하기, 주제 유지 및 화자 정하기, 그 밖에 많은 것에서 나타나는 다른 규칙을 가진다. 예를 들어, 미국 원주민 문화에서는 대기 시간—화자에게 주어진 말하는 시간과 반응하는 시간의 양—이 지배적인 미국 문화에서보다 실제로 더 길다.

Corson(1993)은 다른 담화 기준은 "보통 다소 큰 차이가 있는 문화적 가치를 반영한다."(p. 36)고 주장했다. 따라서 다른 사회와 문화적 맥락, 개인 안에서 적절한 언어 사용을 학습함으로써 가치, 태도, 풍습, 신념 및 그들의 문화와 공동체 구성에 대해 배울 수 있다. 사람들은 한 공동체의 구성

원이 되는 방법을 그 공동체의 언어를 배움으로써 익힐 수 있는데, 이것은
장애학생의 가정에서 언어 사용의 중요성을 인식하는 것이 중요한 이유
다. 만약 중도장애학생을 교육하는 목표 중 하나가 공동체 참여를 위한 도
구를 제공하는 것이라면, 가정에서의 언어는 공동체 접근을 제공하기 위
한 하나의 주요한 수단이 됨과 동시에 교수의 가장 기초적인 목표가 되어
야 한다.

대다수의 사람은 몇몇 언어가 다른 언어보다 특정한 것을 표현하는 데
더 유용하다는 생각을 가지고 있다. 예를 들어, 우리는 프랑스어가 독일어
보다 낭만적인 생각을 표현하는 데 더 유용하다거나, 영어가 아닌 어떤 알
래스카 원주민이나 아메리카 원주민 언어에서는 다양한 종류의 눈을 묘사
하는 것이 가능하다고 들어 왔다. 이 유명한 개념은 둘 다 사실이다.
Fromkin 등(2003)에 따르면, "근원이 되는 언어는 없다. 즉, 모든 언어는
동등하게 복잡하고 보편적인 어떤 생각을 표현하는 것이 가능하다. 어떠
한 언어의 단어는 새로운 개념을 위한 새로운 단어를 포함하기 위해 확장
될 수 있다."(p. 27) 이것은 모든 언어가 학문적인 지식과 같은 복잡한 개
념을 표현하고 개발하는 데 적절하다는 의미다. 사실 가정 언어의 사용은
영어 학습의 기초 과정에 있는 학생을 위한 중요한 교육적 지원이 될 수
있다. 그러나 일부 아메리카 원주민 공동체는 침략과 억압의 역사적인 양
식에 대응하여 그들의 언어를 공동체 구성원에게 사용하고 가르치는 것을
엄격하게 제한해 왔다는 것 또한 인식해야 한다(Sims, 2006). 따라서 많은
가족이 지원이 더 중대하게 필요한 학생에 대한 이중 언어 교육의 중요성
이나 가능성에 대해 알지 못할 수 있다는 인식을 하면서 교육할 언어를 선
택할 때 가족의 선호도가 무엇인지 물어보는 것은 특히 중요하다.

문 해

이 책에서는 문어를 관습적인 읽기, 쓰기로 정의하였다. 그러나 문해는 더 넓은 의미로 정의할 수 있다. 실제로 교육자 및 다른 전문가가 문해에 관한 확장된 관점을 가지지 않는다면, 앞에 정의한 것과 같은 언어가 발달되지 않은 사람들은 문해 활동에 의미 있는 방법으로 참여하지 못하고 배재될 가능성이 높다.

최근 문해의 정의는 더 포괄적이며 확장적인 관점을 포함하며 읽기와 쓰기보다 넓은 의미로 발전해 왔다. 우리는 다른 관점에서 설명될 수 있는 몇 가지 정의를 살펴보고자 한다. 이러한 작업은 문화적 · 정치적 및 사회경제적 경계에 걸쳐 문해 탐색에 관련된 다양한 연구자로부터 나오게 되었다. 예를 들면, Dubin과 Kuhlman(1992)은 다음과 같이 진술했다.

> 지난 10년간 문해 연구의 중대한 새로운 방향은 어떻게 가족, 공동체 그리고 작업장에서 문해가 가능한지를 발견하기 위한 질문을 통해 두드러지게 되었다. 특정한 문화의 구성원으로서 '글을 읽고 쓸 수 있다'는 것은 무슨 의미를 지니고 있는가? 어떠한 문해 사용 양식이 작업장, 전문직, 연령 집단 내에 있는가(p. vii)?

Hiebert(1991)는 명시적으로 구성주의자 관점을 문해에 대한 정의에 적용하였다.

> 현재 일정 시기 동안 문해 획득을 통한 학습 과정과 새로운 문해에 대한 관점이 출현하였다. 이러한 새로운 관점은 오래된 개념에 새로운 이름을 구성하는 것이 아니라, 글자 위주의 문해에 대한 정의에서 문

해는 글자의 능동적 변화가 가능하다는 견해로 바꿔 나타내야 한다. 이전의 관점에서 의미는 주로 글 내에 존재한다고 가정했다면, 새로운 관점에서 의미는 독자와 글의 상호작용을 통해 만들어진다고 할 수 있다(p. 1).

Langer(1991)는 글과 독자의 상호작용이라는 개념에서 더 나아가 대조적으로 "문해는 읽기, 쓰기의 활동이며 또한 생각의 방법이다."(p. 13)라고 하였다. Langer는 문해의 정의는 어떤 한 가지 기능과 함께 맥락에 의존한다고 주장했다. "특정한 사회에서 글을 읽고 쓸 수 있는 사람과 같이 생각하고 논할 수 있는 능력으로서, 문해는 더 넓은 견해와 교육적으로 더 생산적인 방법이라고 볼 수 있다."(p. 11) Langer는 나아가 다음과 같이 주장하였다.

> 문해 발달에서 가장 중요한 것은 문화적으로 적절한 사고방식이지, 읽기 혹은 쓰기 행위가 아니다. 문해의 사고는 서로 다른 사회에서 구어와 문어와는 다른 표현으로 나타난다. 교육자는 사고방식의 다리를 짓고, 전환을 가능하게 하기 위해 이러한 사고방식을 이해할 필요가 있다(p. 13).

앞의 정의는 상호적이며, 문해가 문화적인 상황에 놓여 있다고 정의하는 포괄적인 관점을 강조하고는 있다. 하지만 이러한 정의가 강한 의사소통 요구를 가진 개인 또는 중요한 인지적 장애가 있는 개인에게 문해가 어떤 의미인지 고려할 때에는 문제가 될 수 있다. 몇몇 작가는 중도장애가 있는 사람들에게 문해의 정의를 적용하는 데서의 복잡성을 심사숙고하고 있다. 이 분야에서 많은 작가가 '상호작용적 · 구조적 · 전략적이며 의미에 기초를 둔' 문해(Steelman, Pierce, & Koppenhaver, 1994, p. 201)를 인지해 왔다 하더라도, 그들은 전형적인 이해력과 글의 사용이 문해에 대한 핵심 개념이라고 주장한다. Steelman과 동료들의 정의는 좋은 예가 된다. "문해를 한다는 것은 문어를 사용하여 의미를 구성하고 모으는 것이 가능하다는 것이다."(p. 201) Foley(1994)는 문해에 대한 그녀의 정의를 모두 부각시킴으로써 문어를 위한 구어 발달의 중요성을 강조하였다. "음성과 문어의 두 가지의 형태로, 다양한 목적을 위해 언어를 유창하게 사용하는 것을 가능하게 하는 언어숙달을 위해 폭넓게 사용된다."(p. 184) Foley는 또한 "오늘날 정상적인 사람에게서는 구어 능력이 문해 기술의 발달과 꽤 관련이 깊다는 것에 대한 일반적인 논쟁이 있다."(p. 185), 그러나 "말 산출 능력과 반대되는 개념으로서의 언어 능력은 결정적인 요소가 되어 나타날 수 있다."(p. 186)라고 지적하였다. 이 장에서 이전에 제시된 언어의 정의를 돌아보면, 독자는 언어가 추상적이고 자의적인 상징의 사용을 요구한다는 것을 명심해야 한다. Foley가 강조한 것처럼 이것은 기존의 읽기, 쓰기 발달을 위한 하나의 선행 요건이 될 수 있다.

하지만 고려해야 할 중요한 질문 하나는 발달이 되지 않았거나 혹은 상징적인 의사소통의 어떤 형태도 발달될 것 같지 않은 학생이 문해를 고려할 수 있는가 하는 것이다. 뉴멕시코에서 읽기와 쓰기를 위한 대안 사정(Alternative Assessments)을 개발하는 위원회의 결정에 따라 다른 관점이 제시되었다. 이러한 내용 영역에서 확장된 성취 기준이 개발되는 동안 사용된 읽기, 쓰기의 정의는 다음과 같다.

- 쓰기 교수의 최종 결과는 다른 사람들이 이해할 수 있는 지속적인 산물을 생산하기 위한 능력이다. 이것은 도구의 사용을 의미한다.
- 읽기 교수의 최종 결과는 의사소통에 사용되는 다른 그래픽 상징을

이해하는 능력이다.

Beukelman, Mirenda와 Sturm(1998)이 우리에게 상기시킨 이러한 문해에 대한 확장된 관점은 매우 중요하다.

　　사람들의 인지적 제한으로 인해 교육자는 교육 목표로서 문해 능력에 대한 학습을 고려하지 않을 수도 있다. 결과적으로 인지장애를 가진 사람들은 집에서나 학교에서 모두 문해 도구에의 노출이 감소하거나 기대가 줄어들 위험이 있다. 만약 교육자가 읽기에 필요한 특정 전제 조건 및 기술이 습득될 때까지 문해 교육은 시작하면 안 된다고 믿거나 문해를 '모두 있거나 혹은 아예 없는' 능력으로 생각한다면, 그들은 인지장애를 가진 사람들의 문해의 학습 범위를 변화시키는 것을 잠재적으로 고려하지 않아도 될 것이다. 사실 인지장애를 가진 사람들은 장애가 없는 그들의 친구들과 같이 동일하게 발생하는 문해 활동(예, 이야기를 반복해서 듣는 것, 필기도구에 접근하는 것 등)에 참여할 수 있으며 또 그렇게 해야 한다. 그러나 너무 어린 나이에 문해 도구에 집중적으로 노출되도록 지나치게 강조할 필요는 없다(p. 361).

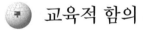 ## 교육적 함의

　　앞서 제시된 정보로부터 파생된 많은 중요한 교육적 함의가 있다. 이러한 교육적 함의는 세 가지 주요 영역으로 나눌 수 있다. 즉, 학생의 의사소통 단계를 이해하는 것, 학생의 가정에서의 언어와 문화를 인식하는 것, 그리고 학생의 의사소통과 언어 발달을 촉진하기 위한 최선의 전략을 사

용하는 것이다. 이 세 가지 영역은 강한 의사소통 요구를 가진 학생에게 효과적이고 적절한 교수를 제공하는 데 필수적이다.

의사소통의 단계

강한 의사소통 요구를 가진 학생을 위해 문해 교수가 제공될 때는 의사소통의 발달 단계를 이해하는 것이 매우 중요하다. 학생이 의사소통 의도를 보여 준다면 관습적인 의사소통이나 혹은 틀에 얽매이지 않는 의사소통을 사용하는지, 상징적으로 또는 비상징적으로 의사소통하는지, 그리고 언어를 개발할지를 결정해야 한다. 만약 학생이 관습적인 의사소통 양식을 가지고 있다면 그것은 아마도 의사소통 의도를 가지고 있다는 것이다. 그러나 학생이 몸을 흔들거나 발성하는 것과 같이 관습적으로 사용하지 않았던 방식으로 의사소통할 때는 무엇인지를 판단하기 훨씬 어렵다. 학생이 효과적이며 기능적인 의사소통 체계를 사용할 수 있다는 것을 알아내기 위해서는 그들의 의사소통 단계를 결정하는 것이 필요하다.

비록 능력의 현재 수준 내에서의 정보에 접근하기 위해 학생에게 무엇인가를 제공하는 것은 필요하겠지만, 그들이 아직 독립적으로 사용할 수 없는 의사소통 양식과 이해하지 못하는 자료를 접하게 하는 것도 중요하다. 이는 더 유능한 다른 학생의 지원과 함께 의사소통 상호작용에 참가함으로써 학생이 보다 발전된 의사소통 방식을 개발하게 도와준다. 따라서 특정한 학생은 아직 상징적인 의사소통을 개발하지 못하였다 하더라도 인쇄물을 환경 안에서 폭넓게 사용할 수 있어야 하며, 다른 학생의 지원과 함께 글을 접할 기회를 주어야 할 것이다. 다행히도 문어에 대한 반복적인 노출을 통해 학생은 결국 흥미와 기본적인 읽기 능력을 개발해 나갈 수 있을 것이다. 예컨대, 혹시라도 학생이 기존의 활자를 읽는 학습을 하게 된다면 그림의 사용을 점점 줄여 나가는 목표를 세우고 학생의 의사소통 책의 그림에 단어를 더해서 제공하는 것이 적절할 수도 있다. 그러나 항상 학생의 현재 의사소통 단계에 적합한 의사소통 방법을 제공하는 것을 반복하는 것이 중요하다. 어떠한 그림 지원 없이 상징적인 의사소통 체계가 전혀 발달하지 않은 학생에게 글을 제공하는 것은 그들을 좌절케 할 수 있으므로 문해 교수를 시작하는 단계에서는 비효과적인 교수 전략이 될 수 있다.

학생의 가정에서의 언어와 문화의 중요성

교수는 개인의 의사소통 발달 단계와 관계없이 학생의 가정에서의 언어와 문화에 대한 올바른 이해가 함께 시작되어야 한다. 우리는 교사와 다른 교수 인력이 가정에서 아직 언어를 획득하지 못한 인지장애 학생을 위한 교수 계획을 강구할 필요가 없다고 말하는 것을 들어 왔다. 이러한 논쟁은 전형적으로 발달하는 아이들이 그들의 첫 단어를 말하기 전에 배워야 한다는 것을 고려할 때 논리적이지 못하다.

전문가는 제2언어 습득의 영향과 학업 성취와 평가에서 문화적·사회논리적 차이를 인식할 필요가 있다. 제2언어 발달의 전형적 패턴은 종종 언어장애 혹은 학습으로 혼돈된다는 것이다. 영어 학습자는 때때로 특수교육에서 지나치게 많이 있기 때문에(de Valenzuela, Copeland, Qi, & Park, 2006), 학생이 적절하게 평가받고 변별되는 것은 중요하다. 교육가는 언어 소수자, 특히 아직 영어가 능숙하지 않은 학생에게 특별한 주의 집중, 적절한 평가, 가정 언어의 지속적 발달에 대한 지원 그리고 도전적인(발전하는) 교육과정이 요구된다는 것을 인식해야 한다. 학생이 경도 또는 중도 인지장애를 가졌다 할지라도 그들의 모국어 능력은 능숙한 이중 언어 평가자가 평가해야 한다. 평가자는 제1, 제2언어에 상당한 지식이 있어야 하며 더 심각한 장애학생에게 필요하다.

또한 전문가는 학생이 교육 현장에 참여하는 태도에 민감해야 한다. 적절한 참여에 대한 기대는 다른 문화에서 다양할 수 있다. 그리고 다른 나라나 비지배적인 문화 배경을 지닌 학생은 지배적인 미국 문화와 교육 시스템에 적응하는 데 어려움을 느낄 수 있다. 예를 들어, 대화에 참여하는 구조는 원주민 학생과 지배 문화의 학생이 같지 않다. Diné 문화는 분석적 접근보다는 지속적 접근을 취하는 경향이 있다. 그들은 왜 그런지 알려고 하는 것보다 관찰하고 듣는다. 앞서 언급한 것처럼 원주민은 표준 영어를 구사하는 사람들보다 더 오랫동안 기다린다. Winterton(1976)은 푸에블로 (Pueblo) 인디언 아이들에게 있어 확장된 대기 시간은 학생의 응답 길이와 학생 간 상호작용의 양과 깊게 연관되어 있다는 것을 발견하였다. 만약 이런 차이를 인식하거나 고려하지 못한다면, 비지배 문화 환경에서 온 학생은 어려움을 느낄 수 있다. 예를 들어, 학생은 교실 활동과 상호작용 활동 속에서 반응적 행동을 하지 않을 가능성이 높아진다.

덧붙여 전문가는 복잡한 신념 체계와 문화적으로 다양한 배경에서 가족 구성원의 장애가 주는 영향—건강과 치료에 대한 신념, 종교, 민간치료, 그리고 아이들의 사회적 역할의 기대에 대한 전통적이고 영적인 신념들의 영향을 포함해서—의 가치를 인식할 필요가 있다. 예컨대, Diné 구성원에게는 인간 세계가 다른 것과 소통하는 삶의 양식의 유일한 장소가 아니라는 것이다. 동물, 사건, 영, 환상을 통해 Diné 구성원은 꿈과 데자뷰 형태의 경험을 통해 모든 창조물에 대한 접촉과 소통의 증거로 기호와 표시를 한다. 사람은 동물과 같다—우리는 모두 동일한데, 우리는 주신의 부분이고 세계와 우주에서 동일한 존재이기 때문이다—고 생각한다. 이러한 의사소통의 경험은 천우신조의 유형으로 해석할 수 있다. 그들이 다른 지배적인 문화와 차이가 날 때조차 전문가는 가족의 신념과 가치를 존중하는 것을 필수로 여긴다. 전문가는 그들 자신만의 신념과 가치 체계가 문화적 · 언어적으로 다른 가족의 단어, 행동 및 결정을 어떻게 평가하는지에 영향을 끼친다는 점을 인지해야 한다.

　다른 신념과 가치 체계에 대한 존중에 따라 전문가 역시 의사소통 방법에 대한 집단 선호도를 존중해야 한다. 예를 들어, 일부 원주민 사회에서는 검지로 사람이나 사물을 직접 가리키는 것을 무례한 것으로 생각한다. 따라서 나바호 사람들은 손가락을 대신해서 입술로 표현하기도 한다. 덧붙여 몇몇 전통적 나바호 공동체는 공적인 자리에서 수화를 사용하는 것이 용납되지 않는다. 강한 의사소통 요구를 가진 학생에게 그림 의사소통 체계를 가르치는 것은 수화와 동작을 사용하는 것보다 더 선호적이며 훨씬 기능적일지 모른다. 혹은 그림 체계와 동작 모두를 사용하도록 학생을 가르치는 것과 언제 어디서든 각각의 체계를 사용하는 법을 배울 수 있게 학생과 작업하는 것이 더 기능적일 수도 있다. 이는 의사소통 체계를 개발하고 실행할 때 가족의 인지와 선호도에 대한 이해를 얻는 중요한 이유의 다른 예일 것이다.

의사소통과 언어 발달을 촉진시키는 전략

　여기에서는 강한 의사소통 요구를 가진 학생에 대한 의사소통과 언어 발달을 촉진시키는 일반적인 접근 방식을 제시할 것이다. 여러 가지 다른 관점으로부터 그리고 의사소통 발달의 다양한 수준에서 학생을 위한 구체적인 교육적 전략에 대해 깊이 있는 접근을 제공하는 다수의 뛰어난 자료가 있다. 여기에는 중도장애학생(Downing, 1999), 비상징적 의사소통을 하는 학생(Siegel & Wetherby, 2006), 기능적 의사소통 접근이 적절한 학생

(Kaiser & Grim, 2006), 그리고 보완대체 의사소통 체계를 사용하는 학생 (Beukelman & Mirendu, 2005; Light & Binger, 1998; Reichle, Beukelman, & Light, 2002)을 언급하는 책과 논문이 포함된다. 더 깊이 있는 정보를 알려면 앞의 자료를 연구해 보기를 권한다. 다음은 일반적인 권고 사항이다.

- 강한 의사소통 요구를 가진 사람의 대화 상대자는 효과적인 의사소통이 이루어지도록 가르치고 지원해 주어야 한다. 예를 들어, 학교생활에서 일반 학생이 장애를 가진 또래와 상호작용하는 방법을 알 것이라고 단정하지 말아야 한다. 학생이 의사소통장애를 가진 또래가 반응할 때까지 기다려 주고, 정답을 알려 주기보다는 반응을 할 수 있게 도와주고, 그들의 활동과 대화에서 의사소통장애학생이 참여할 수 있도록 돕는 지속적인 지원이 필요하다. 잠재적인 대화 상대자의 나이와 성숙도에 따라 다음과 같은 의사소통 발달을 가능하게 하는 전략을 제공할 수 있다.
- 중도장애학생은 독특한 의사소통 수단을 사용할지도 모른다. 의사소통의 공유된 체계를 개발하고 의사소통하기 위한 시도에 반응하는 것은 개별적으로 대화 상대자의 책임이다. 장애학생에게 기존 체계를 부여하는 것보다 오히려 학생이 현재 의사소통하는 것을 수단으로 이해하고 그 체계에서 확장해 나가게 하는 것이 더 효과적이다. 교실에서는 또래가 수화를 배울 수 있게 하거나 혹은 장애학생이 사용하는 보완대체 의사소통 체계에 익숙해지는 것을 의미한다.
- 앞서 언급했듯이 다른 사람들이 어떻게 장애학생이 스스로를 표현하는가를 확실하게 인식하도록 하는 것은 독특한 의사소통을 사용하는 사람과 함께 작업하는 전문가와 가족의 책임이다. 의사소통 사전을 개발하고 통용하며, 평소에 그 사람과 접촉하는 모든 사람과 공유해야

한다.

- 부모, 형제 그리고 서비스 공급자는 개인의 현재와 변화된 의사소통 양식에 반드시 반응해야 한다. 때때로 교육가들은 학생들이 배우는 하나의 특정한 의사소통 양식(예, 그래픽 상징 체계)을 강조한다. 이 역시 중요하지만, 학생이 사용하던 기능적인 의사소통의 한 부분이 그간 효과적으로 사용하던 의사소통 양식을 차단하는 것이 되어서는 안 된다. 예를 들어, 대부분의 사람은 그들의 의사소통의 일부로 몸짓을 자연스럽게 사용한다. 구어, 수화, 그림 의사소통 체계와 같은 더 복잡한 의사소통 양식의 사용이 권장되나, 개인의 자연스러운 동작, 얼굴 표정의 사용을 금지하거나 저지해서는 안 된다.
- 대화 상대자는 의미 있는 의사소통을 위해 알아차리고, 격려하며, 기회를 제공해야 한다. 이는 의미 있는 의사소통에 초점을 두는 것이다. 대부분의 장애학생은 자신의 요구를 나타내는 데 한계가 있다. 또한 사회적 소통의 요구에 대해서도 극히 제한적이다. 장애학생이 다른 사람과 함께 공유할 수 있고, 좋아하는 행사, 사람, 애완동물, 활동에 관한 사진과 정보를 가지고 있는 것은 대화할 수 있는 좋은 기회가 된다. 일반 사람들이 가족 사진이나 특별한 여행 사진을 다른 사람과 공유하기를 원하는 것처럼 중도장애학생도 마찬가지다.
- 의사소통을 개발하고 발달시키려 할 때는 의도한 화제나 주제보다는 장애학생이 관심 있어 하는 주제를 따라가거나 흥미 있어 하는 화제를 사용하는 것이 훨씬 효과적이다. 이는 대화 상대자가 사람들이 어떤 것에 대해 의사소통하기를 원하는지를 확실히 할 필요가 있다는 것을 의미한다. 이는 개인이 함께 공유하기를 원하는 사람과 장소, 사건의 사진을 가지고 의사소통을 분명히 하는 것을 의미할 수 있다. 혹은 사물이나 어떤 대상에 관심을 끌도록 유도하기보다는 오히려 장애

학생이 흥미 있어 하는 것을 표현할 때까지 기다려서 상호작용의 출발점으로 사용하는 것을 의미할 수 있다.

• 다른 사람과 한 가지 의사소통 양식을 대체해 사용하는 것이 교수 목표라면, 새로운 양식은 대체된 양식보다 더 효과적이고 효율적인 것이 되는 것이 중요하다. 이것은 새로운 양식을 사용하려는 대상의 시도에 대화 상대자가 인식하고 반응하는 것을 의미한다. 예를 들어, 소리 지르는 행동을 손을 드는 행동으로 대체하고자 하면, 교사가 학생으로 하여금 소리 지르기보다 손을 드는 것에 주목하고 있다는 것에 확신할 수 있게 해야 한다. 그렇지 않으면 학생은 곧 훨씬 효과적인 의사소통 양식인 소리 지르기로 돌아갈 것이다.

• 교육적 지원을 개발하려 할 때, 전문가는 학생의 가정 언어와 문화를 고려해야 한다. 한 개인의 가정 언어, 문화, 지역 공동체는 제거해야 할 벽이 아닌 세워져야 할 자원이다. 영어가 아닌 다른 가정 언어를 쓰는 장애학생에 대한 의문은 그들이 이중 언어 사용자가 될 수 있는가가 아니라—그들이 영어에 전혀 노출되지 못한다면—어떻게 그들의 가정 언어의 지속적인 개발을 지원할 수 있는가가 될 것이다. 기억해야 할 것은 학생이 영어보다 가정 언어를 사용한다면 그들에게 그것이 중요한 사람과 의사소통하는 유용한 수단이 된다는 것이다. 예를 들어, 보완대체 의사소통 체계나 다른 자료에서 제시된 가정 언어와 영어를 함께 제시함으로써 그들이 다른 언어에 접근할 수 있도록 허용해야 한다. 그것은 교사와 전문가에게 큰 짐처럼 보이지만, 사실 전문가에게는 영어를 학습하게 하는 것보다 장애학생에게 몇 가지 단어와 문구를 학습하게 하는 것이 훨씬 쉬울 수 있다. 장애학생이 영어를 사용하지 않을 때 학교에서나 지역에서 이중언어 교육 프로그램을 사용하는 것은 교사와 학생 서로가 이상적인 대화 상대자가 될 수 있

게 한다. 결론적으로 통합에서의 노력은 소수 언어적 배경을 가진 장
애학생에게 이러한 프로그램을 제공하는 것과 개인이 쉽게 접근할 수
있도록 애써야 하는 것이다.

🌐 도 전

강한 의사소통 요구를 가진 사람, 가족, 선생님이 직면하는 많은 도전이
있다. 이 장에서 다루는 세 가지 도전은 '첫째, 분리된 환경에서의 의사소
통을 개발하는 것' '둘째, 문화와 언어적 민감성을 개발하는 것' '셋째,
한계의 가설을 극복하는 것'이다.

분리된 환경에서의 의사소통 개발

현장에서 교육자와 함께 일할 때 종종 직면하는 질문은 어떻게 분리된
교실에서 정상적인 학생으로부터 분리된, 강한 의사소통 요구를 가진 학
생의 의사소통 촉진을 가장 효과적으로 할 수 있는가에 대한 것이다. 우리
가 할 수 있는 가장 정직한 대답은 아예 분리된 교육 현장이, 특히 그곳의
모든 학생이 중대한 의사소통 도전을 가지고 있다면, 효과적인 언어 개발
프로그램을 시행하는 적절한 환경은 아니라는 것이다. 사람들은 그들이
관심 있는 것에 대한 의사소통과 대화 상대자의 반응에 따라 언어를 사용
하는 능력과 의사소통의 다른 양식을 개발한다. 교실 안에서 모든 학생은
언어 기술을 표현하고 수용하는 데 매우 제한적이어서 더 발전된 의사소
통 모델을 제시할 수 없으며 교실에 있는 다른 학생의 요구에 따라 전략적
으로 수정할 수 없다. 교사와 보조원이 확실하게 반응하는 대화 상대자가

될 수 있다 할지라도, 일반적으로 발달하는 또래가 가장 적절한 대화 상대
자다.

　덧붙여 분리된 교실에서 교사는 대화의 다중적인 상대자로 관여할 기회
를 가지지 못한다. 왜냐하면 그들은 교실에 있는 모든 학생의 요구에 관여
해야 할 책임이 있기 때문이다. 학생은 대화의 상호작용에 참여할 뿐 아니
라 다른 사람들 사이에 있는 효과적인 상호 변화를 관찰할 필요가 있다.
분리된 학급에서 장애학생은 대화에 참여하는 또래를 관찰할 수 있다. 그
러나 분리된 수업에서 학생이 관찰할 수 있는 의사소통의 상호작용은 대
부분 두 가지다. 하나는 대부분 적절한 수준이 아니거나 학생에게 관심 있
는 화젯거리를 다루지 않을 것 같은 두 명의 어른 사이에 이루어지는 것이
고, 다른 하나는 학생이 그들 자신의 의사소통 능력을 확장하는 데 필요한
것을 관찰할 수 없는, 어른과의 의사소통 능력에 한계가 있는 다른 학생
사이에 이루어지는 것이다. 후자에서는 학생이 그의 의사소통 능력을 향
상하는 데 필요한 확장된 결과를 관찰할 것 같지 않다.

　분리된 교실의 제한되거나 제한적인 의사소통 환경에 일반교육을 받고
있는 중도장애학생을 포함하는 것은 설득력 없는 이유 중 하나라고 본다.
학생의 의사소통 능력을 증가시키는 것은 주요한 교육의 목표이며, 의사
소통은 학생을 둘러싼 세계에 영향을 주고 또 그가 사회적 관계를 맺기 위
한 최우선의 수단 중 하나다. 강한 의사소통 요구를 가진 학생의 교육자는
그들의 학생들이 또래와 계속적이며 의미 있는 의사소통을 하도록 지속적
인 지원 기회를 주는 것이 반드시 필요하다. 그들이 가정 공동체나 확장된
사회에서 의사소통의 규칙을 학습하는 것과 같이 학생 역시 그들의 연령
대 집단에서 다른 아동, 청소년, 어른과 의사소통하는 규칙을 배울 필요가
있다. 교육자는 장애학생이 관심을 갖고 있는 주제에 관하여 또래와 의사
소통할 수 있는 기회를 제공해야 한다. 그들은 그 지원적인 맥락에서 그들

의 의사소통 기술 개발을 배우고 실행할 수 있을 것이다.

문화적 · 언어적 민감성 개발

문화적 배경이 다른 교사와 학생이 의사소통을 시도할 때는 상호작용하는 담화 형식으로 인해 혼동과 오해가 일어날 소지가 있다. Corson(1993)은 "교사는 담화 기준의 차이를 흔히 잘못 해석할 수 있다."(p. 36)고 경고했다. 특히 학생이 사용하는 신호가 가족의 신호와 익숙할 때는 다른 의미를 전달하게 된다. 예컨대, Guilmet(1979)는 교실 수업에 참여한 나바호족 아이들과 지배 문화의 아이들에 대한 일화 비디오를 보는 나바호족 어머니와 지배 문화의 어머니를 비교하였다. 하나의 일화에서는 지배 문화의 소년이 높은 수준의 신체적 · 구어적 활동에 참여하였다. 어머니들의 차이는 현저히 드러났다. 나바호족의 어머니는 그 소년의 활동이 부정적이었다고 믿은 반면 지배 문화의 어머니는 이 똑같은 행동을 긍정적으로 평가하였다. 대화 상대자가 다른 집단과의 경험이 아주 조금 있거나 아예 없을 때 의사소통 규범이 다르다는 것은 특히 도전적이다.

문화적 민감성 역시 학생에게 주어진 영향력 있는 교육 자료나 담화 주제에 대한 이해를 포함한다. 예를 들어, 비지배적인 문화의 학생은 그들에게 제시된 자료가 흥미 없을 경우 학교에서 교수적 상호작용에 참여하는 동기가 유발되지 않을 수 있다. 종종 이러한 자료는 지배적 문화의 경험에 기초하거나 소수 학생의 삶과 관련이 없는 것처럼 보일 수 있다. 그러나 이는 문화적으로 관련이 있고 중도장애학생의 수준에서 나이에 적절한 자료를 발견하도록 하는 도전이 될 수 있다. 하나의 가능성은 강한 의사소통을 가진 학생의 또래를 위한 이야기 자료로 사용하기 위해 이야기나 글을 짓는 것이다. 이것은 장애가 있든 없든 참여할 수 있는, 상호 간에 그리고 정신적으로 이득이 되는 종류의 활동이다. 예를 들어, 이야기를 들려주고 원고를 작성하면서 특히 멀티미디어(즉, 디지털카메라, 파워포인트, 내레이션, 애니메이션, 음향)의 사용을 포함하는 것은 장애로 식별되지 않은 학생을 위한 의미 있는 교육적 계획이 될 수 있다. 달리 말하면, 장애가 있는 그들의 또래는 특히 그들의 나이에 적절한 글로부터 시작했을 때 이득이 있을 것이다. 글이 학생의 가정 공동체와 문화로부터 나온 화제와 관련이 있을 때, 그들은 동기 유발되고 참여할 수 있게 된다.

이는 교사가 학생의 문화와 언어 규범에 대한 지식과 함께 경험을 얻는 데 큰 도전이 될 수 있다. 그러나 문화적으로나 언어적으로 다양한 학생이 높은 비율을 차지하는 학교는 종종 다양한 지역 사회에 위치하고 있다. 교사는 지역사회 행사에 참여하거나 지역 사업을 돕고 지역사회에 소속됨으로써 일반적인 의사소통 유형에 대해 많이 학습할 수 있다. 학교 지역구는 학생의 몸으로 제시되는 다양한 문화와 언어를 학습하기 위한 자원과 정보를 가진다. 부모와 지역사회 주민은 특히 그들이 흥미 있는 예의와 예절에 대해 질문할 때 풍습, 신념과 전형적인 상호작용 방법을 제공해 줄 수 있다. 특히 관심과 무비판적인 태도를 가지고 접근할 때, 우리는 많은 사람이 문화와 언어에 대한 정보를 공유하고 말하기를 즐기는 것을 발견했다. 교육자와 다른 전문가가 학생의 문화와 언어, 지역사회에 대해 알려진 중요성을 인지할 때, 개인적 판단을 피해서 이 모든 것을 배우는 것에 대해 열린 사고와 흥미가 생긴다. 또한 좀 더 적극적으로 배우기 위한 기회를 찾게 되고 이러한 어려움은 극복될 것이다.

한계의 가설을 극복하는 것

장애가 어떻게 정의되는가—그것이 사회적으로 어떻게 구성되었는가—는 장애로 확인된 사람들에게 어떤 사용 가능한 기회가 있는가를 결정한다. 관습적인 문해를 포함하여, 인지장애를 가진 사람들은 그들이 어떤 의사소통 양식을 개발하는가에 대한 범위가 제한적인 것이 사실이다. 만약 그들에게 문해 자료에 대한 접근이 제공되지 않았다면 읽고 쓰는 학습을 할 수 없을 것이다. 분리된 교실은 종종 문해 자료가 부족하다. 책과 다른 활자 매체는 제거되거나 제한되어 있다. 그리고 중도장애학생의 교실은 시각적으로 흥미가 없는 것으로 게시판이 꾸며져 있다. 일반교육 환경의 벽처럼 포스터와 학생의 작품, 계절별 게시판 등으로 꾸며져 있지 않다. 이는 그들이 읽거나 쓸 수 없을 것이기에 중도장애학생의 삶에서 문해가 중요하지 않다는 메시지를 전달한다. 이처럼 장애학생은 문해 교수가 시간 낭비라고 보는 교실에 방문하는 사람, 장애학생의 또래, 교사, 보조원, 행정가와 가족 구성원과 같은 비문해적인 사람으로 구성된 환경에 있다.

우리는 장애학생이 효과적으로 폭넓은 다양한 의사소통 전략을 사용하기 위한 학습이 불가능함을 단정하면 안 된다고 강하게 믿고 있다. 단 한 가지 확신하는 것은 한 개인이 의사소통을 학습하지 않으려 하는 것은 의미 있고 반응적인 의사사통 교환에 참여하는 기회를 제공하는 것에 실패했기 때문이라는 것이다. 대개 문해 기술을 개발하는 데 있어서 강한 의사소통 요구를 가진 학생의 가능성이 제한된다. 왜냐하면 그들이 할 수 없을 것이라고 믿고 나이에 알맞은 교재의 내용 습득을 위한 의미 있는 참여의 기회가 제공되지 않았기 때문이다. 기회의 부정은 그 학생의 인지적ㆍ감각적 혹은 신체적 제한 그 이상으로 문해와 의사소통 개발에 실패하게 할 것이다. 끝으로 이것은 의사소통의 대안적 방법과 읽고 쓸 수 있게 되는 대안적 방법, 그리고 공동체에 대한 의미 있는 참여의 대안적 방법을 구상할 필요가 없는 비장애 학생에게도 그 상상력을 제한하고 있음을 증명한다.

제4장
단어 인식 교육

Susan R. Copeland &
J. Anne Calhoon

1장에서 언급했듯이, 과거 교육자는 중도장애를 가진 학생이 문해 기술을 습득할 수 있다고 단언하지 않았다. 학생에게 문해 교수가 제공되었을 때조차 그것은 일반적으로 기능적인 일견 단어를 학습하는 것으로만 구성되었다. 대다수의 전문가는 이러한 학생이 발음이나 다른 단어 분석 전략을 배울 수 있다고 생각하지 않는다. 따라서 그들에게 발음에 기초한 접근법을 바탕으로 하는 읽기 교수를 하는 경우는 드물다. 그러나 일견 단어 접근법 하나에만 의존하여 학생들의 문해 경험을 늘리는 것은 참여 기회를 한정짓는 것이다. 일견 단어 접근법만으로 학습한 학생은 단어를 그 외형에 기초하여 외워야 한다. 새로운 단어를 외우려 할 때, 그들은 적용할 수 있는 전략이 없다. 이러한 사실은 그들의 단어 읽기가 그들이 외울 수 있는 몇 가지 단어에 한정될 수 있다는 의미로 해석될 수 있다.

이 장에서 우리는 몇 가지 단어 인지 접근에 대한 지식을 제시한다. 우리는 단어 분석(발음 교수)과 자동 단어 인지(일견 단어 교수) 모두에 기초한 접근을 조사하였다. 중등도 또는 중도 장애학생의 교사는 반드시 다양한 단어 인지 전략을 알아야 하고, 그것을 학생에게 효과적으로 가르칠 수 있는 교수 전략을 알아야 한다.

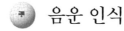

음운 인식

연구자와 교육자는 많은 중등도 또는 중도 장애학생이 일견 단어 인지를 넘어 단어 변별 전략을 배울 수 있다는 것을 알게 되었다. 많은 사람은 글을 읽기 위해 발음 교수에 대한 지식을 획득하고 적용할 수 있다. 그럼으로써 그들은 문해 기술의 목록을 상당히 증가시킬 수 있고 의미 있는 문해 경험을 더 이끌어 낼 수 있다. 사실 작업기억(단어를 저장하는 능력과 단어를 분절시켜 소리 기억하기)은 일반적인 지능보다 발음 교수에 대한 지식을 적용함으로써 읽기를 학습하는 아동의 능력을 더 예측 할 수 있는 것으로 보인다(Connors, Atwell, Rosenquist, & Sligh, 2001; Olson, Forsberg, & Wise, 1994). 비록 모든 중등도 또는 중도 장애학생이 모든 일반화된 발음 중심 학습법을 숙달할 수 없다 할지라도, 교육자는 적절한 발음 중심 교수를 제공할 수 있는 방법을 알아야 한다. 따라서 학생은 최소한 이러한 중요한 기술을 학습할 기회를 가질 수 있어야 한다. 첫 글자 자음 소리의 지식과 같은 기본적인 철자-소리 지식을 습득하는 것은 학생이 친숙하지 않은 단어를 접했을 때 적용할 수 있는 더 많은 지식을 갖추게 하는 데 도움이 된다(Kay-Raining bird, Cleave, & McConnell, 2000).

이 절에서 우리는 음운 인식을 시작으로 발음 기술을 개발하는 데 필요한 중요한 구성 요소를 검토할 것이다. 또한 중등도 또는 중도 장애학생을 위한 효과적인 음운 인식과 발음 교수의 예를 제시할 것이다. 음운 인식 교수와 발음 교수 사이에 미세한 차이가 있음을 숙지하여야 한다(O' Connor & Bell, 2004, p. 486). 예를 들어, 연구자는 음운 인식 교수와 소리-상징 지식을 형성하는 시각적인 글자의 학습을 연결할 것을 지지한다(예, letter의 t는 /t/라는 소리가 난다)(Ehri et al., 2001). 이는 발음 중심 어학 교수법이라고 전형적으로 생각했던 것이다. 이론적으로 각각의 초보적인 독자가 해독을 시작하고 일반화가 일어나는 충분한 소리-상징 지식을 수집하는 방법과 시기는 매우 개인적이다(Ehri, 2005; Ehri & Robbins, 1992). 조직의 용이성을 위하여 음운 인식과 발음의 두 가지가 분리된 주제로 설명되고 있지만, 양질의 읽기 교수 프로그램은 매일의 수업에서는 두 가지 구성 요소를 모두 포함하고 있다.

읽기 학습에서 음운 인식의 역할

음운 인식은 문해 전문가에게서 더 많이 그리고 더 자주 듣는 용어다. Lane, Pullen, Eisele과 Jordan(2002)은 이 용어를 '언어의 소리 구조의 의식적인 민감성' (p. 101)으로 정의했다. 다른 방면에서 음운 인식은 문장이 개인적인 소리 또는 음운의 음절, 음절의 단어, 단어로부터 만들어지는 것을 인식하는 능력이라고도 한다. 음운 인식은 말하고 듣는 언어 기술이다. 이는 특질상 아동이 언어를 습득하면서 발달이 시작되며 초등학교 전반에 걸쳐 계속 발달한다(Troia, 2004). 이는 유전(즉, 음운 체계의 신경학적 기초)과 언어 그리고 문해 경험으로부터 영향을 받는다(Torgesen & Mathes, 2000). 어린 아동은 몰두하는 대다수의 기본 활동에서 실제로 음운 인식을 한다. 아동이 즐기는 모든 놀이와 활동을 고려해 보라. 이러한 놀이는 동요를 낭송하거나 미스 메리 맥(Miss Mary Mack) 같은 노래 게임 등의 단어 놀이를 포함한다. 즉, 음운 인식은 낭송하는 소리 단위에 대한 인식을 발달시키기 위해 아동에게 이러한 놀이의 기회를 가지게 한다.

연구자가 읽기 학습에서 음운 인식의 정확한 역할에 대해 논쟁한다 해도, 유능한 독자로 성장하는 데 그것이 개발해야 할 중요한 능력이라는 것에는 동의한다(Armbruster et al., 2001; Torgesen, 2000; Troia, 2004). 사실상 음운 인식과 읽기 학습 사이에는 상호 관련성이 있다(Perfetti, Beck, Bell, & Hughes, 1987; Stanovich, 1986, 1998; Yopp, 1992). 음운 인식에서의 교수는 아동의 읽기 기술에 긍정적으로 영향을 줄 수 있으며, 읽기 교수는 아동의 음운 인식 기술을 향상할 수 있다(Cupples & Iacono, 2000).

음운 인식은 아동이 읽기를 학습하는 데 어떤 도움을 주는가? 언어의 소리 구조를 인식하는 것은 아동이 알파벳 원리를 이해하는 데 도움이 된다(Torgesen & Mathes, 2000). 이러한 원리를 파악하고 있는 아동은 소리를 상징(글자)으로 나타낼 수 있고 스스로 쓰고 읽을 수 있으며 그 외에 다른 것도 할 수 있다는 것을 깨닫는다. 예컨대, 영어는 약 48개의 다른 소리로 구성되어 있다. 각 소리는 낱자 혹은 낱자의 조합으로 (말하고) 쓸 수 있다. 영어에서 읽고 말하는 학습이 어려운 것은 특별히 모음에서 같은 소리를 나타내는 다양한 방법이 있기 때문이다. 예를 들어, baby에서 /a/ 소리는 하나의 글자 a로 표현되는데 play에서 /a/ 소리는 2개의 글자 ay로 표현된다. 반면 rain에서는 /a/ 소리가 ai로 쓰인다. 강한 음운 인식은 읽고 말하기 학습에서 마주치는 어려움을 가진 초보 독자에게 도움을 준다. 만약 그들이 단어가 개개의 구어로 표현되는 글자로 만들어진 것을 이해하고, 개개의 구어로 표현되는 글자로 만들어진 단어의 소리가 변형된다는 것과 단어를 나타내기 위해 사용하는 글자 또한 변형된다는 것을 이해한다면, 그들은 유능한 독자와 작가가 될 수 있는 과정에 있는 것이다. 단어 속 글자에 집중함으로써 학생은 새로운 단어를 해독하기 위해 혹은 그들만의 글을 창조하고 단어를 말하기 위해 요구되는 중요한 지식을 얻을 수 있다.

일반적으로 아동은 음운 인식 기술을 차례대로 발달시킨다. 첫째, 그들은 구어가 단어로 이루어져 있다는 것을 인식하게 된다. 둘째, 그들은 단어가 더 작은 단위(syllables)로 이루어져 있다는 것을 이해한다(Liberman, Shankweiler, Fischer, & Carter, 1974; Treiman, 1983). 셋째, 그들은 단어에 첫 모음 앞(모음 소리가 앞에 오는 자음의 소리를 포함하는 음절의 일부)과 뒷소리(모음 소리와 그 뒤에 오는 모든 자음 소리를 포함한 음절의 부분)가 존재한다는 것을 깨닫게 된다(Goswami, 2001; Treiman, 1985). 마지막으로, 아동은 개개의 소리(음소)가 단어로 이루어져 있다는 것을 탐지할 수 있게 된다. 음운 인식이 발달된 아동은 이러한 구어의 단위를 탐지할 수 있게 되며 그것을 문장이나 단어에 넣을 수 있게 된다.

음소 인식

앞에서 설명한 음운 인식의 마지막 유형인 음소 인식은 어떤 한 사람이 숙련된 독자가 될 경우 특히 더 중요하다(Armbruster et al., 2001). 음소는 언어에서 소리의 가장 작은 단위다. 예컨대, 음소 인식이 발달한 한 아동은 2개의 단어를 말했을 때 하나의 소리로 탐지해 낼 수 있고(예, mat와 bat는 첫 소리를 제외하고는 똑같다) 단어와 함께 각각의 소리를 조작할 수 있다(Yopp, 1992). 음소 인식이 잘 발달된 학생은 다음을 할 수 있다.

- 음소 식별: 단어에서 각각의 소리를 분리(예, 'pat에서 무엇이 가장 마지막 소리인가?' [/t/])
- 과제: 동일한 소리를 가진 단어를 식별(예, cat과 cup에서 동일한 소리 [/k/])
- 음소 분절: 단어에서 소리를 분절(예, 'fish라는 단어에 몇 개의 소리가 들어 있는가?' [3])

- 음소 분류: 같은 소리가 아닌 묶음을 인식함으로써 소리를 분류화(예, cat, cot, tree [tree])
- 음소 제거: 단어에서 소리를 제거(예, 'Dan에서 /d/ 소리를 제거하면 어떤 단어를 만들 수 있는가?' [an])
- 음소 혼합: 단어에서 음가를 분리하여 혼합(예, '/l/ /o/ /g/ 소리로 어떤 단어를 만들 수 있는가?' [log])
- 음소 조작: 단어에서 소리를 대체(예, 'ship이라는 단어에서 /sh/를 빼고 그 자리에 /l/로 대체한다면 어떤 단어를 만들 수 있는가?' [lip])

음운 인식과 모국어가 영어가 아닌 아동

아동은 처음으로 습득한 언어에서 소리의 음운 인식을 발달시킨다. 새로운 단어를 배울 때, 모국어에는 존재하지 않거나 모국어의 음소와는 다를 때 새로운 언어의 음소를 듣기 어려울 수 있다(Iverson et al., 2003). 예컨대, 일본어나 중국어를 사용하는 사람들은 영어에서 음소 /r/을 듣고는 이를 생성하며 조작하기 위해 엄청난 노력을 할 수도 있다. 그 음소가 그들의 언어에서 존재하지 않기 때문이다. 결과적으로 영어가 모국어가 아닌 장애아동은 음운 인식 기술과 외국어에서의 읽기 기술을 숙달하는 데 이중적인 어려움을 겪을 수 있다. 그들은 모든 외국인이 직면하는 언어적인 어려움과 그들의 장애와 관련된 언어적인 어려움으로 인해 고군분투할 수도 있다.

역사적으로 연구자와 교육자는 중등도 또는 중도 장애아동의 이중 언어와 문해 학습에 집중해 왔다. 다수는 중도장애아동의 언어 능력이 그들의 장애로 인해 손상되었다고 믿는다. 이에 장애로 인해 어떻게 모국어와 새로운 언어 사이의 차이점이 중도장애아동의 학습에 영향을 미치는지 고려해 봐야 한다고 본다. 감사하게도 이것은 변화하고 있지만, 이러한 학생 집단을 위한 효과적인 제2외국어(second language)와 문해 교수에 대해 알려진 것에는 큰 격차가 남아 있다. 의사가 할 수 있는 것은 학생이 그들의 새로운 언어에서의 문해 과제와 음운 인식 과정에서 부딪히게 되는 어려움을 인식하고 언어와 그들의 모국어에서의 문해 능력을 발달시킬 수 있도록 지원하는 것이다(3장 참조).

음운 인식과 중등도 또는 중도 장애학생

중등도 또는 중도 장애학생이 음운 인식을 발달시키는 것과 더 성공적인 독자가 되는 것은 관련이 있는가? 이 분야에서 해야 할 연구가 아직 많이 남아 있지만, 그 답은 관련이 있다는 것이다. 전형적으로 발달하는 아동들의 경우와 같이, 더 발달된 음운 인식은 지적장애 및 다른 중도장애 아동들 사이에서 읽기 기술 단계와 깊은 관련이 있다(예, Cupples & Iacono, 2000; Kennedy & Flynn, 2003).

음운 인식 연구

연구에서 상당히 중요시되는 부분은 음운 인식이 나중에 읽기 능력을 예측할 수 있다는 것을 지적하는 것이다(Allor, 2002; Torgesen, 2000). 그러나 음운 인식에 관한 대부분의 연구 논문에는 중등도 또는 중도 장애아동이 포함되어 있지 않다. 최근 논문에서는 지적장애아동(특별히 다운증후군 아동)이 음운 인식을 발달시킬 수 있고, 음운 인식 능력과 이후 읽기 기술 사이에 긍정적인 관계가 있다는 것을 주장하고 있다(예, Connors et al., 2001; Kay-Raining Bird et al., 2000).

몇몇 논문은 다운증후군 아동들이 음소 인식을 하고 있지만 전형적으로 음율을 감지하는 데 꽤나 큰 어려움을 겪고 있음을 밝히고 있다(예, Cardoso-Martins, Michalick, & Pollo, 2002; Snowling, Hulme, & Mercer, 2002). 이것은 일반적으로 발달하는 아동들에게서 볼 수 있는 음운 인식 습득의 양상(음소 인식하기 전에 특성상 음률 감지가 발달)이 아니며, 연구자들이 추측하는 원인은 지적장애아동에게서(적어도 다운증후군 아동에게서는) 질적으로 다른 음운 인식이 발달해 가고 있다는 것이다. 그러나 이런 아동들도 음운 인식을 발달시킬 수 있으며, 음운 인식은 읽기 기술 습득에 기여하므로 문해 교수에 포함해야 한다.

연구는 또한 문해 과제에 음운 인식 기술을 적용하는 명시 교수를 지지한다. Snowling 등(2002)에 따르면, 다운증후군 아동들은 음운 인식 기술과 철자-소리 지식을 습득할 때조차도 친숙하지 않은 단어를 확인하기 위해 그 지식을 적절하게 사용하지 않았다. 사실 그들은 철자-소리 관계의 지식보다 일견 단어에 더 의존한다. 이러한 사실이 밝혀진 논문들은 글자에 그 지식을 적용하는 방법을 체계적으로 교수하였을 때 학생들을 위한 음운 인식 교수가 가장 효과적이었다고 제시했다.

이러한 연구 결과는 우리가 기억해야 할 중요한 시사점을 제공한다. 즉, 중등도 또는 중도 장애학생은 음운 인식 기술을 사용하는 방법에 있어 명시적 교수가 요구된다. 단지 음운 인식을 교수하는 것은 충분하지 않다. 이러한 학생들은 문어를 확인하기 위해 또는 단어를 말하기 위해 지식을 사용하는 방법을 일관성 있고 명확한 지침을 만들어 지도하는 것이 필요하다. 다른 학습 영역에서 학생이 명시적으로 배우지 않고 그들의 지식을 일반화하거나 전이시키기는 쉽지 않다(Harris & Pressley, 1991; Torgesen et al., 1999).

또 하나 명심해야 할 점은 중등도 또는 중도 장애아동은 발달상 전형적인 또래와 같은 때에 음운 인식을 습득할 준비가 되어 있지 않을 수 있다는 것이다. 바꿔 말하면, 그들은 나이가 더 들기 전, 유치원이나 1학년 때 자주 적용되는 음운 인식 교수를 위한 준비가 되어 있지 않을 수 있다. 불행하게도 이것은 그들이 중요한 교수를 놓치고 있다는 것을 의미할 수 있다. 왜냐하면 학생들이 음운 기술을 익힐 수 있는 준비가 되었을 때쯤 교사들은 다른 기술을 교수할 수도 있기 때문이다.

음운 인식 사정 및 교수

사정에 대한 정보는 교수 프로그램의 효과성을 결정하는 수단으로서, 그리고 교수 계획을 위한 학생의 현재 수행 수준에 대한 정보를 제공함으로써 전문가들에게 도움을 줄 수 있다. 음운 인식은 발달하며, 음소 및 음운 인식을 측정하기 위해 집에서의 언어 경험과 학교에서의 읽기 교수의 발달을 측정한다(Yopp, 1988). Yopp(1988, 1992)의 연구는 교사들이 교사 자작검사 또는 비공식적인 검사를 구성하여 교실 내에서 음운 인식의 사정을 성공적으로 수행해 낼 수 있다고 보고하고 있다.

사 정

음운 인식은 다양한 공식적 혹은 비공식적인 방법으로 사정할 수 있다. 공식적인 음운 인식 사정은 음률 확인, 분리, 개인의 음성과 단어의 조작, 혹은 음운 기억력과 같은 기술을 측정하는 표준화 검사를 포함한다(부록에서 흔히 사용되는 공식적인 음운 인식 사정의 목록과 각 검사에서 사정된 기술 및 출판사 정보를 보라).

비공식적 사정은 또한 현재 학생의 음운 인식 기술의 수준을 결정하고 학생이 새롭게 습득한 기술을 점검할 수 있는 실용적인 방법으로 활용할 수 있다. 중등도 또는 중도 장애학생을 사정할 때는 사정 과제의 종류 선택을 위해 신중히 생각하는 것이 중요하다. 교사가 흥미 있는 기술을 평가하는 것(이 경우에는 음운 인식)과 아동의 표현 언어 능력이나 어휘 지식과 같은 다른 기술을 잘못 측정하고 있는 것은 아닌지도 확실히 하여야 한다. 학생에게 어렵거나 친숙하지 않은 과제를 사용하는 것은 그들의 음운 인식 능력에 대한 부정확한 그림을 주는 것이다. 인지 혹은 기억 기술을 측정하기 위해 지나친 요구를 하는 사정 과제나 친숙하지 않은 어휘를 사용하면 학생에게 요구되는 것이 무엇인지를 이해하지 못하게 하는 어려움을 초래할 수도 있다. 그럴 경우 어려운 과제에 대한 그들의 응답은 그들의 음운 인식 지식을 실제로 반영하지 못할 수 있으며, 그래서 학생의 음운 기술 단계를 정확하게 평가해 내지 못하는 결과를 초래하게 된다.

학생이 접근할 수 있는 형식적 검사 도구 중에서 검사 도구를 선정하는 것은 중요하다. 앞에서 제기된 논제와 마찬가지로 우리는 학생의 음운 인식 기술이 사정되는 것을 확실하게 하기를 원한다. 그렇게 하기 위해 우리는 그 과정을 방해하는 많은 장애물을 제거해야 한다. 아동의 좌석을 어디에 배치할 것인가, 어디에 사정 도구가 배치되어 있는가, 인쇄물의 크기, 글꼴 등은 성공적인 사정에서 아주 중요하다. 인쇄물 접근 체크리스트(5장의 [그림 5-1] 참조)는 사정을 방해할 수 있는 접근 문제를 평가하기 위해 사용할 수 있는 훌륭한 도구다.

다행히 연구자와 전문가는 중도장애 혹은 지적장애 아동이 당면할 수 있는 몇몇 사정 문제를 고려하는 음운 인식 측정 과제를 개발해 왔다(예, Boudreau, 2002; Cupples & Iacono, 2000; Kennedy & Flynn, 2003; Snowling et al., 2002). 이러한 작업에서의 몇 가지 일반적인 제안점은 아동이 비구어적으로 응답하는 것을 허용하는 사정 과제를 사용하고, 놀이와 같은 사정 형식과 아동에게 친숙한 어휘, 청각, 기억을 지원하는 그림을 사용하는 것이다.

　또한 사정 과제에서 학생의 주의를 최대화하기 위해 짧은 사정 시간을 유지하는 것이 좋다. 중등도 또는 중도 장애아동을 위한 효과가 입증된 사정 과제의 구체적인 예는 〈글상자 4-1〉에 제시되어 있다.

글상자 4-1 ≫ **음운 인식 과제의 비공식적 사정의 예**

각 과제마다 학생에게 익숙한 단어의 그림이나 선 그림을 사용하는 것을 확실히 해야 한다 (즉, 학생의 청취 어휘 내에서). 학생이 무엇을 해야 하는지 항상 시범을 보여 주며 실제 사정을 시작하기 전 여러 번의 연습할 기회를 제공한다.

당신이 지침을 제공하고 과제를 시범 보이는 인형을 사용할 때 아동은 더욱 동기가 유발되고 즐거워할 수 있다.

운 – 두 가지 혹은 그 이상의 단어가 같은 소리로 끝나는 것을 인지하기(예, cat, hat)
- 맞추기: 학생에게 2개 또는 4개 대상의 그림 혹은 선 그림을 주면서 각각에 구어로 이름을 붙이거나 학생에게 이름을 붙이게 한다. 그때 단어를 말하고 학생이 어떤 그림이 그 단어의 운(소리)을 나타내는지 가리키게 한다.
- 특이한 것 감지하기: 학생에게 3개의 그림 혹은 선 그림을 주면서 이름을 붙이거나 학생에게 이름을 붙이게 한다. 그다음 학생이 3개의 그림 중 운이 같지 않은 다른 하나를 (구어로든, 손가락으로든) 지적하도록 한다.
- 일반화: 학생에게 그림이나 선 그림을 주고 구어로 그림에 이름을 붙이거나 학생에게 이름을 붙이게 한다. 그다음 학생이 그림에서 묘사된 물체의 운을 말하게 한다.

두운 – 동일한 소리로 시작되는 단어를 인지하기
- 학생에게 2개 또는 3개 대상의 그림 혹은 선 그림을 주면서 각각에 구어로 이름을 붙이거나 학생에게 이름을 붙이게 한다.
- 그 단어나 음소를 말하고 학생이 같은 음성 단어로 시작하는 그림을 지적하도록 한다.
- 목표가 되는 그림의 위치를 임의로 재배치한 다음, 회마다 올바른 답을 맞출 수 있는 기회를 감소시킨다.

- 이러한 활동은 같은 방식을 사용하되 중간이나 끝소리가 같은 그림을 찾도록 요구함으로써 학생의 중간이나 끝 소리 인식을 사정하는 데 사용할 수 있다. 실험자가 끝소리가 같은 단어를 말하거나 중간 소리가 같은 단어를 말할 때 그림을 찾도록 한다.
- 앞 운에서 제시한 절차를 사용하여 특이한 것 찾기, 그리고 두운 생성을 사정한다 ("어떤 그림이 house와 같은 소리로 시작되지 않는가?" 혹은 "house와 같은 소리로 시작하는 단어를 말하라.").

혼합 – 2개 혹은 더 많은 철자 발음을 함께 조합하기(예, /d/ /o/ /g/ – dog)
- 익숙한 대상의 그림이나 선 그림을 학생에게 보여 주고 당신이 그림 이름을 아주 천천히 말하는 동안 듣도록 한다.
- 제시된 그림의 개개의 단어 소리를 천천히 읽는다.
- 그다음 2개 혹은 3개의 그림 혹은 선 그림을 주고 그림 중 하나의 이름을 음소별로 천천히 말한다.
- 학생에게 어떤 단어를 말했는지 가리키게 한다.
- 2개 혹은 3개의 음소로 구성된 단어를 사정하기 시작한다. 4개의 음소까지 요구되는 긴 단어를 진행시킨다.

분리 – 단어를 각각의 소리로 분절하기(예, blue /b/ /l/ /oo/). 명심해야 할 것은 이것이 다른 과제보다 더 많은 기억력을 요구하므로 가장 어려운 음운 과제라는 것이다. 단어를 분리하는 것은 학생에게 단어를 기억 속에 유지시키면서 각각의 소리로 분절하도록 요구한다.

음절 분리(예, ta-ble)
- 학생에게 2음절 단어의 친숙한 그림을 보여 준 뒤 첫 음절을 말한다. 그다음 음절을 학생이 말하도록 한다.
- 대안적인 방안은 1, 2 혹은 3음절 단어를 학생에게 들려주며 제시하고 들리는 각 음절마다 학생에게 손뼉을 치거나 두드리도록 하는 것이다.

음소 분리(예, boy /b/ /oi/)
- 학생에게 친숙한 그림을 보여 주고 (2개 혹은 3개의 음소로 된 단어를 사용) '그 소리를 매우 천천히 말해 보라'고 한다(각 음소마다 말하게 함).

교수

　대부분의 전문가는 음운 인식 교수를 기존의 읽기 프로그램에 통합하고 별도의 훈련 방식으로 진행하지 않을 것을 권고한다. 그러나 이미 발행된 질 높은 음운 인식 프로그램은 연속적이고 폭넓은 교수 프로그램을 계획하는 교사가 도움이 될 수 있다(그런 프로그램의 목록은 부록을 보라). 음운 교수를 더 효과적으로 성취하기 위해 하단의 교수용 줄을 쳐서 글자를 시각화하여 제시할 수 있다. 교사는 프로그램의 교수 순서를 바꾸거나 아이디어를 더해 사용할 수 있으며, 학생의 학습 요구에 기초하여 활동을 개별화할 수 있다. 음운 인식 과제에 관한 교수는 명료해야 하지만 수업 시간 중 10~20분 이상이어서는 안 된다.

　소집단은 음운 인식 교수를 위한 가장 효과적인 환경으로 보인다(Boyle & Walker-Seibert, 1997; Ehri et al., 2001). 이러한 환경은 집단에서 학생이 그들의 또래 구성원이 수행하는 것을 봄으로써 학습되며 이는 학생의 동기를 유발한다. 학생은 몇몇 특별한 기술에서 일대일 소집단 학습이나 짧은 글을 통해 이득을 얻을 수 있을 것이다. 교수 목표는 각 학생의 평가 정보에 기초하여 조심스럽게 선택되어야 한다. 한 시간에 많은 기술을 가르치기보다 한 시간에 한두 가지의 기술을 교수하는 데 초점을 맞추는 것이 더 낫다(Ehri et al., 2001). 특히 향상된 읽기 기술과 관련된 두 가지 기술을 복합적으로 지도하는 것은 중등도 또는 중도 장애학생에게 명시적 교수를 통해 지도하는 방법을 긍정적으로 지원하고 있다.

　많은 음운 인식 과제는 격식에 얽메이지 않는 활동, 게임 같은 형식이나 노래와 단어를 통합한 놀이 활동을 통해 가르칠 수 있다(Kennedy & Flynn, 2003; Lane et al., 2002). Lane과 동료들은 음운 인식은 듣기 기술이며 효과적인 교수는 책상에서 학습지를 완성하는 것이 아닌 학생의 능동적인 참여가 이루어지는 것이라고 강조했다. 매력적이고 역동적인 교수가 중등도 또는 중도 장애아동을 가르칠 때 특히 더 중요할 수 있다. 개인의 참여를 포함시키는 능동적인 반응과 교수는 학생이 말의 음운 단위를 인지하도록 도와줄 수 있다. 예컨대, 학생이 가사/첫 모음 뒷소리 단위로 그림이나 대상을 분류하도록 할 수 있다([그림 4-1] 참조). 혹은 학생들은 제시된 연속된 단어가 나올 때 손뼉, 두드리기, 발구르기를 할 수 있다. 이것은 학생이 각 음성 단위를 제시하고 인식하는 데 도움이 될 수 있는 유용하고 재미있는 방법이다(예, "각 문장에 있는 단어들에 손뼉을 치자. 'John went to school' "). 이러한 능동적인 반응은 음절, 첫 모음 앞/뒷소리 혹은 음소 단계에 있을 때도 사용할 수 있다(예, "네가 듣는 refrigerator라는 단어에서 각 음절마다 발을 구르는 거야."). 이는 조작적이고 능동적인 반응 방식의 사용이 중등도 또는 중도 장애학생에게 필요하다는 것에 주목해야 한다. 장애가 있든 없든, 그것은 모든 학생을 위한 교수를 향상한다.

좀 더 어려운 활동은 학생이 들은 단어나 소리를 인지하고 표시를 움직이게 하는 것이다. Elkonin 상자(Elkonin, 1973)에 기초한 단어 상자는 첫 모음 앞/뒷소리와 음소 분리를 중등도 또는 중도 장애학생에게 성공적으

[그림 4-1] 리듬/라임 단위의 인식을 위한 그림 정렬의 예

로 가르치기 위해 사용해 왔다(예, Joseph, 2002). 이것은 개별 수업이나 소
집단 방식으로 할 수 있다.

교사는 인쇄용지에 4개의 빈칸을 만든다. 학생에게 각각 틀과 표시(예,
작은 칩)가 주어진다. 각 소리에 대한 표시가 사각형 안으로 옮겨지는 동
안, 교사는 그룹에게 친숙한 어떤 그림을 제시하고 천천히 단어를 소리 내
어 읽는 방법을 시범 보인다. 그다음 학생은 그들이 들은 단어에서 각 소
리에 대한 표시를 사각형 안으로 옮긴다(혹은 그들이 들은 첫 모음 앞/뒷소리
에 대해). 첫 모음 앞/뒷소리로 시작하는 것이 가장 효과적일 수 있으며, 개
별 소리 안에서 분리되는 단어를 이동시킬 수 있다. 첫 모음 앞/뒷소리 감
지는 전형적으로 개개의 음소 분리 이전에 발달하기 때문이다(Liberman et
al., 1974; Yopp, 1988, 1992). 학생들이 즐길 수 있도록 하는 방법은 학생의
사진이나 학급 내에 있는 친숙한 대상의 사진을 이용하거나 혹은 사람의
이름을 분절시키는 활동을 하는 것이다. 이러한 이름들은 익숙한 단어가
되며 학생과 공부할 때 동기가 유발될 수 있다.

[그림 4-2]는 book에서 학생이 각 소리(/b/ /oo/ /k/)를 나타낸 단어 상

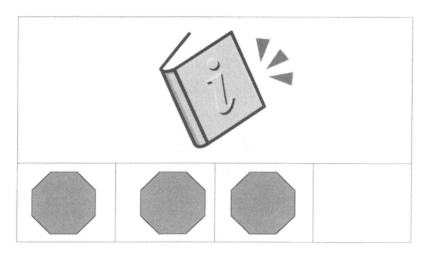

[그림 4-2] 의미 지도를 위한 단어 박스의 예

자의 예다. 앞서 언급했듯이 분절은 특별히 어려운 음운 과제다. 그림과 틀을 사용하는 것은 과제에서 요구되는 기억 회상을 돕고 장애학생의 이해와 성공적인 과제 수행을 지원할 수 있다.

이 단계의 학생에게는 단어를 제시하도록 요구하는 것이 아님을 알아야 한다. 대신 학생이 개개의 단어 소리를 듣고 표시를 나타내는 데 초점을 맞춘다. 그 후에 학생에게 철자-소리 지식이 소개되면 그들이 같은 활동에서 표시를 글자로 대체할 수 있다. 사실 연구자는 특히 장애학생의 경우 글자 지식과 음운 인식 교수를 연결하는 연습을 지지한다(Ehri et al., 2001).

Boyle과 Walker-Seibert(1997)는 이러한 연습을 설명하는 교수를 개발했다. 그들은 집중적인 음운 인식 교수를 경도 지적장애가 있는 초등학생에게 제공하였다. 이 교수에서는 학생들이 사실과 허구 단어를 읽고 있을 때 새롭게 요구되는 기술을 적용하도록 가르쳤다. 그들은 STOP(Stare-Tell-Open-Put)이라는 연상기호를 학생에게 가르쳤다. 이 전략은 학생이 읽기 과제에서 직접적으로 혼합하고 분리하는 기술을 적용하고 배울 수 있게 하였다.

이러한 연상기호는 학생이 '첫째, 각 새로운 단어를 응시하여 보고 (Stare)' '둘째, 단어에서 각 글자의 소리를 그들 자신에게 말하며(Tell)' '셋째, 그 글자를 크게 말하고(Open)' '넷째, 새로운 글자를 말하기 위해 각 글자의 소리를 혼합하도록(Put)' 했다. 이러한 전략을 배운 학생은 새로운 단어의 해독 및 음운 인식 기술이 향상되었다. 그들은 또한 새로운 단어가 포함된 짧은 글에서 그들이 새롭게 발견한 기술을 일반화할 수 있었다.

발음 중심 어학 교수법

　발음 중심 어학 교수법은 철자-소리 관계의 형식지다. 이 교수법은 또한 우리가 소리를 내기 위해 사용하는 음소(소리)와 자소(글자) 사이를 연결 짓도록 학생에게 가르치는 읽기 교수다. 발음 중심 교수법은 단어에서 구어로 제시되는 다양한 글자 조합을 가르친다. 즉, 학생이 '글자와 구어로 제시하도록' 가르친다(O' Connor & Bell, 2004, p. 486). 한번 습득된 발음 중심 어학 교수법에 대한 지식은 학생이 익숙하지 않은 단어를 확인하거나 새로운 글을 적거나 단어를 쓸 때 적용될 수 있다.

　해독은 읽기에서 예측할 수 있는 음운의 양상과 철자법 지각에서 발달한다(Calhoon & Leslie, 2002; Leslie & Calhoon, 1995). 처음에 학생은 그들이 수십 번 봤던 특정한 글자에 영향을 받는 것 같지 않다. 그러나 일단 학생이 지도를 받게 되면, 많은 수의 어미를 공유하는 고빈도의 일견 단어를 먼저 인식하고, 보통 수의 어미를 공유하는 고빈도의 일견 단어의 인식이 그 다음으로 발달하는 것처럼 보였다. 학생은 한번 일견 단어 인지 단계로 발달하게 되면 특정한 단어를 사용하여 많거나 보통 수의 주변 단어로부터 저빈도의 단어를 알아볼 수 있도록 도움을 준다. 학생은 또한 의미 없는 말을 해독하기 위해 이러한 지식을 사용할 수 있다. 이 시점에서 학생은 보통 수 어미를 가진 높고 낮은 빈도의 단어 그리고 보통 수 어미를 가진 높은 빈도의 단어를 포함하는 일견 단어 어휘를 습득할 때 더 이상 그들이 만나는 빈번한 단어에 영향을 받지 않는 것으로 보인다. 즉, 그들이 만나는 가장 새로운 단어를 밝히기 위해 언어 습득 기술을 사용하는 해독 단계에 들어가는 것처럼 보인다.

　반면 단어를 해독할 수 있거나 소리 내어 말할 수 있다는 것은 단순하게

각 글자나 글자의 조합이 나타내는 소리를 아는 것 이상을 포함한다. 그것
은 소리를 조작하는 능력과 기억도 포함한다. 올바른 단어 해석을 위해서
는 먼저 학생이 단어의 글자 개개의 소리가 나타나도록 단어를 분절할 수
있어야 한다. 그리고 이러한 상태를 기억하고 단어를 발음하기 위해 소리
를 조화롭게 한다. 조합은 청각 기억을 요구하는데, 이는 청각 기억에 문
제가 있을 수 있는 다수의 중등도 또는 중도 장애학생에게 해독을 더 어렵
게 하기도 한다(Cupples & Iacono, 2000). 언어 조합은 소리의 분절에서 몇
가지 기술을 요구한다. 이는 언어 문제를 동반하고 있는 중등도 또는 중도
장애학생에게 또 다른 어려움이 될 수 있다(Johnson et al., 1999).

발음 중심 어학 교수 접근법

발음 중심 교수법에 사용된 모든 다양한 접근법과 이를 둘러싼 논쟁을
설명하는 것은 이 책의 범위에서 벗어난다. 그러나 이는 전문가가 발음을
교수하기 위해 사용하는 일반적인 두 가지 접근법을 이해하는 데 유용할
것이다. 그중 하나는 내재/분석적 철자 지도 또는 전체-부분 지도다. 이
방법은 먼저 분리하고 글자 소리를 조합하는 대신 익숙한 단어와 함께 소
리를 분석함으로써 학생에게 철자-소리의 관계를 가르치는 것에 초점을
두었다. 이 방법을 배운 학생은 처음에 전체 단어를 본다. 그리고 나서 단
어에서 발견한 철자 소리를 분석한다. 예컨대, 학생은 sat이라는 단어를
검토하고 /s/라는 소리로 시작하는 것을 인지함으로써 철자의 소리를 배
울 수 있다. 어떤 전문가는 이러한 접근이 특별히 중등도 또는 중도 장애
학생에게 적합한 것이라고 주장한다. 이러한 학생은 자신에게 의미 있는
상황에서 학습할 때 발음 지식을 덜 추상적이라고 생각하기 때문이다(예,
Katims, 2000).

반면에 명시적/조합 철자 지도는 부분-전체 접근과 관련되어 있다. 학생은 먼저 분리된 철자-소리 관계를 배우고 단어를 해독하기 위해 소리를 혼합하는 방법을 배운다. 바꿔 말하면, 그들은 전체(단어)로 부분(소리)을 종합하도록 배운다. 예를 들어, s라는 소리를 배우는 학생은 단어 s의 /s/라는 개개의 소리를 배울 수도 있다. 그다음 sat이라는 단어를 읽기 위해 그들은 a /a/ 그리고 t /t/라는 소리의 조합을 배운다. 이와 같은 교수 방법은 특별히 중대한 읽기 결함 및 음운 인식 결함을 가진 학생의 성공적인 발음을 위해 제시되고 있다. 그러나 청각 기억 결함을 가진 학생에게는 긴 단어를 학습할 때 이러한 접근을 사용하는 것이 다소 많은 노력을 필요로 할 수 있는데, 언어 조합이 관련된 기억 부하로 인해서다. 개개의 고립 단어는 몇몇 단어의 소리를 바꾼다. 특히 폐쇄되는 자음에서 보이는 현상이다(/d/, /b/, /p/, /t/, /k/ 그리고 /g/와 같은 공기 흐름이 멈추는 소리). 그래서 학생은 그들이 조합하는 단어를 인지할 수 없을지도 모른다.

발음 중심 어학 교수법 연구

두 가지 접근법 중 어떤 접근법을 사용해야 하는지 고려하는 대신, 대부분의 전문가는 두 가지 접근법 모두 유용하며 교수 결합이 가능하다고 주장한다. 이는 수업의 초점에 따라 달라지거나 예정되었던 학생의 개별화 학습 요구에 달려 있다(Baer, 2003; Gunning, 2002a). 비록 상대적으로 소수의 연구자가 중등도 또는 중도 장애학생의 읽기 기술에서 발음 교수의 효과를 시험해 왔다 하더라도(Joseph & Seery, 2004), 중등도 또는 중도 장애를 가진 학생이 발음 교수로부터 이익을 얻을 수 있다는 것을 명백하게 보여 준다. 심지어 모든 발음의 일반화가 완전히 숙달되지 않았을 때조차도 말이다. 예를 들어, Al Otaiba와 Hosp(2004)은 4개의 초등학교에서 다운증후군 아동을 대상으로 음운 인식, 발음, 일견 단어 유창성 및 단어 확인에서의 어휘 지도, 단어 습득을 포함한 개인지도 프로그램의 효과를 연구하였다. 비록 기술 향상의 정도가 학생에 따라 다양하게 변화되었지만, 대다수의 학생은 해독과 단어 인지 기술 모두에서 향상을 보여 주었다.

Cupples와 Iacono(2000)는 새로운 단어를 배우기 위해 참가자가 첫 모음 앞/뒷소리(단어 묶음)를 사용하도록 그들이 가르친 하나의 분석 지도법에서 전체 단어 교수 접근법의 효과성을 비교하였다. 아동이 할 수 없었던 전체 단어 접근법을 사용하도록 가르치는 동안, 그들은 기초 발음 기술을 배운 다운증후군 아동이 소설의 단어를 읽기 위해 새롭게 학습한 기술을 일반화했다는 것을 발견했다. 이는 기초 발음 기술을 학습하는 것만으로도 지적장애아동이 읽기 기술의 일반화를 촉진할 수 있었기에 중요한 발견이라 할 수 있다.

발음 중심 교수법

철자-소리 교수의 일반적인 절차는 초성 일치, 종성, 단모음 소리, 복·쌍자음(두 자음이 모여 한 가지 새로운 발음을 내는 것-역자 주), 겹자음과 장모음 양상을 가르치면서 시작된다. 출판된 발음 교육과정은 교사가 교수계획을 위하여 사용할 수 있는 체계적인 교수 절차로 제공된다(사용 가능한 교육과정과 자료의 목록은 부록 참조). 그러나 다음에 제시되는 발음 프로그램에 관계없이 중등도 또는 중도 장애학생을 위한 수업은 게임 같은 활동, 조작 활동, 그리고 능동적인 학생 참여와 관련한 다른 교수 형식을 사용하는 역동적인 참여를 포함해야 한다(Mirenda, 2003).

소리 카드

학생은 그들이 이러한 소리로 시작되는 대상의 그림을 찾음으로써 배우는 각 철자-소리 협응을 위한 개개의 카드를 창작할 수 있다([그림 4-3] 참조). 이러한 소리 카드는 상자나 다른 활동에서 쉽게 선호하는 용기에 채워 넣을 수 있다(Reutzel & Cooter, 2003). 예컨대, 학생은 그들이 배우는 철자-소리를 강화하고 복습하는 게임을 위해 이 카드를 사용할 수 있다. 이러한 카드는 테이블 위에 쌓여 있다. 교사는 학생과 돌아가면서 카드를 고르고 그림이 있는 카드 면을 보여 주고 묻는다. "무엇이 _____ 소리로 시작되지? 어떤 글자가 이 소리를 만들 수 있을까?" 만약 자신의 차례에 올바른 답을 하였다면 그 학생은 카드를 얻고 다른 학생에게 차례가 돌아간다.

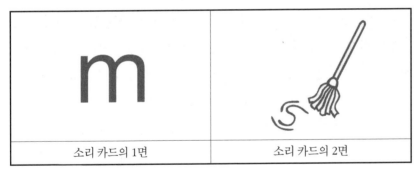

[그림 4-3] 철자-소리 협응을 학습하고 기억하기 위해 만든 학생용 소리 카드의 예
출처: Reutzel & Cooter (2003).

단어 만들기

단어를 만드는 활동은 일반적으로 4개 블록(Four Blocks) 문해 프로그램에서 단어 블록(Word Blocks)의 부분으로 사용되었다(Cunningham, Moore, Cunningham, & Moore, 2004). 이 활동은 또한 중등도 또는 중도 장애학생에게 발음 기술을 가르치는 효과적인 수단이다. Hedrick, Katims와 Carr(1999)는 인지적 장애가 있는 초등학생에게 균형 잡힌 문해 프로그램의 한 부분으로 단어 만들기를 성공적으로 사용했다. 학생은 그들의 공부에서 발음 기술을 포함한 문해 기술 모두를 향상하였다.

단어 만들기 활동에서는 교사가 부르는 단어에 대한 철자를 조작하기 위해 학생에게 6~9개의 철자 타일에 주어진다. 교사는 단어를 제시하는데, 문장에서 단어를 사용하며 단어를 다시 한 번 더 부른다. 수업은 2개 철자 형성에서 시작하며, 3개 철자 등으로 진행된다. 더 많은 요구가 필요한 학생은 부가적인 도움을 제공하기 위해 일반적으로 발달하는 또래와 함께 짝을 이루어 할 수 있으며, 그들은 목표 단어를 창작하기 위해 함께 조작할 수 있다. AAC 기구를 사용하는 학생은 활동에 필요한 단어와 함께 먼저 프로그램된 장치(기기)를 가질 수 있으며, 교수 환경에는 필요한 철자와 함께 눈으로 응시할 수 있는 칠판(전자칠판)이 구비될 수 있다. 그럼으로써 학생은 자신의 짝이 알파벳을 순서대로 놓는 동안 목표 단어를 구성하기 위해 자신이 생각하는 글자를 지적하기 때문에 각 목표 단어에 요구되는 철자를 눈으로 단지 가리키기만 하면 된다.

종종 단어 만들기 수업에서 학생은 포켓 목록표에 있는 목표 단어를 창작하기 위해 돌아가면서 교실 앞으로 나온다. 그럴 때 학생은 책상에서 단어가 정확한지 확인한다. 수업의 마지막 부분은 다양한 방법으로 단어를 분류하는 것과 관련되어 있다(예, 첫 글자, 마지막 글자, 단어 묶음). 단어 만들기 수업은 중대한 지원 요구가 필요한 학생의 학습을 촉진할 필요가 있는 많은 요소를 통합한다. 다른 학생이 대답하는 동안 그들의 순서를 기다리는 것보다 오히려 교수 속도를 적당히 빠르게 진행하며 학생을 활동적으로 각 수업 단계에 참여시킨다. 덧붙여 각 발음 요소는 체계적으로 가르치며 또한 의미 있는 상황에서 교수되어야 한다(예, 문장에 있는 목표 단어를 사용하는 것).

단어 분류

단어 분류 활동은 인지장애학생 혹은 중도장애학생에게 성공적으로 사용되는 발음 기술을 강화시키는 또 다른 방법이다(Bear, Invernizzi, Templeton, & Johnston, 1999; Joseph & McCachran, 2003). 단어 분류 활동에서 학생들은 그것들 사이에서 일반적인 유형을 변별함으로써 단어를 분류한다. 예컨대, 학생은 첫 글자 혹은 철자 형태에 따라 단어를 분류할 수 있다(예, 첫 글자 뒷소리가 ot인 단어 모두를 함께 놓기). 단어 분류에 몰두하는 것은 학생이 철자-소리 관계를 인식하고, 단어의 형태 변별을 시작하도록 돕는다([그림 4-4]에서 단어 묶음에 기초한 변별 활동의 예를 보라). 단어 분류는 학생이 분류를 위해 정의한 범주에서 시작될 수 있다. 또는 미리 할당되거나 지정된 범주에서 마무리할 수도 있다(Bear et al., 1999).

일반적으로 분류를 위한 단어는 카드에 쓰여 있다. 교사는 학생이 보아야 하는 유형을 설명하고 활동에 대해 시범을 보인다. 그러고 나서 학생에게 카드가 주어지면 그것을 바른 범주에 놓도록 한다. 이것은 개별 활동으로 할 수도 있으며, 학생이 소집단에서 돌아가며 명명된 각 목표 범주를

ship	shell	shop
skip	fell	top
lip	tell	lop
sip	well	mop
drip	sell	drop

[그림 4-4] 단어 묶음에 기초한 단어 분류 활동의 예

가진 포켓 목록표에 단어를 분류할 수도 있다. 그것을 분류하면서 혹은 분류가 완성되고 나서 학생은 단어를 크게 읽어야 한다. 교사는 학생이 어떤 유형에 초점을 두고 분류하였는지 알기 위해 "왜 이 단어를 이곳에 놓았니?"와 같은 질문을 꼭 해야 한다. 교사는 또한 왜 실수했는지 결정하기 위해 올바르게 분류되지 않은 단어에 대해 학생에게 질문해야 한다. 예를 들어, 학생이 특정한 철자 유형에서 많이 고민하거나 카드를 잘못 읽었을 수도 있다.

유추활동

유추를 사용하여 학생이 단어를 인식하도록(즉, 첫 모음 앞/뒷소리를 사용하는 것) 교수하는 것은 중등도 또는 중도 장애학생을 교수하는 효과적인 방법으로 사용되어 왔다. 예를 들어, Calhoon(2001)의 연구에서는 자폐증 및 다운증후군을 가진 아이가 의미 없는 말과 단어를 해석하기 위해 단어 조직의 지식을 성공적으로 사용하는 것을 보여 주었다.

Oelwein(1995)은 그들이 적어도 몇몇 일견 단어를 숙달하고 적어도 몇 개의 알파벳 철자를 학습한 후에 그녀는 또한 첫 모음의 앞/뒷소리 전략(즉, 단어 조직)을 중등도 또는 중도 장애학생에게 가르칠 것을 주장하였다. 첫 모음 뒷소리와 함께 장모음과 자음 혼합과 복 · 쌍자음(두 자음이 모여 한 가지 새로운 발음을 내는 것)의 구성된 첫 모음 앞소리로 이동하기 전, 단모음 단어 조직과 단일 초성에 대한 초기 교수를 주장하였다.

분석 접근의 첫 번째 단계는 학생에게 운을 발음하는 것을 가르치는 것이다. 일단 학생이 운에 처음 자음을 덧붙일 수 있게 되면 지속적으로 해낼 수 있게 된다. 예를 들어, 학생에게 op가 쓰인 카드를 준다. 그리고 첫 모음 뒷소리 앞에 자음 카드를 놓는다(예, t). t를 op에 추가함으로써 새로운 단어를 만들 수 있다고 설명한다. 당신이 자음을 첫 모음 뒷소리 카드에 옮김으로써 단어 top을 말한다. 다른 초성(예, m, c, p, b)에 이것을 반복하여 적용한다. 학생이 하나의 단어 조직 안에서 모든 단어에 읽는 것이 숙달되었을 때는 다른 단어 조직을 소개한다.

이러한 단어 인지 기술은 다양한 단어 조작(예, 철자 타일, 단어 바퀴, 슬라이드 관통)을 사용함으로써 강화될 수 있다. 학생이 단어 조직 접근을 통해 학습된 단어를 통합하여 읽기 위해 연결된 글을 창조하는 것 또한 중요한 것이다. 학생은 특정한 단어 조직을 바탕으로 책 혹은 의미 없는(바보같은) 시를 창작하는 것을 도와줄 수 있다. 혹은 그들은 Seuss 박사의 것과 같은 책을 읽을 수도 있다. 다른 이러한 기술을 강화시키는 유용한 방법은 단어 벽(Word Wall)을 만드는 것이다(Gaskins, Ehri, Cress, O'Hara, & Donnelly, 1996, 1997). 새로운 단어 조직을 숙달시키기 위해 조직 안에 있는 단어는 큰 카드로 만들어 교실 벽에 붙인다. 학생은 그들이 쓰고 있는 글에 단어 중 하나를 포함시키려고 할 때 단어 읽기를 함께 연습할 수 있고, 편리한 참고목록으로서 단어벽을 사용할 수 있다.

어떤 발음 접근법이든 효과를 기대하며 선택하고 시행하게 되는데, 그것은 학생 자신의 작문과 연결된 글에서 배운 기술을 적용하기 위한 기회가 자주 주어야 한다(Cunningham, Cunningham, & Allington, 2002). 명시적 교수와 그러한 지원 없이, 학생은 읽기와 쓰기의 실제적 과제에서 분리된 기술(예, t는 /t/소리를 만드는 것)을 효과적으로 일반화할 수 없을 것이다. 학생이 문해의 기능을 잘 이해하면 의미 있는 상황에서 이러한 기술을 가르치는 것이 중요하지 않을 수 있다.

일견 단어 교수

해독은 언제나 단어 인지를 위한 가장 좋은 방법은 아니다. 해독 기술을 적용하기보다 암기를 통해 학습하는 초보 독자에게 더 쉬운, 불규칙한 철자를 가진 높은 빈도의 많은 단어가 있다(Gunning, 2002a). 초보 독자(장애가 있든 없든)를 위한 모든 종합적인 문해 프로그램은 학생이 다단어 변별 접근법에서 숙달되도록 하기 위해 발음과 일견 단어 인지 모두의 교수를 포함한다. 더 나아가 그들이 마주하게 되는 모든 새로운 단어를 변별하는 데 필요한 발음 기술을 습득하지 못할 중등도 또는 중도 장애학생이 있다. 전문가는 이러한 학생에게 다른 단어 인지 방법을 가르쳐야 한다. 사실 일견 단어 읽기는 더 복잡한 기술이 될 수 있는 기초를 형성할 수 있다. 일견 단어를 학습함으로써 공식적인 문해 교수를 시작한 몇몇 학생은 이러한 기술 위에 정립되고 읽기 능력을 확장할 수 있는 발음 기술을 학습할 수 있을 것이다. 이러한 이유로 교사와 다른 전문가는 효과적인 일견 단어 교수를 제공할 뿐만 아니라 효과적인 발음 교수를 실현하는 것에 숙련되는 것을 중요하게 여긴다.

이 절의 나머지 부분은 일견 단어 교수와 일견 단어를 중등도 또는 중도 장애학생에게 가르치기 위한 효과적인 교수적 전략을 만드는 데 있어 고려할 사항에 대한 의견을 내포하고 있다. 그러나 명심해야 할 것은 일견 단어 교수는 학생이 단지 단어 이름을 학습하는 것을 넘어서야 한다는 것이다. 즉, 단어나 문장 수준을 넘어 연결된 글에서 단어를 이해하고 인지하는 것을 가르치는 것이 중요하다. 이러한 방법은 의미가 높은 빈도로 사용되는 추상적인 단어를 가르치기에 적합하다. 그렇지 않은 한 그 단어는 문장의 맥락에서 가르쳐야 한다. 학생이 단어의 의미와 exit와 같은 단어에서 적절한 응답이 무엇인지 배울 때는 기능적인 일견 단어조차 가장 효과적으로 가르칠 수 있다. 이것은 7장 '어휘 발달'에서 더 자세하게 다루고 있다.

일견 단어 선택과 교수 계획

일반적으로 일견 단어 교수는 단어와 그것이 나타내는 물건 혹은 생각 사이의 관계를 직접적으로 가르치는 것과 관련이 있다. 예를 들어, 교사는 먼저 각각의 카드에 있는 단어를 말하고 나서 학생에게 따라서 반복하는 것을 시범 보임으로써 단어 세트를 가르치는 훈련 방식에 제시된 플래시 카드를 사용할지도 모른다. 혹은 교사는 그림과 단어를 한 쌍으로 두고 일견 단어를 가르칠지도 모른다(예, bus라는 단어와 도시 버스의 그림이 짝이 된다).

그러나 어떤 단어를 가르쳐야 하는가? 이것은 중대한 장애를 가진 학생에게 특히 더 중요하다. 만약 학생이 단지 몇 개의 제한된 단어를 숙달할 수 있을 것 같다면, 이러한 단어는 그들이 가장 의미 있고 유용한 단어를 학습하기 위해 조심스럽게 선택되어야 한다. 기존의 읽기와 쓰기 기술을 더 개발하고 있는 학생에게는 교과서, 이야기책, 신문 그리고 그 밖의 것(예, Instant Words, Dolch Words)을 읽을 수 있게 해 주는 높은 빈도의 단어 교수가 더 중요할지도 모른다.

바꾸어 말하자면, 목표 단어를 선택하는 데는 환경적인 평가 접근 방법을 사용하는 것이 유용하다. 예를 들어, 학생의 현재 상황을 검토하고 미래 상황을 고려하며 가능한 교수 항목의 목록을 일반화하기 위해 그의 가족과 그 학생을 상담하는 것 등이 있다. 영어권 학생이 아니라면 학생의 나이와 가정 언어를 고려하라. 학생의 공동체에서 쓰이는 문자를 고려하는 것도 중요하다. 특정 공동체에서는 영어보다 다른 언어로 쓰인 많은 기호가 있을지도 모르며, 이러한 공동체의 단어를 인지하는 것을 학습하는 것이 학생 자신과 가족에게 중요할 수 있다. 각각의 이러한 전략은 일견 단어 교수에 포함되는 단어를 결정하는 유용한 정보로 제공될 수 있다. 일반적으로는 학생의 흥미를 끄는 단어를 선택해야 하고(예, TV, 차에 관한 단어) 일반적인 교육 활동에 참여를 증가시키는 것이 필요하다(예, 학급 친구와 교사의 이름, 제시어, 과학이나 사회 과목의 용어를 포함하는 주요 어휘). 학생의 현재 환경에서 발견되는 것, 가족과 친구의 이름, 제품이나 세탁 라벨, 안전 유지에 유용한 것(비상구나 소화기와 같은 안전 용어), 학생의 작업장에서 발견되는 것(더 나이 든 학생의 경우) 등이 그 예가 된다.

어떤 단어를 가르칠지 결정한 이후에 그리고 실제로 가르치기 이전에 교수에 따라 단어를 배열하라(일반적으로는 4~10개 정도의 단어이나 단어의 수는 학생의 학습 특성에 맞아야 한다). 어디서 일견 단어를 가르칠지 결정하라. 불행하게도 이는 앞서 설명한 플래시카드 교수와 같이 탈맥락적인 교수적 배경에서의 교실에서 일어난다. 따라서 다음 중요한 단계는 학생에게 그들의 실제 상황에서 그들의 일견 단어 인지를 연습할 기회를 주는 것인데, 이는 연결되는 글과 함께 기능적인 일견 단어를 위해 단어가 발견되는 자연스러운 환경 안에서 이루어져야 한다. 이것은 기술을 일반화하고 학생의 문해 이해를 발전시키는 목표를 가능하게 한다. 중대한 인지적 결함과 덜 발달된 언어 기술이 있는 학생은 목표 단어가 사용되는 자연스러운 환경에서 교수하는 것이 더 필요할 것이다. 만약 이것이 효과적이라면 몇몇 학생은 그들의 모든 일견 단어 교수가 자연스러운 환경에서 이루어지는 것을 요구할지도 모른다.

목표 단어를 가르치기 위해 사용될 수 있는 교수 전략을 결정하는 것은 중요한 고려 사항이다(다양한 전략에 대한 더 많은 정보는 이 절의 뒤에서 찾을 수 있다). 단어 촉진 전략의 사용을 가르칠 것인가, 일대일 형식을 사용할 것인가, 혹은 소집단 형식으로 단어를 가르칠 것인가 등을 고려해야 한다. 문해 학습의 다른 양상과 같이 학생의 학습 요구에서 선택된 교수 전략을 일치시켜야 한다.

교수 자료를 만드는 것은 부가적인 고려 사항이다. 교수적 상황부터 인증된 문해 활동까지 단어 인지 기술의 전환을 가능하게 하기 위해 일견 단어 자료는 다양한 글자 크기, 글자 색과 활자체 등을 사용하여 준비되어야 한다. 그러나 교수 설정에서 모든 단어는 글자 크기와 같은 관계 없는 측면에 초점을 두는 것이 단어의 다른 점에 주의 집중할 수 있도록 동일한 방법으로 써야 한다. 학생이 다양한 상황에서 목표 단어를 인지할 수 있도록 해야 한다.

결국 학생이 그들이 배운 단어를 연습하고 일반화해 시작할 수 있는 기회를 계획해야 한다. 유창성을 개발하고 일반화를 가능하게 하는 활동을 위한 제안은 다음과 같다.

- 학생이 그들이 배우는 단어의 단어 은행을 개발하도록 한다. 그들은 카드의 한 면에는 단어를 적을 수 있고, 다른 한 면에는 단어를 설명하는 그림을 추가하거나 단어를 사용하여 짧은 문단을 적을 수 있다 (Reutzel & Cooter, 2003). 쓰기 활동에서 일견 단어를 사용할 때나 단어 분류를 하기 위한 카드를 사용할 때 학생은 그들의 단어 은행을 사용할 수 있다.
- 학생이 배우고 있는 일견 단어에 기초하여 그들과 함께 책을 개발하고, 그들에게 그 책을 읽을 수 있는 빈번한 기회를 제공한다.
- 교실에서 단어벽에 일견 단어를 추가하고 매일 모든 학급 구성원이 연습한다(Gaskins et al., 1996; 1997).

- 단어를 노래로 부른다(Gunning, 2002a). 시중에 나와 있는 노래를 사용하거나 학생이 배우고 있는 단어로 자신만의 노래를 만든다. 반드시 학생이 노래할 때 글을 제공하고, 그들의 단어 인지를 강화시키기 위해 노래하면서 단어를 가리킨다.
- 교실에 있는 물품에 이름을 붙이고 매일 교실에서 읽게 한다.
- 빙고, 집중력 혹은 낚시 게임과 같은 일견 단어를 사용한 게임을 한다.
- 기능적인 안전 단어 혹은 환경적 단어를 위한 보물 찾기를 한다. 학생을 소집단이나 짝으로 구성하고 그들에게 학교 안에 위치한 환경 기호 혹은 단어의 목록을 준다. 그들의 소집단이나 짝이 모든 목록에 있는 것을 찾고 각 단어의 의미를 읽거나 설명할 수 있다면 자유시간과 같은 보상을 제공한다. 또는 학생이 학교 안에서 15분 이내에 찾을 수 있는 모든 환경 속 단어와 기호를 찾거나 쓰도록 한다. 그들은 교실로 돌아와 그들이 찾은 각 단어를 읽고 점수 획득을 위해 그것의 의미를 설명해야 한다. 가장 많은 단어를 찾고, 쓰고, 읽고, 정의하면 보상을 제공한다.
- 학생이 단어 인지를 연습할 수 있도록 컴퓨터 프로그램을 사용하도록 한다(단어 인지 소프트웨어를 제공하는 회사의 목록은 부록 참조).

일견 단어 교수

연구와 실행된 문헌은 중등도 또는 중도 장애를 가진 개인에게 일견 단어를 교수하는 다양한 방법을 설명한다. 그중 몇 가지 방법을 다음과 같이 설명한다. 어떤 경우든 학생의 학습 특성에 기초하여 전략을 선택하며, 학생이 습득한 단어를 조심스럽게 관찰하고 전략이 효과가 없는 것 같을 경우에는 교수를 조정한다.

단어와 그림 짝 짓기

그들이 제시하는 단어와 그림 짝 짓기가 교사에게 인기 있다 하더라도, 다른 교수 전략과 함께 이 절차를 비교하는 연구 결과는 혼합되어 있다 (Sheehy, 2002). 더욱 강한 지원 요구가 있는 학생은 단어와 그림이 함께 짝을 이루는 경우 단어보다 그림에 더 집중한다는 것을 주장하는 증거가 있다. 그들은 구어와 단어 사이의 관계를 만드나 구어와 문어는 관련짓지 않는다. 즉, 그림이 학생의 단어 변별을 방해하고 있다는 것이다(Sheehy, 2002). 그림이 옮겨질 때 학생은 종종 단어만으로는 변별하지 못한다. 그들은 교수되는 동안 그림에 집중하고 단어에는 집중하지 않았기 때문에 부적절한 관련을 짓게 된다.

이러한 부정적인 연구 결과에도 불구하고, 연구자는 그림과 단어가 같이 있는 것보다 더 효과적으로 쓰인 단어-그림 교수의 몇 가지 변화를 확인했다. 한 가지는 그림자 자극의 형성이다. 단어와 그림을 초기 교수적인 시도에서 짝으로 지정한다. 시간이 지날수록 그림은 점점 희미해지고 결국 단어만 남게 되는 것이다([그림 4-5] 참조). 그림과 단어가 삽입되고 그림을 희미하게 하는 것은 더 효과적인 것처럼 보인다. 아마 학생의 주의가 그림 대신 단어에 더 가까워지도록 초점을 맞추기 때문일 것이다.

단어와 그림 짝 짓기의 다른 변형은 그림이나 상징이 단어와 함께 삽입

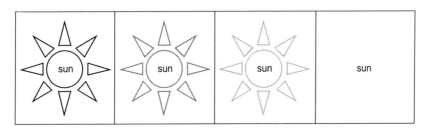

[그림 4-5] 시각 단어 인지를 지도하기 위한 자극 소멸(fading) 사용의 예

되는 것이다. Sheehy(2002)는 이를 통합된 그림 단서(Integrated Picture Cueing: IPC)라고 부른다. 이 전략은 그림이나 상징보다 단어가 더 현저한 [그림 4-5]의 예와는 다르다. 연구자들은 이 접근이 학생이 그림을 찾기 위해 더 집중하며 단어 자체에 더 집중할 것을 요구하기 때문에 효과적이라고 믿는다(Sheehy, 2002; 이 기술의 예는 [그림 4-6] 참조).

　Sheehy(2002)는 [그림 4-6]과 같이 단어와 함께 미리 결정된 상징을 사용하는 것보다 학생이 각자 가지고 있는 의미의 상징을 포함하는 것이 더 효과적이었다고 한다. 그녀는 중등도 또는 중도 장애학생에게 의미하는 단어의 목록을 학생이 생각하는 것과 각 학생의 이해에서 독특한 각 단어 안의 상징을 통합한 것을 그녀에게 말하도록 했다. 예컨대, 태양이 어떤 의미인지 물었을 때 학생이 '뜨거운'이라고 대답했다면, 태양 그대로의 그림보다 [그림 4-6]에서 사용된 것과 같은 그림을 사용했을 것이다. 이러한 개별화된 단서를 사용한 Sheehy의 연구에서는 그것이 교사가 선택해 학생에게 사용한 단서보다 더 많은 일견 단어를 습득하게 했다. 두 접근을 비교하는 연구 자료는 적지만, 그것은 교실에서 사용하는 유용한 전략이 될 것이다. 특히 기존의 다른 교수를 통해 일견 단어를 학습하는 데 실패한 학생의 경우에 그렇다.

　단어-그림 교수의 또 다른 변형 또한 Sheehy(2002)가 설명한 것으로, 단어에 대한 학생의 이해와 관련된 종류의 표시를 인쇄된 단어에 표시하는

[그림 4-6] 통합된 그림 단서의 예

것이다. Sheehy는 이를 손잡이 기술(Handle Technique)로 언급하였는데, 왜냐하면 "단어의 이름을 즉각적으로 회상하기 위함과 단어 인지 전환을 위한 긍정적인 지원을 위해 그림이 없고, 개인적인 연상 기호 단서(손잡이)를 사용한다(p. 50)라고 했기 때문이다. 이러한 표시는 IPC 접근에서 사용된 그림보다 더 추상적이며 그렇게 크지 않다([그림 4-7] 참조). 그러나 표시는 학생의 단어 이해의 몇 가지 방법을 지적하며, 각 학생의 독특한 개별화된 방식을 만든다. 손잡이 기술의 다른 중요한 특성은 단어를 가르치는 방식이 학생이 실제로 사용하는 단어로부터 선택된다는 것이다. 실제로 사용하는 단어는 학생이 말하거나 노래하는 어휘 안에 있다. 이는 교수의 의미성을 증가시키고 학생이 배운 단어 인지 기술을 파악하는 데 더 생생하게 한다. Sheehy의 연구에서는 학생이 IPC나 단어만 사용하는 전략보다 이 접근을 사용하여 일견 단어를 더 많이 학습하였다. IPC와 마찬가지로 손잡이 기술을 검토하는 연구는 많지 않다. 그러나 교사는 그것이 다른 방법으로 성공하지 못한 학생에게 유용하다는 것을 찾을 수 있을 것이다.

IPC는 명백하게 여기에서 설명한 접근법 만큼 효과적이라고 본다. 이러한 전략을 위해 준비된 자료는 전문가의 부분에서 많은 노력이 필요하다. 그럼에도 마지막 결과가 학생이 일견 단어를 학습하는 것에 있을 경우 많

[그림 4-7] 개별화된 손잡이 기술의 예

은 양의 관련된 논문은 아마 그 노력에 가치를 둘 수도 있다. 적어도 하나의 회사는 IPC 방법을 사용하는 자료를 출판하고 있다(주문 정보는 참조). 다른 옵션은 학생이 그들의 그림에 대한 삽화를 그리게 하고 점차 그것을 희미하게 하는 것이다(학생은 그들의 교실에서 삽화를 창조하기 위해 그들의 또래와 함께 수행할 수 있을 것이다. 이것은 아마 높은 동기부여가 될 것이며 이 접근의 효과성을 더해 준다). Rivera, Koorland와 Gueyo(2002)는 학습장애가 있는 학생에게 이러한 접근을 성공적으로 사용했다. 마찬가지로 이 전략의 효과성을 탐색하기 위한 소수의 연구가 시행되었고, 그것이 특정한 학생을 위하여 유용한 것으로 입증되었다. 만약 교사가 이러한 원칙을 이해한다면 이러한 영역에서 비용을 줄일 수 있을 것이며, 그들의 교실에서 학생을 위해 교사가 만든 자료와 다양한 전략을 사용하는 교수를 개별화할 수 있을 것이다. 명심할 것은 개별화된 전략을 개발하는 것은 모든 학습자에게 효과가 있는 또 다른 전략이라는 것이다. 예를 들어, 영어를 배우는 경도장애학생 혹은 초보 읽기 기술에서 고민할 수 있는 장애가 없는 아이는 이러한 접근에서 이익을 얻을 수 있다.

여기에서 설명된 방법 중 한 가지를 처음 배우는 학생이 한번 단어 식별에서 성공을 경험하게 된다면 확장된 동기 유발 자극을 포함하지 않는 기존의 교수로의 이동이 가능할지도 모른다. 그들이 구어와 관련된 글자의 기초 원리를 파악하기 시작하면 이러한 단어-그림 접근 지원의 단계가 제공되지 않는 교수로부터 이익을 얻을 수 있을지도 모른다.

덮어쓰기, 덧쓰기, 비교하기

덮어쓰기, 덧쓰기, 비교하기(copy, cover, compare: CCC)—종종 덮어쓰고 덧쓰고 비교하기라고도 한다—는 수학, 과학, 말하기, 쓰기, 지리와 같은 다양한 과목에서 장애학생에게 성공적으로 사용된 교수 전략이다

(Murphy, Hern, Williams, & McLaughlin, 1990). 왜냐하면 이 전략은 그 구성
중 하나가 학생 스스로 그들의 작업을 확인하는 것이며, 발달하는 학생의
자기 관리 기술에서 유용하기 때문이다(McLaughlin & Skinner, 1996). 이는
교사 및 또래와 함께 하거나 혼자서 수행할 수 있다. Conley, Derby,
Roberts-Gwinn, Weber와 McLaughlin(2004)은 일견 단어 인지를 가르치
기 위해 이러한 절차의 변형을 이용했다. 이 일견 단어 인지 방법을 위한
이들 연구자의 일반적인 교수 절차는 이 장에 설명되어 있다.

  일견 단어 인지를 위해 덮어쓰기, 덧쓰기, 비교하기 방법을 사용할 수
있는데, 첫 번째로는 어떤 단어를 가르칠지 결정하고 학습 세트에서 이런
목표 단어를 배열하는 것을 결정한다(Conley et al. [2004]에서 5개의 단어 세
트를 사용했다). 그다음은 교사가 종이를 셋으로 나누고([그림 4-8] 참조) 첫
번째 구역에 목표 단어를 인쇄한다. 두 번째 구역에는 점선이나 아주 밝은
선을 사용하여 단어를 인쇄한다. 세 번째 구역은 빈칸으로 남겨 둔다. 교
수 순서의 다음 단계로, 교사는 학생에 첫 번째 단어의 이름을 말하게 한
다. 학생은 단어 이름을 말한 후 첫 번째 단어를 따라쓰면서 그 철자의 이
름을 말한다(Copy). 그러고 나서 교사는 두 번째 구역을 카드로 덮거나 그
구역을 접어 학생이 보지 못하게 한 다음(Cover) 그 단어를 기억해서 쓰게

the	the	
and	and	
all	all	
of	of	
that	that	

[그림 4-8] 덮어쓰기, 덧쓰기, 비교하기 전략의 예

한다. 그리고 그들이 적은 단어의 철자의 이름을 다시 말하게 한다. 마지막으로, 학생들은 카드를 제거하거나 종이를 펴고 첫 번째 구역의 모델과 그들이 쓴 단어를 비교한다(Compare). 그들은 각각의 목표 단어에 대해 이러한 단계를 반복한다.

Conley 등(2004)은 또한 그들의 연구에서 학생에게 짧은 이야기의 문장이나 카드 등으로 학습하는 몇몇 상황에서 목표 단어를 읽을 수 있도록 기회를 주었다. 이는 효과적인 일견 단어 교수의 중요한 기능인데, 학생이 다른 상황에서 단어를 연습하며 단어의 의미를 이해하고 일반화하는 것을 가능하게 하기 때문이다.

그림 일치 전략과 일견 단어 습득를 위한 CCC 방법을 비교한 Conley 등(2004) 연구의 흥미 있는 결과는 CCC 절차를 사용할 때보다 그림 일치 전략을 사용해 일견 단어를 인지할 때 더 빠르게 단어를 배운다는 것이다. 그러나 학생은 시간이 흐름에 따라 이러한 단어 인지를 유지하지는 못하였다. 반면 CCC 절차를 사용하여 학습된 단어는 유지되었다. 이 연구 결과는 절차에 더 적은 교수 시간을 사용하려고 시도했던 전문가에게 함축하는 바가 있다. 즉, 학생이 새로운 일견 단어를 이해하거나 다른 맥락에서 일견 단어를 이해할 수 없다면 이 전략은 궁극적으로 유용하지 않으며, CCC 방법과 같은 다른 교수적 접근이 시행되어야 한다는 점이다.

반응 촉진

중등도 또는 중도 장애학생에게 일견 단어를 가르치기 위한 반응 촉진의 사용을 지원하는 폭넓은 문학적 기초가 있다(Browder, 2001). 반응 촉진은 교사가 올바르게 반응을 할 수 있는 확률 증가시키기 위해 주는 피드백이나 어떤 지원이다. 예를 들어, 한 학생이 식료품 목록에서 apple이라는 단어를 찾기 위해 노력할 때, 교사는 "a로 시작하는 단어를 찾아봐라."라고 말하면서 학생이 반응 촉진을 사용하도록 한다. 촉진 전략은 자극적인 촉진과 같이 학생이 반응하기 전에 주어질 수도 있으며, 학생의 반응 후에 피드백의 형식으로 주어질 수도 있다(예, "그건 올바르지 않네. 그 단어는 exit야.").

자극적인 촉진(simultaneous prornption)은 비오류적인 학습의 형식이다. 이 전략에서 교사는 단어를 제시하고 단어의 이름을 붙이고 학생에게 그 단어를 말하도록 이야기한다. 예를 들어, 교사는 "이 단어는 danger(위험)야. danger하고 읽어 봐."라고 말하는 동안 학생에게 danger라는 단어를 보여 준다. 다시 말하면, 시범이 지속적으로 주어지며, 학생은 결국 반응하는 방법을 정확하게 알게 된다. 이러한 몇 번의 시도 후에 교사는 촉진 없이 단어를 제시함으로써 학생의 수행 수준을 평가한다. 비오류적인 학습은 특별히 실수를 했을 때 쉽게 화내는 학생에게 효과적인 전략이다(Browder, 2001).

교사는 촉진을 제공하기 전에 학생에게 단어를 보여 준 후 미리 정했던 많은 대기 시간을 결정할 수 있다. 이것은 시간 지연이라고 부른다. 이 전략은 교수자에게 단서를 받기 전에 학생에게 반응 시간을 허락한다. 교사는 각 연습마다 미리 정한 몇 초의 대기 시간을 결정할 수도 있고(지속적인 시간 지연), 교수 기간 내에 기다리는 시간을 변화시킬 수도 있다(진보적인 시간 지연). 진보적인 시간 지연을 사용하는 교사는 촉진이 제공되기 전에 0초 지연에서 시작해 점차 더 긴 시간 동안 시간(예, 10초)으로 옮겨 갈 수 있다. 이러한 시간 지연 절차의 이점은 학생이 교사에게 단서를 받고 의존하던 습관을 억제하도록 한다는 것이다.

마지막 촉진 전략은 자극 구체화(stimulus shaping)를 사용하는 것이다. 이 기술은 집중적인 지원 요구가 있는 학생에게 일견 단어를 가르치는 데 있어 오랫동안 성공적으로 사용되어 왔다. 사실 유명한 Edmark 읽기 프로

that	—	—
—	that	—
that	—	the
the	that	thin
the	thatch	that

[그림 4-9] 일견 단어 지도에 사용되는 자극 구체화의 예

그램(Edmark Reading Program)은 이 전략에 기초하고 있다. 자극 구체화를 사용할 때, 교사는 적어도 두 개의 정답 이외의 선택지와 함께 목표 단어를 제시한다. 초기 단계에서 제시되는 선택지는 목표 단어와는 매우 다르다([그림 4-9] 참조). 학생이 목표 단어를 변별하는 경험을 더 많이 하게 되면 선택지는 목표 단어에 더 가까워지며, 학생이 세밀하고 미세하게 구별하도록 자극한다.

자극 구체화는 일견 단어를 가르치는 데 매우 효과적이지만, 이는 다양한 상황에서 연결된 글에서 새롭게 학습된 단어를 읽을 수 있는 기회가 제공되어야 한다. 그렇지 않으면 학생은 단어 부르기는 학습하겠지만 그 단어가 무슨 의미인지 또는 어떻게 그들의 삶 전반에 걸쳐 진정한 문해 활동에 참여할 것인지에 대한 생각은 거의 하지 못할 것이다.

요약

중등도 또는 중도 장애학생을 위한 단어 인지 교수는 몇 가지 방식으로 접근해야 한다. 그럼으로써 학생은 단어를 변별하기 위한 다양한 도구를

갖추게 된다. 교수적 결정은 학생의 장애 명칭에 기초해서는 안 된다(예,
인지장애를 가진 학생이 그런 교수에서 얻을 이익이 없다는 신념 때문에 학생에
게 기초적인 발음 기술을 배우는 기회를 제공하지 않는 것) 대신 전문가는 반드
시 높은 기대를 가지고 시작하며 질 높은 교수를 제공해야 한다. 그럴 때
학생은 그들이 습득한 문해 기술에서 무심코 제한받는 일이 발생하지 않
는다. 학생의 진행 상황은 조심스럽게 검토되어야 하며 변형된 교수 전략
들은 실제 학생의 진행 상황에 기초한다. 그들이 문해가 무엇인지, 그리고
그것이 그들의 삶을 어떻게 풍요롭게 할 수 있는지에 대한 완전한 이해를
발달시키기 위한 관심을 갖게 해야 한다. 이를 위해 학생에게 의미 있는
문해 활동과 연결된 글과 함께 새로 습득된 기술을 적용할 수 있는 기회를
지속적으로 제공해야 한다.

제5장
유창성

Elizabeth B. Keefe

　이 장에서는 문헌을 통해 효과적이라고 확인된 읽기 유창성의 주요 접근법을 조사하고, 이러한 접근법이 어떻게 중등도 또는 중도 장애학생에게 적용될 수 있는가에 대하여 고찰하고자 한다. 읽기 유창성은 연구자로부터는 많은 관심을 받지 못한 읽기 이해력의 한 분야다(Allington, 2006; Rasinski, 2003). 특히 중등도 또는 중도 장애학생의 읽기 유창성은 거의 주목을 받지 못했다. 우리는 이와 같은 생략에는 두 가지 주요한 이유가 있다고 생각할 수 있는데, 이는 역사적으로 유창성은 구어 읽기율로 정의되고 측정되어 왔다는 사실과도 관련이 있다(Rasinski, 2003). 첫째, 1장에 언급한 것처럼 중등도 또는 중도 장애학생은 일반 또래와 같은 읽기 능력을 발전시킬 수 있는 동등한 기회를 제공받지 못했다. 따라서 학생의 단어 재인 능력에 의존하는 읽기 유창성에 거의 관심을 가지지 않은 것도 당연한 일이다. 둘째, 중등도 또는 중도 장애학생은 구어에 많은 어려움이 있는데(자세한 논의는 3장 참조), 그렇기에 구어 속도로 읽기 유창성을 증명하는 데 어려움이 있다.

중등도 또는 중도 장애학생을 위한 읽기 유창성

연구자는 읽기 유창성에 많은 우위를 두었다. 1983년에 Allington은 유창성이 학교 읽기 교수 시간에 가장 소홀하게 다루어지는 부분이라고 언급하였다. 이는 묵독 읽기가 교실에서 더욱 중요한 목적이 되어 간다는 것을 알 수 있다. 읽기 텍스트와 교육과정은 여전히 읽기 유창성에는 많은 주의를 기울이지 않았다(Rasinski, 2003). 현재 전반적인 읽기 능력에서 읽기 유창성이 중요하다는 것이 연구 결과로 입증되면서 이에 대한 관심이 증가하고 있는 추세다(예, Allington, 2006; National Reading Panel, 2000). 국립읽기위원회(National Reading Panel)는 읽기 유창성을 여러 읽기 교수 분야 중에서 능숙한 독자로 발달되는 데 중요한 한 분야라고 밝혔다.

읽기 유창성 정의

구어 읽기율 또는 읽기 속도가 읽기 유창성과 가장 많은 관련성을 지니는 변인이지만, 현재 읽기 유창성 정의에는 구어 읽기 속도를 넘어 읽기 정확도, 적합한 표현, 텍스트 요약하기 등도 포함된다(Allington, 2006; National Reading Panel, 2000; Reutzel & Cooter, 2003). 읽기 정확도는 단어를 정확하게 인지하고 해독하는 능력에 달려 있고, 읽기 속도는 단어를 정확하게 자동적으로 인지하는 능력에 달려 있다. 적합한 표현과 텍스트 요약하기는 복잡한 것이며 여러 가지 요인에 좌우되나, 적합한 표현의 사용은 자신의 목소리 음도와 강조를 조절하는 능력에 달려 있다. 마지막으로, 적합한 표현과 텍스트 요약하기는 읽기 자료의 이해와 밀접한 관련성을 지닌다.

　중등도 또는 중도 장애학생이 유창하게 읽는 데 영향을 미치는 다른 요인도 있을 것이다. 앞에 설명된 읽기 유창성의 모든 요소는 활자와 상징을 보고 따라갈 수 있는 기초적인 신체 능력과 감각 능력에 달려 있다. 우리는 심각한 장애를 지니고 있는 학생이 이러한 능력을 지니고 있다고 가정할 수는 없다. 그 결과, 일부 학생은 잠정적인 능력과는 무관하게 읽기 유창성에 문제가 있을 수 있다. 예를 들어, 일부 뇌성마비학생과 다른 신체 장애학생은 눈의 움직임을 통제하는 근육의 운동 협응에 문제를 지니고 있을 수 있다. 다른 학생에게는 목이나 몸통의 운동 협응 장애가 시야를 제한할 수 있다. 저시력 또는 맹은 텍스트 형식을 조정하거나 수정해야 한다. 게다가 대부분의 경우 읽기 유창성의 증명은 종종 구어 읽기 능력에 달려 있다. 중등도 또는 중도 장애학생은 실제로 그들이 알고 있는 것을 의사소통할 수 있는 표현 언어 능력을 지니고 있지 않다(3장 참조). 신체, 감각, 언어 장애가 읽기 유창성 분야를 방해하는 것은 사실이지만 이러한 장애는 극복될 수 없다. 하이테크놀로지과 로우테크놀로지의 사용은 운동과 감각 장애가 있는 학생이 텍스트에 접근할 수 있게 한다(9장 참조). 뇌 기반 학습, 보편적 설계, 부분 참여를 사용한 교수 설계는 읽기 유창성이 모든 학생을 위한 읽기 교수의 한 부분이 될 수 있도록 해 준다.

　우리는 최소 위험 가정이 읽기 유창성이 중등도 또는 중도 장애학생을 위한 읽기 유창성의 주 요소라는 것임을 믿는다. 이 장의 나머지 부분에서는 어떻게 읽기 유창성에 접근하고 모든 학생을 위해 효과적인 교수를 제공해 줄 수 있는가에 대하여 설명하고자 한다.

적합한 평가의 중요성

모든 교수 분야가 그러하듯이 적절한 교수를 설계하기 위해서는 학생이 적절하게 기능하는 곳이 어디인가를 알아내는 것이 중요하다. 이에 읽기 유창성의 각 분야를 평가할 필요가 있다(읽기 속도, 정확도, 표현, 어법). 교사는 우선 중등도 또는 중도 장애학생이 자신이 읽고 있는 것을 보고, 인쇄물을 따라가고, 정확하게 표현할 수 있는 신체, 감각, 언어 기술을 가지고 있는가를 확실하게 평가해야만 한다.

인쇄물 접근 기술 평가

신체감각장애로 인하여 활자에 접근하는 데 문제가 있는가를 확실히 하기 위해 교사는 작업치료사, 언어병리사, 보조공학 전문가와 물리치료사 등과 같은 관련 서비스 전문가에게 의뢰해야 한다. 가족과 가족 주치의는 이 분야의 좋은 정보를 제공해 줄 수 있는 이들이다. 학생도 자신의 실제 능력에 대하여 정보를 제공해 줄 수 있는 좋은 정보처이지만, 그들의 조언은 종종 간과된다. [그림 5-1]에 제시된 간단한 인쇄물 접근 체크리스트는 교사를 도와줄 것이다.

교사는 학생이 구어로 얼마나 정확히 읽기 기술을 증명할 수 있는 가를 결정하기 위해 교육 팀원에게 자문을 구할 필요가 있다. 중등도 또는 중도 장애를 지니고 있는 학생이 표현언어장애를 지니고 있으면 종종 읽기 유창성이 능숙하지 않을 것이라 가정한다. 구어 읽기에 어려움이 있는 학생은 아직도 읽기 유창성 교수를 받고 있다. 학생의 읽기 기술을 정확하게 증명할 수 있도록 개별화된 교수적 지원을 찾는다는 것은 쉬운 일이 아니다. 항상 그러하듯이 가장 최소한의 가정은 능력이 있다는 것을 가정하고 질적인 읽기 교수에 대한 접근을 제공하기 위한 것이다.

학생: _____　연령: _____

교사: _____　날짜: _____

평가자: _____

기술	Yes	No	Support

관찰된 다른 내용 _____

_____

_____

[그림 5-1] 인쇄물 접근 체크리스트

읽기 속도와 비율

4장에서는 단어 재인의 정확도를 측정하기 위한 평가를 설명하였다. 그 평가는 읽기율의 평가와 같이 사용될 수 있다. 분당 정확히 읽은 단어의 수(words correct per minute: WCPM) 측정은 읽기 속도 및 정확성과 관련된 정보가 결합된 것이다. 학년별로 WCPM를 측정할 수 있는 교육과정 기반의 구어 유창성 규준도 마련되어 있다(Hasbrouck & Tindal, 2006). 2~5학년 초와 말에 해당되는 규준이 〈표 5-1〉에 제시되어 있다. 이 숫자는 단지 지침일 뿐이다. 개개인의 목표는 WCPM 비율을 백으로 나누면 분명해지므로 이 결과에 따라 달라진다. 특히 중등도 또는 중도 장애가 있는 학생의 목표는 학년 수준 또는 연령 수준에 맞추기보다는 학생의 준비도에 맞추어야 한다.

표 5-1   교육과정 기반 유창성 규준의 예

등급	비율	WCPM(가을)	WCPM(봄)
2	10	11	31
	25	25	61
	50	51	89
	75	79	117
3	10	21	48
	25	44	78
	50	71	107
	75	99	137
4	10	45	72
	25	68	98
	50	94	123
	75	119	152
5	10	61	83
	25	85	109
	50	110	139
	75	139	168

출처: Hasbrouck, J. E., & Tindal, G. A. (2006).

WCPM의 평가는 학생이 96~100% 정확도로 읽을 수 있는 텍스트를 사용하여 실시해야 한다. 교재 또는 수준별 책은 학년 수준에 적합한 어휘를 지니고 있으므로 이들을 평가하기에 좋은 텍스트 원천이다. 교사는 두 가지의 기초적 접근 중 하나를 사용하여 WCPM을 평가할 수 있다. 한 접근 방법은 학년 수준에 따라서 주로 100~300개 정도의 미리 정해진 단어의 수를 사용하는 것이다. 다른 한 접근 방법은 대개 1분 또는 2분의 미리 정해져 있는 틀을 사용하는 것이다.

텍스트 길이를 사용하여 WCPM 측정하기

미리 정해 놓은 텍스트 길이를 사용하여 WCPM을 평가하기 위해 다음과 같은 자료를 사용할 필요성이 있다.

- 학생의 이름이 적혀 있는 공테이프와 카세트 플레이어
- 스톱워치 또는 타이머
- 학생이 96~100% 수준으로 읽을 수 있는 텍스트
- 미리 정해진 단어의 수가 표시되어 있는 날짜가 적힌 텍스트 복사본
  으로 단어 재인 실수의 수를 증명하는 데 사용 가능한 것
- 기초선과 일 년 동안의 진전을 증명하는 데 사용 가능한 그래프 종이
- 교사가 기록할 수 있는 WCPM 자료 기록 양식([그림 5-3] 참조)

일단 자료가 수집되면, 다음 절차를 따라서 WCPM을 평가할 수 있는 준비가 된 것이다.

- 테이프 레코더를 켠다.
- 학생에게 미리 선정한 텍스트를 읽게 한다. 학생이 선정된 텍스트로
  미리 연습하게 해서는 안 된다.
- 학생이 읽기를 시작할 때 스톱워치나 타이머를 사용한다.
- 학생이 읽을 때 텍스트 복사본에다 실수를 체크한다.
- 텍스트 샘플의 마지막 부분에서 타이머를 중지시키지만(100~300단
  어), 학생에게는 구문의 끝 부분까지 읽으라고 지시한다.
- 테이프 레코더를 끈다.
- (선택) 두 개나 세 개의 이해력 질문을 하거나 학생에게 이야기를 다
  시 말해 보라고 시킨다.
- WCPM을 계산한다(정확하게 읽은 단어의 총수를 읽는 데 걸리는 시간으
  로 나눈다). WCPM을 학생과 공유하고 학생의 개별 그래프에 진전도

를 기록하게 한다. 교사는 이 과제를 완성하는 데 도움이 필요한 학생
을 지원해 줄 수 있다.

- 교사 파일에 WCPM을 기록한다. 우리는 파일 폴더에 정확히 읽은 단
  어의 형식을 철하고 이 파일에 날짜를 표시한 텍스트 샘플을 보존할
  것을 권장한다.

비록 이 평가의 목적이 읽기 속도를 평가하는 것일지라도, 학생이 읽고
있는 것을 정확하게 이해했는가를 알기 위해 정기적으로 점검하는 것이
중요하다. 이해력은 학생이 구문을 읽고 난 후 두세 가지 질문을 통해서 점
검할 수 있다. 다른 대안은 학생이 읽은 것을 다시 말하도록 하는 것이다.

미리 정해진 시간을 사용하여 WCPM 측정하기

읽기 속도를 구조적으로 평가하기 위한 주요한 이차적 방법은 1분 읽기
프로브를 사용하는 것이다(Rasinski, 2003). 학생이 장애를 지니고 있어 활
자에 접근하는 것이나 그것에 대한 이해력을 증명하는 것이 느리다면 2분
프로브를 사용할 수 있다. 필요한 자료는 미리 정해진 텍스트의 길이의
WCPM을 점검할 때와 유사하다.

- 카세트 플레이어와 학생의 이름이 적혀 있는 공테이프
- 스톱워치 또는 타이머
- 학생이 80~100% 정확도로 읽을 수 있는 텍스트 선택하기
- 학생이 1~2분 정도 지속하여 읽을 수 있을 정도로 충분한 단어의 수
  이상이 포함되어 있는 날짜가 적힌 텍스트 복사본. 우리는 학생에게
  의미가 통할 수 있는 구문 완성하기 샘플을 사용할 것을 권장한다. 이
  복사본은 단어 인지의 실수를 증명하는 데 사용될 수 있다.

- 일 년 동안 학생이 기초선과 진전을 기록하는 데 사용될 수 있는 종이 그래프
- 교사가 기록할 수 있는 WCPM 데이터 기록지([그림 5-2] 참조)

1분 읽기 프로브는 다음과 같은 단계를 따르도록 한다(Rasinski, 2003에서 수정 발췌).

- 테이프 레코더를 켠다.
- 학생에게 그들이 능숙하게 읽을 수 있는 수준의 미리 선택된 텍스트 구문을 구두로 읽게 한다.
- 학생이 읽기를 시작하면 스톱워치 또는 타이머를 켠다.
- 텍스트 복사본에 실패한 단어 인지를 기록한다.
- 타이머가 1분이 되면 학생에게 그만 읽게 한다. 테이프 레코더를 끈다. 학생이 어느 정도 읽었는가를 표시한다. 정확하게 읽은 단어를 헤아린다. 이것이 WCPM이 된다(만약 2분 프로브가 시행되면 2로 나눈다).

학생: _____   연령: _____
교사: _____

날 짜	텍스트	WCPM	의 견

[그림 5-2] WCPM 데이터 기록지

- (선택) 두세 가지의 이해력 질문을 하거나 학생에게 이야기를 다시 말해 보게 한다.
- 학생과 WCPM을 공유하고, 학생이 자신의 그래프에 진전을 표시하도록 한다. 교사는 과제 완성에 도움이 필요한 학생을 도와준다.
- 교사 파일에 WCPM을 기록한다. 우리는 파일 폴더 커버 안쪽에 WCPM의 양식을 스테이플러로 고정하고 파일에 날짜를 표시하여 보관할 것을 권한다.

미리 정해진 텍스트의 길이나 시간을 사용하여 WCPM을 측정하는 두 가지 방법은 읽기 속도와 정확도를 증명할 수 있는 빠르고 간단한 방법이다. 이 두 가지를 실시할 때는 자료가 거의 필요하지 않으며, 비싼 프로그램을 살 필요도 없다. 이 두 방법은 장애 유무와 관계없이 모든 학생에게 적합하다. 학생은 독립적 읽기 활동 동안 WCPM의 읽기 프로브를 위해 일주일에 한 번씩 협력할 수 있다. 교육 보조원, 관련 서비스 제공자, 또래 교사는 이러한 평가가 완료될 수 있도록 교사를 보조할 수 있다.

적합한 표현과 구(phrasing) 평가하기

이 장 시작에서 언급한 것처럼 읽기 유창성은 단순히 구어 읽기 속도로 정의되지 않는다. 이러한 기술의 측정은 훨씬 주관적이다. 이 두 분야는 중등도 또는 중도 장애를 가지고 있는 학생의 구어와 언어 장애에 부정적인 영향을 미칠 수 있다. 읽기 유창성에서 이 부분과 관련된 작업을 할 때에는 관련 서비스 제공자와 교사 간의 협력이 필요하다. 그것은 또한 관련 서비스 제공자, 특히 언어병리사가 서비스를 일반학급에 통합할 수 있는 훌륭한 기회를 제공할 것이다.

유창성 루브릭

적합한 표현과 말을 평가하기 위해 유창성 루브릭을 사용할 것을 권장한다. 교사가 스스로 유창성 루브릭을 개발할 수 있는 샘플이나 가이드를 제공하는 루브릭에 관한 문헌도 있다. 미국 교육부는 읽기를 포함하여 학업 분야에서 학생의 성취를 평가할 수 있는 국가적 교육진전평가(National Assessment of Educational Progress: NEAP)를 후원해 준다. NEAP에서는 구와 적절한 표현을 설명해 주는 구어 읽기 유창성을 개발했다(〈글상자 5-1〉 참조). NEAP에 따르면 이 척도에서 3~4 수준은 읽기가 유창하다는 것을 나타낸다.

유창성 루브릭에 관한 또 다른 예는 다차원적 유창성 척도(Multidimensional Fluency Scale: MFS)다(Rasinski, 2003). 이 루브릭은 네 가지의 하위 척도를 가지고 있으며, 이것은 교사가 읽기 유창성의 특정 분야에 집중할 수 있게 해 준다(〈글상자 5-2〉 참조). 유창성 루브릭을 사용하여 읽기 유창성 평가를 완성하기 위해서는 다음과 같은 자료가 필요하다.

- 테이프 레코더와 학생의 이름이 적혀 있는 공카세트
- 현재 학생의 읽기 유창성 수준에 적합하거나 한 학년 아래에 해당되는 하나 또는 두 개 구문(200~300단어)
- 읽기 유창성 루브릭

일단 자료가 있다면, 다음 단계에 따라 읽기 유창성 평가를 완성하라.

- 평가를 위해 학생이 미리 정한 텍스트를 읽게 한다.
- 카세트 레코더를 켠다.
- 학생이 최적의 목소리로 구문과 표현을 읽게 한다.

글상자 5-1 ⟫⟫⟫ 국가적 교육진전평가의 구어 읽기 유창성 척도

수준 4

주로 더 크고 의미 있는 구 단위로 읽는다. 비록 텍스트에서 일부 퇴행, 반복, 일탈 등이 있을 수는 있지만, 전체적 이야기 구조에서 벗어나는 것 같지 않다. 작가 구문의 보속 현상이 일관적이다. 일부 또는 대부분의 이야기를 표현적으로 해석하여 읽는다.

수준 3

주로 세 개 또는 네 개의 단어구 단위로 읽는다. 다소 유사한 그룹화가 나타날 수 있다. 그러나 표현의 대부분이 적절하며, 저자의 구문을 지킨다. 표현적 해석이 거의 없거나 없다.

수준 2

세 단어 또는 네 단어를 그룹화하여 두 단어 구문을 주로 읽는다. 단어 대 단어 읽기가 일부 나타날 수도 있다. 단어 그룹화가 서툴 수도 있을 것이며, 더 큰 문맥의 문장이나 구문과 관련이 없을 수도 있다.

수준 1

주로 단어 대 단어를 읽는다. 때때로 두 단어 또는 세 단어 구문이 나타날 수 있으나, 이러한 빈도는 드물며 의미 있는 구문을 유지하지 못한다.

출처: U. S. Department of Education, National Center for Education Statistics. (1995).

- 레코더를 끈다. 학생에게 감사를 표하고 읽기나 노력에 대하여 긍정적인 피드백을 준다.
- 나중에 테이프를 듣고, 〈글상자 5-1〉과 〈글상자 5-2〉에 있는 읽기 유창성 루브릭 또는 당신이 개발한 루브릭 중 하나를 따라가면서 속도를 들어 본다.

글상자 5-2 ≫ 다차원적 유창성 척도

정확도
- 단어 재인 정확도가 떨어짐: 일반적으로 85% 이하. 독자는 단어를 해독하는 데 분명한 어려움이 있음. 많은 단어를 해독하려고 여러 번 시도하나 대개 성공하지 못함.
- 단어 재인이 미미함: 86~90%. 독자는 많은 단어에 대해서 투쟁을 함. 자기 교정으로 성공하는 수가 적음.
- 단어 재인의 정확도가 좋음: 91~95%. 성공적으로 자기 교정을 함.
- 단어 재인의 정확도가 뛰어남: 96%. 자기 교정이 거의 드물며 성공적임. 첫 시도에서 모든 단어를 정확하게 읽음.

구
- 구의 경계에 대해서 감지하지 못하며 단조로움. 단어 대 단어 읽기가 빈번함. 대개 부적절한 강세와 억양을 나타내며, 문장과 절의 끝 부분이라는 것을 나타내지 못함.
- 빈번한 두 단어와 세 단어 구로 뚝뚝 끊어서 읽는다는 인상을 줌. 문장과 절의 끝 부분이라는 것을 나타내는 적절한 강세와 억양이 부족함.
- 길게 끌기, 숨을 쉬기 위해 중간쯤에 잠깐 휴지함. 일부 고르게 읽지 못하는 구간도 있음(적합한 강세와 억양).
- 일반적으로 말을 잘함. 대부분 구, 절, 문장 단위에서 적절한 억양으로 표현함.

부드러움
- 빈번히 연장된 구, 주저, 시작 단계에서의 실패, 소리 내어 읽기, 반복 그리고/또는 다수의 시도
- 텍스트에서 연장된 쉼, 주저 등의 여러 번의 거친 지점이 더 자주 나타나며 지장을 줌.
- 특정 단어 그리고/또는 구조의 어려움으로 인하여 때때로 부드러움이 깨어짐.
- 아주 소수의 붕괴가 있으며 부드럽게 읽지만, 단어와 구조의 어려움은 대개 자기 교정을 통해 재빠르게 해결됨.

속도(부분 동안 최소한의 붕괴)
- 느리고 힘이 듦.
- 적당하게 느림(또는 과도하며 부적절하게 빠름).
- 빠르고 느린 것이 혼합되어 균등하지 않음.
- 지속적으로 대화하며 적합함.

출처: Rasinski, T. V. (2003).

효과적인 읽기 유창성 교수 제공

같이 읽기와 안내된 읽기, 반복 읽기와 묵독 읽기가 읽기 유창성을 발전시키는 데 효과적이라는 것이 증명되어 왔다(Allington, 2006; National Reading Panel, 2000; Rasinski, 2003; Reutzel & Cooter, 2003). 이 장에서는 중등도 또는 중도 장애학생을 포함하는 모든 학생을 대상으로 하여 읽기 유창성을 증진시킬 수 있었던 최선의 실제에 관한 예를 제공할 것이다. 읽기 유창성에 대한 관심의 부족은 실제로 읽기 교수의 분야에 중등도 또는 중도 장애학생이 더욱 공공연하게 의미 있는 참여를 할 수 있게 해 주었다. 특정 정해진 시간 틀 내에서 일련의 특정 기술 교수가 필요한 유창성 프로그램이 완고하게 금지되는 경우는 없다. 게다가 유창성 프로그램은 수동적으로 학습되거나 발전되지 않는다. 오히려 읽기 유창성은 학생의 참여가 요구되기 때문에 속성상 능동적이다. 읽기 유창성은 개별적으로, 그리고 짝, 소그룹과 대그룹을 이루어서 사용될 수 있는 일련의 읽기 교수를 포함하고 있다. 읽기 유창성 교수는 다양한 수준의 학생을 지원할 수 있는 방향으로 설계 가능하다. 마지막으로, 읽기 유창성은 구어, 단어 재인과 이해력이 자연스럽게 중복되며, 같은 기본적인 교수활동으로 다른 목표와 쉽게 부합 가능한 영역이다.

소리 내어 읽기의 중요성

소리 내어 읽기는 나이나 능력에 관계없이 모든 학생에게 중요하다. 비록 소리 내어 읽기가 국립읽기위원회(2000)에서 읽기 유창성을 증가시킬 수 있는 연구 기반의 전략 중 하나로 여겨지지는 않지만, 소리 내어 읽기가 일반적으로 어린 아동과 모든 연령층의 학생의 문해 능력과 읽기에 관한 동기를 향상한다는 근거는 많다(Flsher & Frey, 2003; Rasinski, 2003). 소리 내어 읽기는 동기를 부여하고, 학생 스스로 선택할 수 없거나 읽을 수 없는 다양한 텍스트 장르와 수준에 노출시키고, 읽기 이해력을 향상하며, 언어 습득, 어휘 발달을 지원하며, 내용 영역의 이해를 향상하는 이점이 있다.

소리 내어 읽기는 특별히 학생에게 유창하게 읽는 것에 관한 모델을 제공해 줌으로써 읽기 유창성에 기여한다. 교사는 부드럽고 속도를 조절하여 읽는 것에 관한 모델을 제공해 줄 뿐 아니라 적절하게 다른 말로 바꾸는 것과 표현에 관련된 모델을 제공해 줄 수 있다. 모델링은 문해에 대하여 기대감이 낮거나 집과 학교에서의 문해 노출 부족으로 유창한 읽기를 들을 수 있는 기회를 많이 가지지 못했던 중등도 또는 중도 장애를 지니고 있는 학생에게 특히 중요하다. 분리된 교육 환경에서 지내 온 중도장애학생은 또래가 유창하게 읽는 것을 들을 기회 또한 박탈당했을 것이다.

소리 내어 읽기는 유창한 읽기 증명하기, 선행 단계 제공, 이해력과 어휘 발달, 교육과정 내용에 관한 의사소통과 같은 문해 능력의 강화 등과 같은 효율적인 교수의 주요 요소로 사용될 수 있다. 학생에게 소리 내어 읽기는 상호작용 방식으로 읽을 때 더욱 효과적인 것으로 증명되었다 (Fisher & Frey, 2003; Rasinski, 2003; Reutzel & Cooter, 2003). 소리 내어 읽기는 다음과 같은 단계를 사용하여 미리 계획하고 준비할 필요성이 있다.

소리 내어 읽을 텍스트를 선택하기   교사와 학생이 선호하는 책을 선택하는 것이 좋다. 학교와 공공 도서관은 학년 수준이나 주제에 적합한 책을 권해 줄 수 있다. 소리 내어 책 읽기를 제한해서는 안 된다. 소리 내어 읽기에 좋은 자료의 예로는 시, 학생의 작품, 신문, 잡지와 인터넷 등이 해당된다. 소설과 비소설 모두 적합하다. 어떻게 텍스트를 학생의 흥미나 경험과 내용 영역의 교육과정과 관련지을 것인가를 고려하는 것이 중요하다.

텍스트를 유창하게 읽는 연습하기   학생이 읽기에 앞서 선택한 텍스트를 읽는다. 정확한 구, 억양, 표현을 사용하여 부드럽게 단어를 읽는 것이 중요하다. 잘 모르는 단어가 나오면 뜻을 찾아보게 한다. 학생이 이해하기에 어렵다고 생각되는 단어나 개념을 예견하고, 학생이 텍스트에서 의미를 도출해 내도록 도울 수 있는 방법을 생각해 본다.

환경 준비하기   교사는 학생이 소리 내어 읽는 것에 집중하도록 하기 위해 무엇을 해야 하는가를 고려해야 한다. 다음과 같은 질문을 고려해 본다. 교실에서 학생이 편안하게 앉아서 들을 수 있는 특정 장소가 있는가? 학생의 책상을 깨끗이 치워야만 하는가? 학생이 듣기를 하는 동안 뭔가를 끼적거리거나 조작하면서 꼼지락거리도록 허락해 주어야 하는가? 학생은 책상에 엎드리거나 지정된 좌석 외에 다른 곳에 가서 앉아 있을 수 있는가? 조명이 어두운가? 문 밖에 사인을 걸어 놓아 아무도 소리 내어 읽는 것을 방해하지 못하게 할 수 있는가? 예를 들어, 책에서 나온 그림, 포스터, 사진 또는 복장과 같이 소리 내어 읽기를 지원해 줄 수 있는 시각 자료 또는 소품이 있는가?

신체와 감각적 요구 고려하기   중등도 또는 중도 장애, 신체 및 감각 장애학생을 위해 고려할 필요성이 있다. 소리 내어 읽기는 휠체어를 타고 있는 지체장애학생에게 큰 기회를 제공해 줄 수도 있다. 학생은 자세를 바로 잡아 안정성을 유지하고, 소리 내어 읽기에 주의를 기울일 수 있도록 한다. 감각장애학생은 텍스트를 듣거나 독자를 보거나 그리고/또는 시각 자료 혹은 소품을 바라보는 것이 어려울 수도 있다. 앉기, 빛, 음향 등을 고려하고, 모든 학생이 소리 내어 읽기에 접근할 수 있도록 돕기 위해 적절한 지원, 물품, 보조공학, 지원 인력 등을 사용한다.

읽고 생각을 소리내어 말하기　　텍스트를 읽는 동안 유창한 읽기 모델을 보여 준다. 학생이 텍스트를 이해할 수 있도록 말이나 표현 등을 사용한다. 텍스트를 너무 빠르거나 너무 느리지 않게 읽는 것이 중요하다. 행동을 통해 읽기가 즐겁다는 것을 의사소통할 수 있도록 한다. 읽는 동안 읽기를 조정하거나 단어 또는 개념을 설명할 필요성이 있는가를 알아보기 위해서 학생의 반응을 모니터하는 것이 중요하다. Rasinski(2003)는 학생이 읽는 동안 나타나는 문제 해결 및 의미 추출을 이해할 수 있도록 때때로 생각을 소리 내어 말할 것을 권장하였다. Rasinski는 전략적으로 생각을 생각 말하기를 사용하고, 이 기술을 과도하게 사용하는 것은 피하라고 하였다.

읽는 동안 학생을 격려하기　　학생이 읽기에 참여하도록 하는 방법은 많다. 교사는 생활 속에서 읽기를 하게 하고 추상적 관념에 어려움을 겪는 학생이 구체적인 연결을 할 수 있도록 소품이나 시각적 자료를 사용할 수 있다. 교사는 읽기를 하는 동안 질문을 하고 예측을 하도록 격려할 수 있다. 학생으로 하여금 읽기를 자신의 사전지식과 경험과 연결할 수 있게 도와주면 학생은 텍스트에서 의미를 도출해 낼 수 있다.

읽은 후에 반응할 수 있는 기회를 제공하기　　소리 내어 읽기에 반응하기는 중요한 경험적 요소다(Beck & McKeown, 2001; Fisher & Frey, 2003; Rasinski, 2003). 교사는 소리 내어 읽기를 한 후에 토론을 할 수도 있다. 토론은 개방형 질문으로 이루어져야 하며, 교사는 학생으로 하여금 소리 내어 읽은 것에 대하여 단순한 사실만을 회상하도록 하기보다는 비평적으로 생각하도록 격려해야 한다. 토론은 소리 내어 읽기를 문해 발달 그리고/또는 관련 내용 분야와도 연결시킬 수 있는 기회가 될 수 있다. 토론을 대그룹으로 해야 할 필요성은 없으며, 교사는 생각하기-짝과 생각 나누기 (think-pair-share) 또는 소그룹 토론 등과 같은 전략을 사용하여 더 많은 학생이 능동적으로 참여할 수 있도록 한다. 신체, 감각 또는 언어 장애가 있는 학생을 토론에 꼭 참여시킬 수 있는 방법에 관하여 미리 생각해 놓도록 한다. 예를 들어, 적절한 반응을 의사소통 장치에 녹음해 놓는 것이 있다.

학생은 다른 방식으로 소리 내어 읽기에 반응할 수 있다. Rasinksi(2003)는 교사가 단독으로 사용하거나 학생이 텍스트에 반응할 수 있는 기회를 주는 방식으로 결합하여, 사용할 수 있는 다양한 창의적 방법을 제안하였다. 예를 들어, 학생은 소리 내어 읽으라는 문서 촉진에 반응하거나 반응 일기를 계속 쓸 수 있으며, 저자나 책에 나오는 인물 중의 한 명에게 편지를 쓸 수도 있고, 읽기를 통해 촉진되는 시각적 이미지에 반응하거나 드라마 또는 댄스를 이용한 신체 움직임으로 반응할 수도 있다. 교사는 소리 내어 읽기에 어떻게 반응할 것인가에 관한 선택권을 학생에게 제공함으로써 교수를 차별화할 수 있다. 반응의 형식을 다양하게 함으로써 모든 학생이 읽기 유창성을 향상하는 동안 중등도 또는 중도 장애학생이 소리 내어 읽기에 의미 있게 참여할 수 있는 기회의 문이 많이 열릴 것이다.

같이 읽기

같이 읽기에는 교사와 다른 유창한 독자와 덜 유창한 독자가 같이 읽는 것이 포함된다. 같이 읽기의 목적은 학생의 읽기 유창성을 증진시키거나 일반적인 문해 능력을 향상할 수 있도록 학생에게 비계나 지원을 제공하는 것이다. 같이 읽기는 읽기 유창성을 증진시키는 데 있어 효과적인 전략으로 알려져 있다(Fisher & Frey, 2003; Ruetzel, Hollingsworth, & Eldredge, 1994). 비록 중등도 또는 중도 장애학생을 대상으로 읽기 유창성을 증진시키기 위한 방안으로 같이 읽기의 효율성에 대하여 구체적으로 증명된 연구는 없지만, 독립성을 가르치기 위해서는 지원을 제공하고 지원을 점차로 줄여 나가는 것이 그들을 위한 최선의 교수라는 것이 일관적인 견해다 (Snell & Brown, 2006). 같이 읽기를 실행할 때, 일부 학생은 신체 또는 감각 장애가 있기 때문에 텍스트에 접근하기 위해서는 추가 지원이 필요하다는 것을 기억하는 것이 중요하다. 자료나 점자, 큰 활자 또는 보조공학과 같은 대안적 형태의 자료도 준비할 필요가 있다.

소리 내어 같이 책 읽기, 같이 책 읽기의 경험

소리 내어 읽기 활동은 학생이 텍스트에 접근할 수 있도록 해 주어 같이 책 읽기 활동으로 변형할 수 있다. 이것은 다양한 방식으로 실행할 수 있다. 교사는 모든 학생이 읽을 수 있도록 큰 책 또는 연구 한 세트를 사용할 수 있다. 학생은 다른 이들이 들을 수 있게 책을 소리 내어 크게 읽을 수도 있고, 프로젝트를 사용하여 급우와 텍스트 내용을 공유할 수도 있다. 같은 텍스트를 일주일 동안 소리 내어 읽을 수도 있으며, 점차로 급우가 교사와 함께 텍스트를 읽도록 격려할 수도 있다. 한 주가 끝나 가는 동안 학생의 상당수는 독립적으로 텍스트를 읽을 수 있는 반면 다른 학생들은 텍스트의 일부분만을 읽을 수 있을 것이다. 교사는 같이 책 읽기에 기반을 둔 수업계획서를 작성하기 위해 학생이 텍스트에 어느 정도 반응하는가도 활용할 수 있다. 같이 책 읽기 경험은 유창성을 포함한 읽기 능력에 긍정적인 영향을 미친다는 것이 연구 결과 밝혀졌다(Allington, 2006).

합창 읽기

합창 읽기는 소그룹 또는 대그룹 학생이 같이 텍스트를 읽는 것이 포함된다. 합창 읽기를 시행할 수 있는 창의적 방법은 많다. 학생이 제창으로 텍스트의 전부나 부분을 읽을 수 있다. 소리 내어 같이 책 읽기에서 한 것처럼 학생은 전체 텍스트를 다 읽을 때까지 교사와 함께 매일 텍스트를 읽을 수 있다. 또는 그들은 Seuss 박사의 『초록 달걀과 햄(Green Eggs and Ham)』 또는 『진저브레드 맨(The Gingerbread Man)』과 같이 반복되는 줄이 있는 동화를 사용하여 같이 읽을 수도 있다. 학생을 두 그룹으로 나누어 각자 다른 파트와 공동으로 읽게 할 수도 있다. 시와 발음하기 어려운 어구는 학생이 합창으로 읽기 활동을 잘하도록 이끌 수 있다. 합창 읽기 또한 텍스트처럼 노래를 사용하여 음악과 통합하여 사용 가능하다. 합창 읽기 활동에는 율동을 포함시킬 수 있는데, 이는 학생이 의미를 이해하고 해석할 수 있게 도와준다. 합창 읽기는 내용 영역에 통합될 수 있으며, 청소년 독자에게도 사용 가능하다. 어떤 텍스트라도 합창 읽기에 사용 가능한 잠재성을 지니고 있다. 동료 Kaia Tollefson은 학생이 따라서 읽을 수 있는 시 읽기 또는 시각적 이야기 텍스트가 포함된 활동을 먼저 보여 주었다. 그 후 학생은 자신과 관련이 있거나 연결되는 텍스트의 한 줄을 선택하고 각 학생이 자신이 선택한 텍스트의 한 줄을 읽을 때 급우가 그 텍스트를 다시 읽었다. 이는 원래의 순서를 따라가지 못하는 새로운 시나 이야기를 자발적으로 읽을 수 있게 해 주었다. 학생이 생각할 수 있게 해 주는 텍스트와 현재 학생이 관심을 지니는 주제가 있는 텍스트를 선택하는 것이 중요하다. 이것은 교사로 하여금 학생이 함께 읽기에 참여하게 만드는 창의적 방법이다. 이 활동은 매우 다양한 능력을 가지고 있는 학생에게 쉽게 적용할 수 있다. 한 학생은 보조공학을 이용하여 책을 읽을 수 있고, 다른 학생은 한 줄을 외울 수 있으며, 다른 학생은 신호를 사용할 수 있고, 다른 학생은 점자를 사용할 수도 있다. 미리 조금만 준비하면 모든 학생이 참여할 수 있다.

합창 읽기의 또 다른 변형은 메아리 읽기다(Allington, 2006). 이 방법을 사용할 때 교사는 텍스트의 일부를 읽을 수 있으며, 학생은 어법과 표현을 모방하면서 같은 텍스트 부분을 다시 읽게 된다. 모든 형태의 합창 읽기는 소그룹이나 대그룹으로 할 수 있다.

또래 또는 짝과 읽기

같이 책 읽기는 교사와 함께 혹은 교사 없이도 진행이 가능하다. Topping (1987)이 개발한 짝지어 읽기는 부모가 자녀의 읽기를 도와주기 위한 방법이다. Topping(1989)과 다른 이들은 나중에 교사 또는 다른 교육자, 학생을 포함하여 다른 짝과 함께 사용하기 위해 방식을 수정하였다. 짝지어 읽기는 같이 읽게 해 줌으로써 모든 학생이 능동적으로 참여할 수 있게 해 주는 훌륭한 방법이다. 짝지어 읽기는 Allington(2006)이 설명한 생각하기–짝과 생각 나누기 전략을 사용하면 더욱 공식적이 될 수 있다.

- 미리 보기: 또래 교사 학생과 함께 책의 제목, 표지를 보고 그 책의 내용이 무엇에 관한 것인가에 대하여 토론을 한다.
- 잠시 쉬기: 학생이 혼자서 책을 읽는 것을 편안하게 생각할 때까지 같이 짝을 지어서 책을 읽는다. 학생이 단어를 잘못 읽으면 교사는 학생이 자기 교정을 할 수 있도록 잠시 멈춘다.
- 촉진하기: 학생이 자기 교정을 하지 못하면 교사는 학생이 단어를 정확히 읽을 수 있도록 도와주기 위해 촉진 전략을 사용한다. 학생이 도움이 필요하다고 여겨지면 교사는 학생이 스스로 혼자 읽을 수 있을 수 있다고 표시할 때까지 다시 학생과 같이 읽는다.
- 칭찬하기: 학생이 자기 교정 또는 촉진 후 단어를 정확하게 읽으면 교사는 학생을 칭찬해 준다. 읽기가 끝나면 교사는 읽기 수행 중 잘한 것에 대해서 학생을 칭찬해 준다.

Rasinski(2003)는 교사로 하여금 학생이 부모, 교사나 또래와 읽었는가 와는 관계없이 그들이 읽은 책의 종류, 읽는 데 소요된 시간, 다른 관련성 을 지니는 문서를 계속 기록하여 같이 읽은 회기 수를 문서화해 놓을 것 을 권장하였다.

짝지어 읽기는 덜 공식적이다(Reutzel & Cooter, 2003). 학생은 스스로 책 을 선택할 수 있으며, 비슷한 능력을 지닌 이들로 짝을 이루어 진행한다. 짝지어 읽기는 서로 잘 협력할 수 있어야 하며, 기꺼이 서로를 도와줄 수 있어야 한다. 짝지어 읽기에서 학생은 텍스트를 같이 읽으면서 서로를 지 지해 준다.

또래 읽기는 또한 매우 다양한 능력을 지니고 있는 학생과 다양한 나이 대의 학생에게도 적용 가능하다. 더욱 능숙한 독자는 유창한 읽기 모델을 제공하면서 읽기가 다소 능숙하지 않은 독자와 같이 읽는다. 읽기가 더 유 창한 또래는 덜 유창한 독자가 텍스트를 독립적으로 읽으려고 시도할 때 그들을 지지해 줄 수 있어야 한다. 이상적으로 모든 학생은 덜 유능한 독자 를 지도할 수 있는 기회를 가져야 한다. 중도장애학생은 더 어린 학생의 교 사가 될 수 있다. 덜 능숙한 독자는 중도장애학생의 또래 교사가 될 수 있 다. Allington(2006)은 읽기에 어려움을 겪는 나이 많은 독자가 저학년 학 생(또는 중도장애학생)의 또래 교사가 될 수 있게 격려하여 그들이 어린아 이의 책을 읽고 있다는 것을 부끄러워하지 않은 채 그들에게 능숙한 등급 의 책을 읽을 수 있도록 해야 한다고 지적했다.

이러한 형태의 같이 책 읽기는 중도장애학생을 포함하여 모든 학생이 읽기 교수에 참여할 수 있는 기회를 만든다. 그것은 또한 나이 수준과 내 용 영역에 맞추어 융통성 있게 적용 가능하다.

반복 읽기

미국 국립읽기위원회(2000)는 주요한 연구 기반의 전략으로 반복 읽기가 읽기 유창성을 중진시킨다는 것을 증명하였다. 연구 결과, 읽기에 어려움이 많은 학생이 구문을 다시 읽을 때는 연습한 구문뿐 아니라 동등한 다른 구문이나 더 어려운 구문에서도 읽기 유창성의 효과가 나타났다(Samuels, 1979). 중등도 또는 중도 장애학생이 기술을 습득하거나 유지하기 위해서는 장애가 없는 학생보다 더 많은 반복이 필요하다(Ryndak & Alper, 2003). 학생에게 텍스트 반복 읽기를 동기화시키고 의미를 지닐 수 있게 해 주는 것은 교사에게는 큰 도전이다.

Allington(2006)은 목표 읽기율에 도달하기 위해 학생에게 텍스트를 다시 읽게 할 것을 권유하였다. 이것을 성취하기 위해 Allington이 설명한 전략은 테이프, 시간, 차트 등의 준비다. 필요한 자료는 스톱워치와 학생의 읽기 유창성 수준(96~100%)에 적합한 텍스트 구문이다. 학생은 각 구문을 읽는 데 어느 정도 시간이 소요되는가를 기록하고, 학년 평균 수준에 기초한 읽기 속도를 목표로 한다(〈표 5-1〉 참조). 이 기술은 중등도 또는 중도 장애학생에게 개별적으로 적용 가능하다. 교사는 학년 평균 수준보다 개별 학생의 기초 읽기 속도의 기초선에 기초하여 표준을 설정한다. 교사는 백분율 향상을 기준으로 목표를 세울 수 있다. 예를 들어, 학생이 분당 30개의 단어를 읽을 수 있다면 10% 증가될 시 분당 33개의 목표 단어를 읽을 수 있게 된다. 학생이 자신의 진전을 시각적으로 볼 수 있도록 하기 위해 자신의 진전 사항을 기록하게 한다. 교사는 [그림 5-2]에 제시된 간단한 기록 양식을 사용하여 학생의 읽기 속도를 기록할 수도 있다.

이 기술의 수정은 뛰어넘기와 연습하기(Skip and Drill)다(Carlene Van Etten, Personal Communication, 1983). 이 기술을 사용하기 위해 읽기가 유창한 초보 독자를 선정한다. 읽기 교재를 네 부분으로 나눈다. 1분 프로브의 기초선 읽기율 또는 초보 독자의 시작 부분의 100~200단어로 구성된 구에서 결정한다. 목표 세트의 퍼센트 또는 기초선 이상의 단어의 수를 정한다. 학생들이 기초의 1/4 부분에 해당되는 구문에서 읽기를 연습할 수 있도록 한다. 학생이 할 준비가 되어 있다는 것이 보이면 읽기 속도의 시간을 측정하고 기록한다. 학생이 목표 속도에 도달하면 기초의 1/4 부분을 뛰어넘고 두 번째 1/4 부분으로 넘어간다. 이 과정은 학생이 초보 독자 과정을 재빠르게 뛰어넘으면서 성취감을 느낄 수 있게 해 주며, 학생에게 아주 많은 동기를 부여해 준다.

공연을 통한 반복 읽기

공연의 형태를 포함한 교수 설계는 텍스트를 다시 읽을 필요성에 관한 동기와 목적을 부여한다. 공연은 학생으로 하여금 그들의 학습을 증명할 수 있는 진짜 기회를 제공한다. 독자 극장은 무대 위에서 연극을 해야 한다는 부담감 없이 교실에서 진행할 수 있는 한 방법이다. 독자 극장에서 학생은 대본을 사용하여 수행을 하나, 대사를 외우거나 세트를 세우거나 의상을 입을 필요는 없다. 대본은 도서관, 웹사이트 또는 광고 대본에서도 찾을 수 있다. 교사 그리고/또는 학생이 책과 시 혹은 과학, 수학, 사회 등의 내용 영역에서 출제하여 만들 수도 있다(Fisher & Frey, 2003; Rasinski, 2003). 독자 극장은 무대 위에서 공식적인 연극을 해야 한다는 부담감 없이 공연을 교실에서 통합시켜 할 수 있는 한 방법이다. Allington(2006)은 학생에게 친숙한 간단한 이야기(예, 우화)로 시작할 것을 권했다.

일단 대본이 전개되면 학생은 자신이 맡은 부분을 연습할 시간이 필요하며, 이를 하루 또는 일주일에 걸쳐 실시할 수 있다. 중등도 또는 중도 장애학생은 지원을 받고 준비하여 독자 극장에 참여할 수 있다. 감각, 신체 또는 구어와 언어에 장애가 있는 학생은 텍스트에 접근하고 연극을 하기 위해서 수정된 자료와 보조공학이 필요할 수도 있다. 10장에서 언급한 부분 참여의 원리를 기억하라. 일부 학생이 극장에 독립적으로 참여할 수 없다면, 전적으로나 부분적으로 참여하기 위해 그들에게 어떤 지원이 필요할까?

꼭두각시극은 공연을 교실에서 통합해 할 수 있는 또 다른 방법을 제공하며, 학생이 다시 텍스트를 읽어야 하는 진정한 이유를 제공해 줄 수 있다. 꼭두각시 극장은 양말, 얼음과자 막대, 종이 접시와 종이 가방 등과 같은 일상 자료를 가지고 간단한 꼭두각시 인형을 만드는 것을 제외하고는 독자 극장과 똑같은 형식을 취할 수 있다. 교사와 학생은 독자 극장의 경우처럼 대본을 작성하고 연습할 수 있으나, 꼭두각시를 이용해서 연극을 수행하는 것이다.

시 읽기는 학생이 텍스트를 다시 읽을 수 있게 격려해 주는 또 다른 방법이다. 시 읽기에는 학생에게 재미있는 도전을 제공해 주는 혀가 꼬이는 발음도 포함시킬 수 있다. 학생은 수업에서 시 또는 발음하기 어려운 것을 읽기 위해서 연습할 필요가 있다. 시는 수준이 다양하므로 모든 학생이 지원을 받아서라도 참여할 수 있어야 한다. 일부 교사는 학생이 급우, 부모와 다른 학교 관계자를 위한 공연을 하기 위해 다과로 마무리하는 커피 하우스(Poetry Coffeehouse) 또는 시 슬램(Poetry Slam) 행사를 만든다(Rasinski, 2003).

독립적 읽기

학교에서 독립적 읽기를 위한 시간을 마련하는 것은 읽기 유창성의 증가와 관련이 있다(Allington, 2006; National Reading Panel, 2000). 비록 우연적 연결이 성립되지는 않지만, 하나의 가설은 읽기 유창성을 향상하기 위해서는 학생의 읽기 연습 기회를 증가시켜야 한다는 것이다. 많은 교실에서는 매일 묵독 읽기 시간을 가진다. 중등도 또는 중도 장애학생이 다른 학생이 하는 것과 같은 방식으로 묵독 읽기에 참여하는 동안, 도움이 필요한 학생의 독립적 읽기를 지원해 주기 위해 공학을 사용할 수 있다. 카세트 레코더, CD와 자막이 있는 TV, 보조공학과 컴퓨터는 쓰기와 구어 텍스트에 접근할 수 있게 해 준다. 이러한 공학은 중등도 또는 중도 장애학생을 지원해 주고, 이는 곧 그들이 통합교실에서 독립적으로 학습할 수 있게 해 준다.

요약

이 장은 모든 학생을 위한 읽기 유창성의 중요성에 관하여 토론하였다. 읽기 유창성 교수 참여의 부족은 중등도 또는 중도 장애학생에 대한 불완전한 가정의 결과일 수도 있다. 신체, 감각, 구어와 언어 장애는 교사로 하여금 읽기 유창성이 중도장애학생을 위한 교수로 적절한 분야가 아니라는 가정으로 이끌 수 있다. 반어적으로 읽기 유창성 참여와 노출의 부족은 중도장애학생의 불완전성을 증가시킬 수 있으며, 그 결과 문해의 비평적 분야에서 그들에 대한 교수가 거부되는 결과를 가져왔다. 읽기 유창성은 구어 읽기 발달, 어휘와 읽기 이해력과 밀접하다.

이 장에서는 읽기 유창성 증진을 위해 사용 가능한 전략과 중도장애학생에게 적용할 수 있는 수정 가능한 교수 방법에 대하여 설명하였다. 이 방법은 중등도 또는 중도 장애학생이 일반교육과정에 의미 있게 참여할 수 있는 기회를 제공해 준다. 읽기 유창성 활동은 읽기 수준이나 장애와 무관하게 모든 학생이 접근할 수 있도록 차별화하고 수정하는 데 적합한다. 이 장에서 사용된 방법은 광범위한 프로그램이나 자료에 의존하거나 또는 추가적인 전문적 신장이 요구되지 않기 때문에 모든 학생에게 적용 가능하다. 이 장에서 제시한 활동은 처방적인 의도보다는 모든 학생의 읽기 유창성과 관련 문해 능력의 증진을 위해 뇌 기반의 교수에 참여할 수 있도록 교사를 위한 촉매제를 제공하고자 하는 의도로 제시되었다.

제6장
읽기 이해력

Susan R. Copeland

읽기 학습의 최종 목적은 텍스트로부터 의미를 산출하는 것으로, 읽은 내용을 이해하는 것이다. 중등도 또는 중도 장애가 있는 학생은 여러 가지 요소로 인하여 읽기의 여러 영역에서 어려움을 겪는다. 그들을 대상으로 한 읽기 교수는 단일 단어 재인에만 맞추어져 있었으며 연결된 텍스트의 읽기와 이해력에 관한 교수는 거의 이루어지지 않았다. 학생의 근본적인 언어와 인지의 어려움과 더불어 연결된 텍스트의 노출 부족은 일반 또래에 비해 읽기 이해력을 더욱 어렵게 한다. 그들은 삶의 경험이 부족하기 때문에 텍스트를 읽을 때 적용 가능한 경험 지식 또한 적을 수 있다. 예를 들어, 중도장애학생이 받는 모든 또는 대부분의 교육이 분리된 공간에서 행해지기 때문에 그들 또래 대부분이 학교 맥락 내외에서 갖는 많은 일상적 학업 및 사회적 경험에 참여할 수 있는 기회조차 충분히 가지지 못했을 것이다. 이것은 또한 그들이 읽는 이야기나 교육적 자료 및 사전 지식과 경험 등을 의미 있게 연결할 때 사용할 수 있는 사전 지식에도 제한을 가져온다. 역사적으로 교사가 학생의 문해 능력에 대해 지니고 있는 낮은 기대감은 학생이 중요한 내용 지식과 개념에 의미 있는 노출을 할 수 있는 기회 및 여러 종류의 텍스트(예, 이야기 대 설명문)를 가지고 공부할 수 있는 경험 또한 적게 가지는 결과를 초래했을 수도 있다. 이러한 모든 요소의 결합은 성공적인 읽기 이해력에 어려움을 초래하게 된다.

 ## 읽기 이해력의 구성 요소

연결된 텍스트를 성공적으로 이해하기 위해서는 여러 가지 구성 기술을 능동적이면서 동시적으로 응용해야 한다. 첫째, 독자는 텍스트에 나오는 개별 단어의 의미를 인지하고 이해해야 한다. 이것은 친숙하지 않은 단어를 해독하거나 자동적(즉각적)으로 인지하는 것이 포함된다. 또한 단어의 의미에 접근하는 것과 충분히 잘 발달된 듣기 어휘와 읽기 어휘가 요구된다. 동시에 독자는 구문의 주제(관련된 배경지식)와 텍스트 구조에 대한 사전 지식을 활성화하여 텍스트 이해를 촉진하기 위해 이것을 텍스트에 적용할 수 있어야 한다. 독자는 구문을 완전히 이해하기 위해 자주 추론을 해야만 한다. 최종적으로 독자는 이해가 잘 되지 않는 부분이 있으면 이해를 조정하면서 책을 읽어 가며 지속적으로 이해력을 모니터링해야 한다.

성공적인 읽기 이해력을 위해 필요한 다수의 기술을 고려해 보면 읽기 과정이 여러 가지 방법으로 나누어질 수 있다는 것을 쉽게 이해할 수 있을 것이다. 읽기 이해력 문제의 원인이 하나인 경우는 거의 없다는 것 또한 명백하다. 학생이 경험하는 대부분의 어려움은 이해를 방해하는 근본적인 언어장애(예, 듣기 이해력 문제, 의미론, 어휘, 문법), 사전 지식과 들어오는 지식을 통합하는 문제, 부족한 해독 기술(비유창한), 자동적 단어 재인의 제한, 이해력을 방해하는 주의력 문제, 텍스트 구조에 대한 제한된 지식, 부족한 단기(작업)기억, 제한된 경험(사전) 지식 등이다(Erickson, 2003; Iacono, 2004; Kabrich & McCutchen, 1996; Morgan, Moni, & Jobling, 2004; O'Connor & Klein, 2004). 뇌성마비학생처럼 심각한 신체장애를 지니고 있는 독자는 눈으로 연결된 텍스트를 훑어보는 데에도 어려움을 겪는다(Erickson, 2003). 구어를 사용하지 못하는 학생은 어느 정도 이해했는가를 증명하는 데 있어 제한이 있다는 것 또한 기억하는 것이 중요하다. 학생은 그들이 읽은 텍스트를 실제로 이해했을 수도 있으나, 이해력을 표현하는 수단에 제한이 있어 이해력이 부족한 것으로 보일 수도 있다. 학생의 능력에 대한 교사의 낮은 기대감 또는 의사소통을 지원해 줄 수 있는 적절한 공학 외의 부족은 모두 이러한 문제의 원인이 될 수 있다.

학생이 효과적인 읽기 이해력의 기술을 발전시키려고 할 때 앞에 제시된 어려움 중에서 한 가지만 겪는 이들은 거의 없을 것이다. 학생이 읽은 것을 성공적으로 이해하는 데에는 다양한 문제가 종종 영향을 미친다. 일반적으로 효과적인 교수에는 근본적인 언어 문제 해결하기와 이해력 촉진을 위한 특정 전략 교수하기 등 여러 측면이 중재에 반드시 포함되어야 한다.

문해 발달의 여러 측면이 그러하듯, 인지장애 또는 자폐가 있는 중등도 또는 중도 장애학생을 대상으로 한 읽기 이해력의 교수에 관한 연구는 거의 실시되지 않았다(Morgan et al., 2004; O'Corner & Klein, 2004). 다행히도 다른 장애(예, 학습장애)를 가진 학생을 대상으로 읽기 이해력을 조사한 연구에서 다수의 교수 전략을 제공하고 있으므로 교육자는 중등도 또는 중도 장애학생을 대상으로 읽기 이해력을 교수하고 지원해 주기 위해 그것을 활용할 수 있다. 이 장의 나머지 부분에서는 이러한 평가와 교수 전략에 대한 예를 제시할 것이다.

평가와 읽기 이해력 교수

평가는 효과적인 읽기 이해력 교수 설계를 위한 첫 단계다. 교사는 학생들에게 교수하기 전에 필수적으로 학생의 읽기 이해력 정도를 명확히 이해해야 한다. 이것은 학생이 텍스트를 이해하기 위해 어떤 전략을 사용하려 하는가를 아는 것 또한 포함한다. 이해력과 관련하여 학생의 강점과 약점을 학습한 후에 교사는 효과적인 교수를 설계할 수 있다.

읽기 이해력 평가

읽기 이해력을 평가할 때 교육자는 표준화된 도구, 비공식적 읽기 이해 목록 또는 실제로 학생이 교실에서 공부하고 있는 읽기 자료가 활용되는 교실 기반의 평가 도구 등을 사용할 수 있다. 다양한 유형의 평가 과제를 사용하는 것이 가장 많은 도움이 된다. 그렇게 함으로써 전문가는 학생의 현재 읽기 이해력에 관하여 더욱 완전한 그림을 얻을 수 있으며 필요한 부분이 어느 부분인가를 면밀하게 짚을 수 있다(Carlisle & Rice, 2004). 앞서 언급한 것처럼 읽기 이해력에 영향을 미치는 문제가 단 하나인 경우는 거의 없다. 학생의 읽기 이해력 기술에 관하여 더 많은 정보를 얻으면 얻을수록, 교사는 의미를 위한 읽기 능력을 향상하기 위한 효율적이고 포괄적인 교수 계획을 개발할 가능성이 많아진다.

지속적인 기록

학생이 아주 낮은 수준에 있음에도 불구하고 짧은 구문을 읽을 수 있는 능력이 있다면, 간단하게 지속적으로 기록을 하면 읽기 이해력에 관한 아주 유용한 정보를 얻을 수 있다. 지속적인 기록(running records) 평가는 교사가 실수, 대치 또는 자기 교정을 기록하는 동안 학생은 자신의 교수적 수준에 적합한 구문을 읽는 것이다. 이런 형태의 평가는 교사로 하여금 학생의 이해를 방해하게 하는 해독의 실수가 어떠한 것인가뿐 아니라 학생이 텍스트를 어느 정도 이해했는가도 직접적으로 평가할 수 있게 해 준다. 교사는 학생이 읽기를 다 마치면 단락을 옆으로 치워 놓고 학생에게 단락에 대한 이해력을 묻거나 단락을 다시 이야기해 보라고 할 수 있다. 교사는 학생이 사용한 내용어나 학생이 이야기 다시 말하기를 한 내용에서 아이디어 형태를 헤아려서 이야기 다시 말하기의 점수를 채점할 수 있다. 이야기 다시 말하기를 통해 읽은 텍스트의 종류에 따라 정확한 이야기 순서, 인물의 주요 정보, 핵심 아이디어, 핵심 세부 사항 또는 추론 사건 등이 포함되어 있는가의 여부 또한 평가할 수 있다. 지속적인 기록은 5분에서 10분 이내에 재빠르게 작성될 수 있는 이점을 가지고 있고 특별한 자료도 필요 없으므로 학생의 진전을 모니터링하기 위해 정기적으로 쉽게 반복하도록 제작할 수 있다.

미로와 빈칸 채우기

많이 사용되는 다른 평가 도구는 미로를 활용하여 학생의 읽기 이해력 기술을 조사하는 것이다. 정기적 간격(매번 5번째 단어)으로 단어가 비어 있는 짧은 구문을 학생에게 주고(다시 말하자면 학생의 읽기 수준에서), 각 문장을 완성하기 위해 학생이 선택할 수 있는 3개의 단어를 제시한다. 예를 들자면 다음과 같다.

짐은 축제에 갔다. 그는 축제장에 들어가기 위해 큰 (차/대문/문)을 통과해야만 한다.

짐은 축제에서 좋은 (음식/진흙/그것)을 많이 먹었다.

그는 (춤/동물원/축제)에서 페리스 마차를 탔다.

미로 평가는 교사가 이것이 유용하고 선택한 올바른 단어를 측정하여 점수화할 수 있다고 생각한다면 시간을 측정할 수 있다. 빈칸 채워 넣기 과제는 미로 과제와 비슷하나(즉, 학생에게 정기적 간격으로 특정 단어의 수가 빠져 있는 구문을 준다), 빈칸을 채워 넣을 수 있는 단어가 포함되어 있지 않다. 대신 학생에게 의미가 통한다고 생각하는 단어를 각 빈칸에 넣도록 한다. 빈칸 채우기 평가는 미로 평가보다 더욱 어려우며, 읽기 능력이 낮은 학생들에게는 효율적인 평가 수단이 될 수 없을 것이다.

그림카드

읽기 이해력 수업의 한 부분으로 그림카드를 사용하는 것은 작업의 양을 표현과 수용 언어에 두는 것이다. 이것은 아직 언어 능력이 덜 발달되어 있는 학생과 구어를 사용하지 못하는 학생을 평가할 때 특히 중요하다. 그림카드는 학생이 구어를 사용해서 그들의 생각을 완전하게 표현하지 못할 때 텍스트의 의미를 이해했는가를 나타낼 수 있게 해 준다. 그림카드는 기억을 지원해 주는 역할을 한다. 앞서 언급하였듯이 중도장애가 있는 학생은 작업기억에 정보를 유지하는 데 어려움이 있다. 그림카드는 학생이 읽은 정보를 기억할 수 있도록 단서를 제공해 주고 학생의 이해 정도에 관하여 증명할 수 있게 해 준다.

그림카드는 학생이 읽은 구문을 이해했다는 것을 증명하는 방법으로 다양하게 사용 가능하다. 예를 들어, 학생은 문장이나 짧은 구문을 읽을 수 있으며, 텍스트의 주 아이디어를 가장 잘 대표하는 하나를 그림 중에서 선택하거나 교사가 질문한 이해력 질문에 대하여 가장 잘 설명해 주는 대답을 선택할 수 있다. 학생의 이야기 이해 지식을 평가하고자 한다면 이야기의 주요 사건을 설명하는 카드를 학생에게 주고 사건이 발생한 순서대로 배열하게 한다. 예측하기를 평가하기 위해 학생에게 구문의 일부분을 읽게 하고 그림의 선택권을 준다. 교사는 "다음에 무슨 일이 일어날 것 같니?"라고 질문하고 학생에게 왜 그렇게 예측했는가를 설명하고 이를 보충하는 그림을 선택하게 한다. 아니면 학생에게 그 구문에 적합한 그림을 그리고 다시 이야기해 보라고 요청할 수 있다.

평가의 일부로 그림카드를 사용할 때 불리한 점은 그림으로 쉽게 설명이 되지 않는 텍스트에 포함된 더욱 추상적인 개념에 대한 이해력을 평가할 때는 많은 도움이 안 된다는 것이다. 그림카드를 사용하기 위해서는 평가하기 이전에 광범위한 준비가 필요하다. 교사가 그림을 사용하면 전통적인 이해력 평가를 사용하여 놓칠 수 있는 학생의 텍스트 이해력에 관한 세부적인 내용을 평가할 수 있도록 해 주므로 더 나을 것이다.

다중 응답

이해력과 관련된 평가 방법은 읽기 이해력에 대한 질문에 답을 선택할 수 있도록 다중 응답을 글로 써서 제공해 주는 것이다. 다중 응답 형식은 학생이 읽은 것에 대한 이해력을 평가하면서 기억 유지에 어려움을 지니고 있는 학생을 지원해 준다. 말로 표현할 수 없는 학생에게는 가능한 답을 시선응시판에 붙이거나 또는 학생의 AAC 기구에 미리 프로그램을 저장해서 제공해 준다.

신체로 표현하기

언어에 대한 부담을 감소시키면서 이해력을 평가할 수 있는 한 가지 방법은 문장의 의미 또는 연결된 텍스트의 일부분을 행동으로 표현하게 하는 것이다. 예를 들어, 학생에게 '빨간 공을 파란 상자에 넣으시오.'라는 짧은 구문을 읽게 한 후에 그것이 의미하는 바를 교사에게 설명하게 한다. 이와 같은 방법은 연결된 텍스트를 금방 읽기 시작한 학습자 및 여러 개의 문장으로 이루어진 구문을 읽는 기술이 부족한 학습자의 읽기 이해력을 평가하는 데 유용한 방법이다. 이 평가 과제는 게임 형식으로 쉽게 통합 가능하며 전통적 방식의 평가보다 학생에게 더욱 많은 동기를 부여해 줄 수 있는 방법이다(〈글상자 6-1〉 참조).

글상자 6-1 ≫ 이해력은 강화하고 평가하기 위해 학생의 능동적인 참여를 활용하는 예

> 초등학교 특수교사 Melanie Brawley는 자폐아동의 읽기 이해력을 평가하고, 이러한 기술을 연습할 수 있는 기회를 제공해 줄 수 있는 동기부여적이며 창조적인 방식을 찾아냈다. 그녀는 간단한 이야기에서 나온 문장을 여러 장의 카드에 배치하였다. Melanie와 학생은 돌아가면서 카드를 뽑고, 카드에 적힌 문장에 해당하는 역할극을 진행하였다. 문장은 '나는 개에게 모자를 씌웠다.' 등의 우스꽝스럽거나 예상하지 못한 행동을 포함하고 있었다. 학생은 읽기와 문장에 대답하는 것과 더불어 문장을 정확하게 행동으로 옮기고 있는지도 체크해야 했다.

읽기 이해력 교수

이 장 시작에서 언급한 것처럼 텍스트를 이해하는 개별적 능력에 영향을 미치는 요소는 상당히 많다. 효율적인 이해력 교수를 설계하기 위해서는 교사가 학생의 평가 정보를 신중하게 고려하고, 특정 교수 전략뿐 아니

라 이해력에 영향을 미치는 다른 요소도 고려하여 개별적이고 다면적인 중재를 할 수 있어야 한다. 예를 들어, 학생의 해독 능력이 제한적이라면 해독에 너무 많은 노력과 주의를 기울여서 현재 읽고 있는 것을 이해하는 데 주의를 기울일 수가 없기 때문에 읽기 이해력에도 영향을 미친다. 그러한 학생을 위한 읽기 교수의 한 요소는 해독 기술에 관한 명백한 교수를 필수적으로 포함시키는 것이다. 언어와 어휘력이 약하다면 특정 교수 전략과 더불어 이러한 취약 부분을 목표로 하는 효율적 교수 전략을 수립하도록 한다. 성공적인 읽기 이해력 교수는 특정 이해 전략을 가르치는 것과 더불어 학생이 읽은 것을 이해하는 데 영향을 미치는 것과 관련 있는 분야의 중재 또한 포함시켜야 한다. 이제 당신은 성공적인 읽기 이해력 교수에는 특정 교수 전략의 교수와 더불어 학생이 읽은 것을 이해하는 데 영향을 미치는 관련 분야의 중재 또한 포함된다는 것을 쉽게 이해할 것이다. 단어 재인과 언어 등과 같이 읽기 이해력과 관련이 있는 분야는 이 책의 다른 부분에 언급되어 있기 때문에 다음은 특히 읽기 이해력 교수에만 중점을 두고자 한다.

그러나 다음으로 넘어가기 전에 교수를 계획할 때 고려해야 하는 두 가지 주요 사항만 언급하고자 한다. 첫째는 현재 학생의 읽기 수준이다. 읽기 이해력 교수는 오직 짧게 연결된 텍스트를 읽을 수 있는 학생에게도 필수적이다. 학생이 읽기 이해력 교수를 받은 적이 거의 없고 읽은 것을 이해하는 데 아주 많은 어려움이 있다면 짧은 문장(두 개 또는 세 개의 단어로 구성된)으로 교수를 시작하고, 학생이 기술과 자신감을 얻으면 점차로 긴 문장 또는 구문 내의 여러 문장으로 확장해 나간다. 심지어 한 번에 짧은 문장 하나만을 이용하여 가르쳐도 읽기 이해력이 발전될 수 있는 다양한 가능성을 학생에게 제공한다. 예를 들어, 교사는 다음에서 설명한 것처럼 이해 발달 촉진을 위해 의문사를 사용할 수 있다. 학생이 그 문장에 대하여 역할극을 하도록 하거나 문장의 의미에 대한 그림을 그리도록 요구할 수 있다. 학생에게 분리된 문장을 주고 그것을 의미가 통할 수 있게 조합하라고 요구할 수도 있다. 기억해야 할 중요한 사항은 읽기 이해력 교수는 학생이 단단어 수준에 머물러 있든 책의 한 장 정도의 분량을 읽을 수 있는 수준에 있든 아니든 관계없이 매일 교수를 실시해야 한다는 것이다.

두 번째 주요 사항은 학생의 흥미를 고려해야 하며, 이러한 흥미와 관련하여 교수를 하는 데 필요한 교재를 선택해야 한다는 것이다. 학생이 읽기란 단어 퍼즐을 푸는 연습(즉, 글자 패턴을 해독하는 것)이 아니라 의미가 있는 행위이며 즐거운 것이라는 것을 이해하는 것이 중요하다. 학생이 현재 그들이 사용하고 있는 읽기 자료에 공감하지 못하거나 새로운 주제와 관련된 읽기 자료가 학생으로 하여금 새로운 정보와 그들의 사전 경험을 관련 짓기를 방해한다면 흥미를 잃어버릴 것이다.

학생이 현재 읽고 있는 것과 자신의 경험을 연결할 수 있도록 돕는 것은 교수자에게 달려 있다. 이를 확실하게 하기 위한 한 가지 방법은 시간을 들여 학생이 무엇에 관심이 있는가를 알아내고, 이러한 주제에 기초하여 여러 가지 형태의 다양한 읽기 자료와 다양한 읽기 수준의 책을 배치하는 것이다. 설명문과 이야기 형식의 자료를 반드시 포함시켜, 학생이 두 가지 형태의 텍스트 구조를 어떻게 공부해야 하는가를 학습할 수 있도록 해야 한다. 〈글상자 6-2〉는 고등학교 교사가 중등도 또는 중도 장애학생의 흥미를 활용하여 읽기 이해력 능력을 발전시키기 위해 어떻게 노력했는가에 관한 설명이다.

글상자 6-2 ≫≫ 이미지와 간단한 텍스트를 사용해서 개별화된 책을 만드는 예

고등학교 특수교사인 MaryAnna Palmer는 고민이 하나 있었다. 그녀의 학생은 10대 후반이었으나 대부분이 1학년 또는 1학년 이하의 읽기 수준에 머무르고 있었다. 그녀는 교실을 둘러보았을 때 자신이 사용하는 읽기 프로그램이 현재 학생의 읽기 수준(단어 재인)에 적절하나, 이 프로그램에서 사용하는 이야기와 다른 텍스트는 이 연령의 젊은 청소년에게는 흥미를 불러일으키지 못하며 연령에 적절하지 못하다는 것을 깨달았다. 학생의 읽기 수준이 매우 낮아도 그들의 흥미는 일반 또래와 다를 바가 없었다. 읽기 교수 시간에 학생이 잘 참여하지 못하고 흥미를 느끼지 못하는 것은 당연하였다. 그녀는 각 학생에 대하여 주의 깊게 생각했다. '그들이 재미있어 하는 것은 무엇이지? 학생이 주로 이야기하는 내용은 무엇이지? 선택권이 주어졌을 때 학생이 관심을 보이는 읽기 자료는 무엇이었지?' 이와 같은 질문은 학생 개개인의 관심에 기초한 여러 개의 개별 책을 만들 수 있게 해 주었다. 한 남학생은 현재 그의 관심거리인 레슬링에 기초하여 책을 만들었다. 이 책은 유명한 레슬링 선수에 관한 짧은 내용의 텍스트이며, 학생과 MaryAnna가 잡지책과 인터넷에서 찾은 그림을 사용하였다. 다른 학생의 책은 학생 자신과 여자 친구에 관한 이야기였다. 책에 그 학생과 여자 친구가 학교 내의 여러 가지 활동에 참여하는 장면의 사진을 실었다. 한 여학생은 그녀의 나이 또래인 유명한 록스타 아비드의 팬이었다. 그녀의 책은 록스타의 현재 유명 곡, 옷, 화장 및 남자친구에 관한 것이었다.

이 책들은 MaryAnna의 학생들에게 엄청난 인기를 끌었다. 그 내용은 현재 학생들이 열정적인 관심을 지니고 있는 것에 기초한 것이었기 때문에 책을 읽고자 하는 동기와 내용에 대한 이해력을 높였다. MaryAnna와 같이 책을 만드는 과정을 통해 학생은 읽기가 재미있으며 의미 있는 일이라는 것 이외에 문해에 관한 중요한 정보를 많이 얻게 되었다.

교수 계획하기

읽기 이해력 교수를 계획할 때는 읽기 전, 읽기 도중, 읽기 후의 교수 전략에 대해서 생각해 보는 것이 도움이 된다. 능력 있는 독자는 읽기 과정의 각 단계에서 여러 가지를 사용하여 그들이 읽은 것을 이해한다. 읽기

이해력에 어려움을 겪는 학생에 관한 연구에서는 읽기 과정 각 단계에서 특정적인 것을 교수하는 것이 현재 읽고 있는 것에 관한 이해를 촉진시켜 준다는 것이 밝혀졌다(Dowhower, 1999; Ehren, Lenz, & Deshler, 2004; Pressley, Symons, Synder, & Cariglia-Bull, 1989, Vaughn & Klinger, 2004). 다음에서는 읽기 이해력 향상을 위해 학생이 읽기 과정의 각 단계에서 사용 가능한 여러 가지 전략을 제시하고 있다.

읽기 전

능숙한 독자는 텍스트 이해를 보조해 주는 이야기 또는 설명문(정보) 구문을 읽기 전에 여러 가지 일을 할 수 있다. 여기에는 선택한 읽기의 목적 (목적 설정하기)에 대해서 생각하기, 구문과 관련 있는 사전 지식이나 경험 생각하기(사전 지식 활성화하기), 그 구문이 무엇에 관한 것인가 생각하기 (예측하기) 등이 포함된다. 중등도 또는 중도 장애를 가진 독자 또는 이해 력에 어려움을 겪는 학생은 이러한 일을 일상적으로 하지 못할 것이며, 이러한 행동을 달성하기 위해 특정 전략을 학습할 필요성이 있다.

읽기 목적 설정하기

읽기 이해력을 향상하기 위해 학생이 할 수 있는 가장 우선적인 일은 읽 기를 위한 목적 또는 목표를 하는 것이다. 예를 들어, 왜 이 책을 읽는가를 자신에게 물어보는 것이다. 독서를 통해 알고 싶은 것이 무엇이며 발견하 기 원하는 것은 무엇인가? 재미를 위해서인가, 아니면 어떻게 중등도 또는 중도 장애학생에게 이해 전략을 효율적으로 가르치는가와 같은 효율적으 로 읽기 이해력 전략 학습처럼 어떤 것에 관한 특정 정보를 발견하기 위해 서인가? 당신은 책을 읽으면서 지속적으로 숙고할 수 있다는 것, 책을 읽으면서 발견한 정보를 이해하도록 도와준다는 것 등의 특정 이유로 텍스트를 고의적으로 선택할 가능성이 많을 것이다.

능숙한 독자는 마음속 특정 목적을 정한 채 책을 읽고, 그렇지 않은 독자는 왜 그 구문을 읽어야 하는지 또는 어떻게 하는 것이 도움이 되는지도 깨닫지 못한 채 책을 읽는다는 사실은 분명히 알고 있을 것이다. 그 결과, 그들은 자신이 읽은 것을 이해할 수 있게 해 주는 텍스트의 주요 정보에 집중하지 못한다. 읽기가 끝나면 그들은 단어는 성공적으로 해독할 수 있으나, 읽기에 포함되어 있는 주요 아이디어나 개념은 표현하지 못할 것이다. 이러한 학생에게는 특정 읽기 활동의 목적이 무엇이며, 그 목적이 그들에게 얼마나 도움이 되는가를 결정해 줄 수 있는 명백한 교수가 필요하다.

생각 말하기를 통해 목표 설정의 모델링을 보여 주는 것은 읽기를 위한 목적 설정을 가르치는 데 효과적인 방법이다. 실제 구문을 읽기 전에 읽기에 대한 이유를 결정하는 것은 학생이 읽기 목적에 대한 사전 지식을 활성화하고 텍스트 내에서 주요 정보 또는 생각을 의식하면서 구문을 이해할 수 있도록 도와줄 것이다.

교사와 학생은 다른 종류의 텍스트를 읽는 이유에 대한 토론을 시작한다. 그 후 교사는 특정 형태의 교재를 선택하고 왜 자신이 선택한 것을 읽는가에 관하여 소리 내어 말한다. 교사는 학생을 위해 읽기 목표 설정에 사용되는 혼잣말하기 등을 크게 소리 내어 말한다. 예를 들어, 가게에 가는 방향에 관한 내용을 받았을 때 교사는 "식료품을 사기 위해 가게로 가야 해. 어떻게 내가 그 가게에 도착할 수 있는가는 단어를 읽으면 알 수 있을 거야. 나는 내가 읽은 거리의 이름에 주의를 기울이고, 어떤 거리에서 방향을 바꾸어야 하는가를 기억해야 해. 그렇게 하면 나는 길을 잃어버리지 않을 거야. 이것을 아주 주의 깊게 읽으면 나 혼자 가게에 갈 수 있을 거야."라고 말할 수 있다. 토론을 모델링한 후에 교사는 학생이 연습하는 동안 지도하면서 비슷한 형태의 구문을 읽기 전에 스스로 말하는 것을 연습하라고 할 수도 있다.

읽기를 위한 목표 설정은 학생이 읽기를 끝낸 후의 추후 활동과 명백히 연결되는 것이 가장 효율적이다. 추후 활동의 실제 예는 학생에게 학교에서 가장 비밀스러운 장소를 찾아가게 하는 것이다. 학생은 방향 지시를 따라 비밀스러운 곳을 찾아가며, 그곳에서 반 친구와 같이 나누어 먹을 수 있는 상품을 찾는다. 비밀스러운 장소를 찾는 활동은 읽기 활동의 목적과 분명하게 연계되어야 한다. 학생이 능동적으로 의미 있고 즐거운 방식으로 참여할 수 있어야 하며, 이는 곧 학생으로 하여금 읽기 목적 설정의 유의미성을 이해할 수 있도록 도와준다.

학생이 흥미를 가지고 자신의 생활과 같이 연결시킬 수 있는 주제에 관련된 여러 종류의 텍스트를 사용하여 학생과 함께 생각을 소리내어 말하기 활동을 자주 반복하는 것이 중요하다. 여기에는 이야기(예, 이야기 텍스트), 내용 텍스트(예, 사회 교과서), 방향(예, 요리법) 또는 정보 텍스트(예, 텔레비전 가이드, 신문) 등이 포함될 수 있다. 다양한 형태의 텍스트를 접하는 경험은 읽기가 여러 가지의 중요한 이유로 실시 가능하다는 것을 학생이 이해할 수 있게 도와준다.

다른 종류의 텍스트 구조에 익숙해지는 것 또한 읽기 이해력을 촉진시킨다. 나는 지역 내 한 고등학교에서 연구 프로젝트를 수행하는 과정을 통해 이것을 아주 생생하게 이해할 수 있었다. 우리 프로젝트에서 중등도 또는 중도 장애학생은 분리된 특수학급 교실에서 기능적이면서 생활 기술과 관련된 교육을 중점적으로 받았다. 학생은 선택 과목과 내용 교과에서는 일반교육과정을 적용받고 있다. 이 학생들은 텍스트를 가지고 공부를 한 경험이 거의 없으며 이러한 형태의 책에서 사용되는 전형적인 조직 구조에도 익숙하지 않다는 것을 곧 알 수 있었다. 그들은 책의 한 장이 끝나는 부분에 나오는 복습 질문과 같이 교사가 제공하는 일반적 과제를 성공적으로 끝내는 것도 어려워했다. 반면 다른 대부분의 급우는 주제, 다이어그램과 다른 조직적 텍스트 구조를 사용하여 정보를 배치하였으며, 책장을 자유로이 넘기면서 필요한 정보를 배치하였다. 우리 중재의 일부분은 과제에 대한 이해와 참여를 향상하기 위해 머리기사와 굵게 포인트를 준 어휘 등과 같은 주요 구조를 학생이 배치할 수 있도록 가르치는 것이었다. 학생을 위한 또 다른 간단한 지원은 포스트잇(post-it)을 사용하여 텍스트에 주요 위치를 표시하게 하는 것이다.

새로운 어휘와 개념을 사전에 교수하기

사전 교수하기는 텍스트 구문을 읽기 전에 적용되는 또 다른 효과적인 전략이다. 교사는 선정한 읽기 부분을 완전히 이해하기 위해서 학생이 반드시 알아야 할 필요성이 있는 텍스트에 나오는 특정 어휘를 사전 교수할 수 있다. 사전 교수는 일반학급에 참석하기 이전에 개별적으로 또는 소그룹으로 하거나 새로운 텍스트를 공부하기 이전에 교실에서도 수행이 가능하다.

어휘는 다양한 방법으로 가르칠 수 있다(상세한 논의는 5장 참조). 예를 들어, 단어벽(Word Wall)은 흔하면서 효과적인 전략이다. 학생은 다양한 활동을 통해서 새로운 읽기 영역에서 부딪힐 수 있는 단어의 의미를 학습할 수 있다. 학생은 단어의 의미를 설명해 주는 그림, 사진 또는 다른 그래픽이 같이 있는 큰 카드나 책 페이지를 잘라 놓은 조각(stripes of charter paper)에 단어를 적는다. 그리고 이 카드를 단어벽에 전시한다. 교사는 학생이 새로운 텍스트를 공부할 때 어휘 제퍼디(Vocabulary Jeopardy: 제퍼니는 역사, 문학, 예술, 팝, 문화, 과학, 스포츠, 지질학, 세계사 등의 주제를 다루는 미국의 텔레비전 퀴즈쇼- 역자 주, 네이버 사전 참조)와 같은 게임을 사용해서 학생이 단어의 의미를 회상할 수 있도록 자주 언급해 준다. 학생은 또한 단어와 단어의 뜻에 관한 설명을 작은 카드에 적은 후 금속 링으로 묶어 단어장을 만들 수도 있다(Fisher & Frey, 2003). 링으로 묶은 단어장은 학생이 주어진 텍스트를 읽을 때 필요한 경우 참조할 수 있는 개별적이며 휴대가 가능한 사전이 될 수 있다.

사전 지식 활성화하기와 예측하기

읽기 구문과 관련된 학생의 사전 지식을 활성화하고 선택된 구문을 예상할 수 있도록 학생을 가르치는 것은 숙련된 독서를 하는 데 필요한 두 가지 주요 구성요소다. 인지장애 학생 또는 중도 장애학생을 위한 효과적인 접근법 중 하나는 학생으로 하여금 읽기 주제와 관련된 정보나 경험을 기억하게 하는 것이다. 의문사에 대하여 공부한 후 학생은 그래픽 조직자를 사용하여 그 구문에 관한 자신의 예측을 기록한다(예, Morgan et al., 2004; Nation & Norbury, 2005).

의문사 활동을 시작하기 위해 교사는 우선 누가, 어디서, 언제, 무엇과 왜와 같은 의문사를 학생에게 안내한다. 학생은 단어의 의미를 토론하고 이러한 단어를 사용하여 질문을 만든다. 그 후 교사와 학생은 제목과 책의 첫 부분에 제시된 문장, 사진 또는 그래픽 등을 보면서 다음 읽을 텍스트를 먼저 검토한다. 미리 검토한 후에 학생이 그 구문의 주제가 무엇인지에 대하여 예측하도록 한다. 교사는 학생의 예측을 도와주기 위해 이전에 학생과 같이 학습한 의문사를 사용한다. "이 이야기는 누구에 관한 것이니?" "낚시 면허를 사기 위해서는 어디에 가야 하니?" "이 이야기에 어떤 일이 일어날 것이라 생각하니?" "왜 이 이야기가 개에 관한 것이라 생각하니?" 화이트보드 한쪽 면 또는 종이에 그려져 있는 표에 학생이 예측한 것의 목록을 만든다(〈표 6-1〉 참조). 교사는 학생이 예측한 주제와 관련 있

표 6-1   질문하기 및 예측하기 활동의 예

강아지 쇼	
예측하기(예측)	이야기의 세부 사항
강아지 목욕하는 강아지 소년 강아지 쇼 차 운전하기	개 이름을 Tag라고 짓다. Tag를 강아지 쇼에 데려가다. Jon이 Tag를 목욕시키다. Tag가 도망가다. Tag가 흙 속에서 뒹굴다.

는 사전 지식을 활성화하고 실제 읽기를 할 수 있도록 준비시키기 위해 의문사를 사용할 수 있다. 예를 들어, Morgan 등(2004)은 학생이 낚시에 관한 이야기를 읽을 때 그것을 잘 이해할 수 있도록 하기 위해 "너는 연못에서 무엇을 하지?" 등과 같은 질문을 던져 호수와 관련된 활동이나 경험을 떠올릴 수 있도록 한다고 설명했다.

통합 학습에서 의문사 단어 활동을 하기 위한 유용한 전략은 활동을 시작하기 이전에 중도장애학생에게 질문을 하는 것이다. 이 학생들 중 상당수는 질문을 처리하고 반응을 결정하고 반응을 의사소통하기 위해 시간의 연장이 요구된다. 일반 또래와의 그룹 활동을 하는 동안 학생은 누군가 불쑥 끼어들어 답을 제시하기 전에 질문에 대한 답을 만들어 낼 만큼 충분한 시간을 가지지 못할 수도 있다. 활동하기 이전에 시간이 더 많이 요구되는 학생과 같이 미리 공부하는 것은 그룹 활동 시간에 호명될 때 답을 할 수 있도록 준비시켜 준다. 이것은 문해 활동에 있어 능동적이고 의미 있는 참여를 유도하며, 또래와의 상호작용도 촉진시킨다. 예를 들어, AAC 기구를 사용하는 학생은 답을 생각해서 자신의 기기에 프로그램화해 놓는다. 그리고 그룹 활동 중 호명되면 대답을 할 수 있도록 준비해 놓는다.

학생은 텍스트에 대한 예측하기와 기록하기 및 관련 사전 경험에 대하

여 토론을 마친 후에 구문을 읽는다. 교사는 학생의 첫 번째 예측으로 다시 돌아가 토론을 이끌고, 학생은 그들의 예측이 맞았는지를 확인하기 위해 실제 텍스트로 다시 돌아간다. 학생은 텍스트에서 이야기 세부 사항을 찾아서 종이 오른편에 기록한다(〈표 6-1〉 참조). 그 후 그들의 최초 예측을 교재의 세부 사항과 비교·대조한다.

학생이 의문사 사용 및 예측하기에 익숙해지면 그 전략을 지문이 더욱 긴 텍스트에 적용할 수 있다. 예를 들어, 긴 이야기는 작은 단위 또는 부분으로 나눌 수 있다. 학생은 한 부분을 예측하고 질문할 수 있으며, 자신의 예측을 확인하기 위해 그 부분을 읽고 조정한 후 다음 부분에 그 과정을 적용하고, 전체 이야기나 읽기 구문에 대해 계속 진행해 나간다. 이 활동을 완수하기 위해 학생을 전체 그룹 또는 소그룹으로 나누거나 짝을 이루어 하게 한다.

질문하기/예측하기 과정의 변형은 교사가 소리 내어 읽는 텍스트를 가지고 직접 듣고 생각하기 활동(Directed-Listening-Thinking-Activity: DL-TA)을 이용하는 것이다(Gunning, 2002a). (DL-TA의 구성 요소는 실제로 읽기 전, 중간, 후에 실행될 수 있으나, 구성의 유용성을 위해 여기에서 논의하고자 한다.) 이 활동에서 교사는 학생과 함께 선택한 읽기 부분의 제목, 주제, 그림과 다른 주요한 텍스트 구조 등을 먼저 살펴본다. 그룹은 검토한 정보에 기초하여 선택한 읽기 부분이 무엇에 관한 것인가에 대한 의견을 나눈다. 그들이 예측한 것을 칠판이나 도표 위 그래픽 조직자에 기록한다.

교사는 읽기의 목적을 검토한 후(즉, 그룹이 예측한 것을 확인하기 등), 텍스트 읽기를 시작한다. 교사는 학생이 지금까지 읽기에 포함되어 있는 정보나 줄거리를 요약할 수 있도록 논리적 지점에 잠깐 멈추어서 내용에 대해 질문하고, 그들이 획득한 줄거리 또는 정보에 대하여 토론하고, 학생이 들은 것에 기초하여 예측을 수정할 수 있도록 해 준다. 그래픽 조직자는 학생이 그 부분을 공부해 나가면서 수정한 예측을 기록하는 데 사용된다. 교사는 책 또는 읽기 부분이 완료될 때까지 이 과정을 계속한다. 교사가 읽기를 끝낸 후, 학생은 책을 읽으면서 예측이 어떻게 변했는지, 텍스트에서 나온 내용이 자신의 경험과 연결되는 부분이 있었는지, 의문스럽고 혼돈스러운 개념이 명확해졌는지 등을 설명하는 최종 토론에 참여한다. 교사는 그룹의 구성원이 학습 기록지에 옮겨 적을 수 있도록 하기 위해 차트 또는 칠판에 기록되어 있는 오늘 읽은 부분의 요약을 받아 적게 한다 (Gunning, 2002a).

직접 듣고 생각하기는 교사와 학생이 텍스트를 이해하기 위해 사용한 전략에 대하여 생각해 볼 수 있는 또 다른 기회를 제공해 준다. 이것은 교사로 하여금 텍스트를 이해하고 의미를 창출하기 위해 학생이 어떻게 접근하는가에 대한 통찰을 제공한다. 이 활동은 학생이 책을 읽거나 텍스트를 들을 때 효과적으로 질문하는 방법, 의미를 이해하기 위해 집중해야 하는 주요 구조, 책을 읽으면서 이해를 수정하기 위해 텍스트에 있는 실제 상세 사항을 어떻게 사용해야 하는가에 관한 모델을 학생에게 제공해 준다.

직접 듣고 생각하기 구조는 모든 학생의 참여를 권장한다. 예측은 단지 예측이기 때문에 정답이나 오답이 없다. 심지어 예측은 궁극적으로 텍스트에서 지원되지 않더라도 어떻게 텍스트로부터 얻은 정보를 기초로 예측을 확인할 것인가에 관하여 학습할 수 있는 기회를 제공해 준다. 예측은 매우 간단한 아이디어일 수도 있고, 매우 복잡한 것일 수 있다. 이 또한 각기 다른 능력을 지닌 학생이 그룹 문해 활동에 의미 있게 참여할 수도 있게 해 준다.

직접 듣고 생각하기에서는 교사가 학생 대신 소리 내어 읽기 때문에, 이 문해 교수의 형태는 현재 학생의 읽기 수준(단어 재인)보다는 조금 높지만 학생이 흥미로워할 수 있는 텍스트를 사용하도록 한다. 높은 수준의 자료를 사용하는 것은 학생에게 동기를 부여해 줄 것이다. 높은 수준의 텍스트는 학생이 각자의 독립적인 읽기 수준에 맞게 쓰인 텍스트에서 얻을 수 있는 것보다 더 많은 개념과 생각에 대하여 더욱 정교화된 이해를 개발할 수 있도록 도와준다.

읽기 중

우리가 보아 왔듯이 읽기 이해력은 능동적인 과정이다. 능숙한 독자는 책을 읽으면서 지속적으로 구문의 이해력을 모니터링하며, 이해를 잘 하지 못하는 부분은 다시 읽고 수정한다. 중등도 또는 중도 장애학생은 스스로 모니터링하는 행동에 참여하는 방법을 모를 수도 있으므로 이러한 전략을 가르쳐 주면 많은 이득을 볼 수 있을 것이다. 예를 들어, 읽기 이해력이 부족한 학생이 종종 접하는 어려움의 하나는 읽기 구문 내에서 대명사가 누구를 지칭하는가를 모르는 것이다. 학생은 대명사가 누구를 지칭하는가를 모를 시에는 다시 텍스트로 돌아가 관계를 명확히 하기보다 계속 책을 읽는다. 정확한 참조인에 대한 혼돈은 그들이 읽은 구문 내에서 일어난 사건에 관한 이해를 필시 방해할 것이다.

전방조응 단서

전방조응 단서(anaphoric curing)(O'Connor & Klein, 2004)는 학생이 이해한 것을 모니터링하도록 상기시키고 다시 책으로 돌아가서 이해하는 데 부족한 점을 다시 명확히 하기 위해 사용되는 전략이다. 전방조응 단서를 가르치는 데 있어, 교사는 대명사 밑에 줄이 그어져 있는 텍스트의 구문을 학생에게 준다. 밑줄 그어진 각 대명사 아래 세 가지 가능한 참조 목록을 적어 놓는다. 하나는 적절하지 않은 것, 하나는 문장에는 적합하나 이야기에는 적합하지 않은 것, 하나는 문장과 이야기에 적합한 것이다. 학생은 문장을 읽고 책을 읽어 가면서 각 대명사 아래 적절한 참조를 표시한다. 가능한 참조 목록은 학생이 제대로 이해하지 못하고 읽은 것을 명확히 하기 위해 앞으로 돌아가 다시 읽을 수 있게 해 주는 선행 단서의 역할을 한다. 다시 읽기는 학생이 읽은 것에 대한 의미를 더 잘 이해할 수 있도록 돕는다(〈글상자 6-3〉 참조).

글상자 6-3 ≫ 　전방조응 단서의 예

버스 운전기사는 버스 쪽으로 걸어갔다. <u>그는</u> 문을 열고 계단을 올라갔다.
　　　　　　　　　　　경찰관
　　　　　　　　　　　Juan
　　　　　　　　　　　버스 운전기사

버스의 송수신 겸용 라디오의 소음이 무척 시끄러웠다. 운전기사는 <u>그것을</u> 집어 들
　　　　　　　　　　　　　　　　　　　　　　　　양방향 라디오
　　　　　　　　　　　　　　　　　　　　　　　　열쇠
　　　　　　　　　　　　　　　　　　　　　　　　컵
었다. 그는 "안녕하세요. 나는 마이크입니다. 필요한 것이 무엇인가요?"

송수신 라디오 조작자는 "주 도로에 도로공사 중이에요. 곧 출발하지 않으면
<u>당신은</u> 손님을 태우지 못하게 될 것이요."라고 말했다.
택시 운전사
마이크
스티브

빈칸 채우기

빈칸 채우기 연습은 학생의 이해 능력을 향상할 수 있는 또 다른 방법이다. 예를 들어, O'Conner와 Klein(2004)은 자폐학생의 짧은 구문의 이해력 향상을 위해 빈칸 채우기 연습 문제를 가르쳤다. 빈칸 채우기 활동에서 교사는 학생에게 정기적 간격으로(예, 매 다섯 단어마다) 빈칸이 있는 짧은 구문을 주었다. 학생은 주어진 문장의 빈칸에 의미가 통할 수 있는 단어를 구문을 읽는다. 학생은 큰 소리로 읽을 때 또는 말로 하거나 독립적으로 학습을 할 때는 빈칸에 단어를 적어 구문을 완성할 수 있었다. 빈칸 채워 넣기 활동을 성공적으로 완수하기 위해서는 학생이 읽고 있는 것에 대한 자신의 이해를 면밀히 지속적으로 모니터링하는 것이 필요하다.

그것은 단어를 선택하기 위해 학생이 관련 있는 배경지식 또는 그들이 한 경험과 언어 지식(어휘, 구문, 문법)을 사용하는 것이 요구된다. 학생이 연습 문제를 완성한 후에 교사와 학생은 학생이 선택한 단어에 대해서 토론한다. 토론은 학생이 선택한 단어에 대해 설명할 수 있는 기회를 제공하며, 선택한 단어가 왜 적절한가와 적절하지 않은가에 대한 피드백을 받을 수 있게 해 준다. 그것은 문법이나 구문과 같은 언어 기술에 대한 교수 기회를 제공해 주기도 한다.

교사는 특정 형태의 단어(예, 명사 등과 같은 내용어)에 중점을 두고 빈칸 채우기 연습 문제를 만들 수도 있으며, 이는 수업이 어디에 중점을 두는가에 따라 달려 있다. 교사는 더 많거나 더 작은 빈칸을 만들고 구문의 길이를 조정하여 연습 문제의 난이도를 다양하게 할 수 있다. 빈칸 채우기 연습은 일반적으로 읽기 능력이 낮은 학생에게는 효과적이지 않다(2학년 또는 3학년보다 낮은 경우)(Gunning, 2002a). 그러나 교사는 숙련이 덜 된 독자를 위해 빈칸 채우기 연습을 조정하거나 그것을 미로로 바꿀 수도 있다. 이 장 시작 부분에 언급하였듯이 미로에서는 읽기 구문 내의 각 빈칸에 넣을 수 있는 3개의 단어 보기를 제공해 준다. 이와 같은 개조는 단어 찾기에 어려움이 있는 학생을 지원해 주고, 철자 학습에 문제가 있는 학생이 가질 수 있는 어려움을 해소해 준다. 이 학생은 각 빈칸에 적합한 답을 선택하기 위해 지적하기 또는 시선 응시를 통해 단어를 선택할 수 있기 때문에 빈칸 채우기에서 미로로 바꾸는 활동은 구어를 사용하지 못하는 학생에게는 접근성을 더욱 높여 준다.

읽기 후

효과적인 읽기 이해력 교수는 읽기 후에 학생이 참여할 수 있는 활동도 포함하고 있다. 이 활동은 다양한 형태를 취할 수 있으나, 이 모든 것은 학생이 읽은 것에 관한 이해를 촉진시켜 주며 새로운 정보를 조직화하고 종합할 수 있도록 도와줄 수 있다. 다음에 나오는 것은 여러 가지 형태의 읽기 후 활동을 설명한 것이다.

이야기 지도

대부분의 이야기는 이야기 문법이라 부르는 유사한 구조적 요소를 가지고 있다. 여기에는 배경, 등장인물이 반드시 풀어야 하는 문제, 문제 해결을 위한 상세한 시도, 문제 해결 등이 포함된다. 이야기에는 교훈적인 것 또는 주제가 있는 것이 포함될 수 있다.

이해력에 어려움이 있는 학생은 그들이 읽은 이야기 문법의 구성 요소를 종종 모를 수도 있으며, 이러한 인식의 부족은 학생이 읽은 것을 이해하는 데 부정적인 영향을 미친다. 장애가 있든 없든 학생에게 이야기 문법을 명백하게 교수하는 것이 읽기 이해력을 향상한다는 것이 여러 연구 결과를 통해 밝혀졌다(Gardill & Jitendra, 1999; Mathes & Fuchs, 1997). 이야기 지도를 구성하도록 학생을 가르치는 것은 이해력을 촉진시키기 위해 이야기 문법을 적용하는 것을 학습할 수 있도록 도와주는 한 가지 방법이다. 이야기 문법은 이야기의 문법적 구성 요소에 대한 시각적 표현이다([그림 6-1] 참조). 이야기 문법은 이야기의 구성 요소를 확인하고 연결할 수 있도록 도우며, 책을 읽으면서 스스로 질문을 만들 수 있도록 학생에게 단서를 제공한다(Gardill & Jitendra, 1999).

이야기 지도는 개별적으로 수행이 가능하나 협력적으로 할 수도 있으며, 다양한 수준의 그룹은 학생이 또래와 같이 하는 작업을 통해 주어진 교재에 대한 이해력을 확장시키고 심도 깊은 이해를 할 수 있게 해 준다(Mathes & Fuchs, 1997). 소그룹 형식은 개별적으로 공부하는 것보다 학생에게 더 많은 동기를 부여해 주고, 이해력 전략에 대해 어떻게 생각하고 적용해야 하는가에 관한 다양한 모델을 학생에게 제공한다. Mathes와 Fuchs는 장애와 비장애 학생의 이해력을 향상하기 위해 그들이 사용했던 효과적인 협력적 이야기 지도 과정에 대하여 설명했다. 조정된 과정과 권유 사항은 다음과 같다.

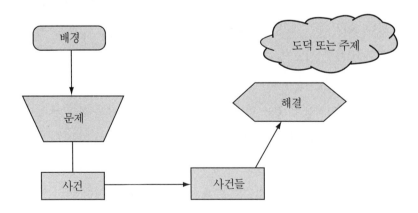

[그림 6-1] 이야기 문법의 예

　첫 번째 단계는 이야기 문법 요소를 도입하고 가르치는 것이다. 교사는 처음 교수를 위해 분명한 이야기 문법 구조가 있는 이야기를 선택한다. 예를 들어, 소설이나 우화는 일반적으로 각 이야기 문법 구조를 포함하고 있다. 그러나 고학년 학생과 작업을 할 때는 연령에 적절한 자료를 선택하는 것이 중요하다. 고학년을 위한 상당수의 이야기는 이야기 문법 구조를 처음 학습하기에는 너무 복잡하여 어려움이 있을 수 있다. 그러나 아무리 나이가 많은 독자라도 잘 알려져 있는 소설과 우화의 일부 대안 버전(예, 『아기 돼지 삼형제의 진짜 이야기(The True Story of the Three Little Pigs)』)의 책 읽기는 좋아하므로, 처음 가르칠 때는 연령에 적절하며 단순하고 친숙한 이야기 중에서 하나를 사용하도록 한다.

　적합한 책을 선택한 후에 교사는 이야기 문법의 개념을 학생에게 도입하기 위해 같이 책 읽기 활동을 사용한다. 같이 책 읽기에서 교사는 학생이 같은 책을 눈으로 따라 읽는 동안 학생에게 소리 내어 책을 읽어 주거나 모든 학생이 책을 볼 수 읽도록 책을 투사하여 스크린에 제시할 수도 있다. 책을 읽기 전에 교사는 읽기 목적을 정한다. 교사는 학생에게 대부분의 이야기는 같은 주요 구성 요소를 가지고 있다고 설명하고, 이러한 이야기 요소(이야기 문법)의 확인은 독자가 이야기에서 일어나고 있는 일을 더 잘 이해할 수 있도록 도와준다는 것을 설명한다. 교사는 학생에게 교사와 함께 책을 읽으면서 각 이야기 문법(주인공, 배경, 문제, 주 사건들, 가능하다면 교훈 또는 주제 등)을 유의 깊게 찾아보라고 지시한다.

　이야기를 읽은 후, 교사와 학생은 각 이야기 문법 구성 요소를 확인하고 기록하기 위해 이야기 지도를 사용한다. 수업의 이 부분은 아주 상호 역동적이다. 학생은 왜 특정 사건을 주요 문법 구성 요소로 선택했는가에 관한 의견을 반드시 제시해야 한다. 그리고 그들의 의견을 지지해 주는 실제 텍스트를 찾기 위해 다시 이야기로 돌아간다. 일단 학생이 교사와 함께 이야기 지도를 작성하는 것을 연습하고 나면 교사는 소그룹과 함께하는 협력적 이야기 지도로 넘어간다.

협력적 이야기 지도를 시작하기 위해서 교사는 분명한 이야기 문법 구성 요소가 있는 이야기와 대부분의 급우가 독립적으로 학습할 수 있는 수준의 책을 선택한다. 학생은 독립적으로 책을 읽거나 친구와 같이 읽는다. 친구와 같이 책을 읽을 때는 각 독자는 번갈아 가며 읽고 교재의 부분을 요약한다. 학생은 각자가 지니고 있는 의문 사항을 명확하게 하고, 어려운 단어를 해독하는 것을 도와주며, 돌아가면서 다음 이야기에 어떤 내용이 나올 것인가를 예측한다. (학습에 관습적인 독자가 아닌 학생이 있으면 친구나 다른 어른이 학생에게 책을 읽어 준다. 이 과정은 학생이 그룹으로 하는 이야기 문법 그룹 작업에 참여하고, 그룹 상호작용, 토론, 이야기 이해 전략에 관한 모델링으로부터 이익을 얻을 수 있게 해 준다.)

다음 날에는 학생 4명이 팀을 이루어 협력적으로 공부하고, 주어진 이야기를 다시 읽는다. 학생에게 이야기의 주 구성 요소가 무엇이며 그것이 교재의 어느 부분에 있는지를 생각하면서 책을 읽을 수 있도록 한다. 읽고 난 후에는 그룹 구성원이 주요한 이야기 구성 요소 각각에 대해서 토론한다. Mathes와 Fuchs(1997)는 각 그룹 구성원이 하나의 이야기 구성 요소, 하나의 주요 사건에 대하여 리더의 역할을 맡을 것을 제안했다. 따라서 한 학생은 주요 배경과 주요 사건에 대해, 다른 학생은 배경과 주요 사건에 대해, 다른 학생은 주요 문제와 중요한 사건에 대해, 그리고 네 번째 학생은 이야기 해결책과 주요 사건에 대해 책임을 진다(이야기에 교훈적인 것 또는 주제가 포함되어 있다면 다른 학생에게 이 역할을 맡아서 하게 한다). 학생이 모든 이야기 구성 요소를 경험할 수 있도록 일을 정기적으로 회전시킨다.

Mathes와 Fuchs(1997)는 학생의 리더 역할을 돕기 위한 5단계 과정을 제안하였다. 리더는 다음 사항을 책임진다.

- 말하기: 학생은 그들이 맡은 이야기 요소에 대한 대답과 왜 정답이라고 생각하는지에 관하여 그룹에게 말한다.
- 질문하기: 그룹의 구성원에게 그 이야기 구성 요소의 답이 무엇인가를 물어보고, 텍스트에 나오는 세부 요소를 사용하여 그들의 의견을 지지해 준다.
- 토론하기: 학생은 그룹과 여러 가지 답에 대하여 토론하고, 답이 일치할 수 있도록 돕는다. 그룹이 합의를 이루지 못하면 리더의 답이 최종 대답이 된다.
- 기록하기: 이야기 지도에 이야기 구성 요소에 해당되는 답을 기록한다.
- 보고하기: 학생은 이야기 구성 요소에 대한 그룹의 답을 반 전체에게 보고한다.

협력적 이야기 지도의 최종 단계에서는 모든 그룹 구성원이 전체 토론을 위해 원래 자기 자리로 돌아온다. 교사는 한 그룹에게 이야기의 구성 요소(예, 주인공)에 대해 발표하라고 하고 그룹의 답을 다시 언급해 주고, 다른 그룹에게 다르게 생각하는 답이 있는가를 물어본다. 또 답이 합의에 이르지 못하면 어떻게 정답일 가능성이 있는 다른 답에 도달할 것인가에 대한 추가 토론의 기회를 제공해 준다(학생은 이야기의 세부 사항으로 돌아가 반드시 답을 지지할 수 있어야 한다). 그러한 토론은 이야기에 대하여 학생이 깊이 이해할 수 있게 해 주며 심지어 같은 책을 읽었을 때도 어떻게 다른 이들이 다른 결론에 도달할 수 있는가를 이해할 수 있게 해 준다. 모든 이야기 문법을 토론한 후에 교사는 제시된 이야기에 대한 이야기 문법을 요약하고, 왜 이야기 문법이 이야기를 읽을 때 이해력 향상에 도움이 되는가를 검토하면서 수업을 정리한다.

이야기 문법 전략과 관련된 것은 스키마 이야기(scheme stories)다. 이 활동에서 교사는 분명하게 구분이 가능한 구조를 지닌 이야기를 선택한다. 다른 말로, 교사는 시작, 중간, 끝이 분명하게 정의될 수 있는 이야기를 선택한다. 교사는 이야기를 복사해서 적어도 하나의 주 이야기가 포함되는 부분으로 자른다(대안으로 여러 부분을 큰 카드나 문장 조각에 적도록 한다).

교사는 학생을 소그룹으로 나눈 뒤 선택한 이야기의 부분을 각 그룹에게 준다. 학생 한 명이 그 부분을 나머지 그룹에게 읽어 준다(AAC 기구를 사용하는 학생이 그룹에 포함되어 있으면, 교사는 텍스트 부분을 학생의 기구에 사전에 프로그램하여 그 학생이 그룹의 리더가 될 수 있도록 한다). 각 그룹의 학생이 자신의 부분을 읽은 후 교사는 학생에게 어느 그룹이 이야기 시작에 해당되는 내용을 가지고 있다고 생각하는지를 물어본다. 대답을 한 그룹은 누구라도 왜 그들이 가지고 있는 부분이 시작에 해당된다고 생각하는지에 관하여 반드시 설명해야 한다. 전체 반 급우는 경청하고 그 그룹이 말한 이유가 적합한가에 대하여 토론한다. 동의가 이루어지면 교사는 이야기의 부분이 적혀 있는 카드나 하나의 긴 조각을 차트판에 제시하거나 벽에 붙인다. 교사는 다음 이야기에 해당하는 부분을 가지고 있다고 생각하는 그룹은 어느 그룹인가를 묻는다. 이러한 과정을 전체 이야기가 재구성될 때까지 실시한다.

이야기 스키마 활동은 짝을 지어 실행하거나 문해 센터 활동으로 수정 적용될 수 있다(Reutzel & Cooter, 2003). 이 형태에서는 이야기를 부분별로 잘라 봉투에 넣어 놓는다. 센터를 방문한 학생이 각 조각을 읽고 그들이 적합하다고 생각되는 순서대로 조각을 모은다. 학생이 자신이 선택한 순서에 만족하면 정확한 순서를 보여 주는 단서를 본다. 이야기 조각을 다루기 어려운 어린 학생과 신체장애학생을 위해서는 이야기 부분에 투명 테이프와 벨크로 테이프를 각 조각에 붙인다. 벨크로 테이프 조각을 비닐 파일 폴더에 부착하고, 학생은 이야기 조각을 벨크로에 고정한다. 이것은 우연히 부딪혀서 조각이 제자리에서 떨어져 나가는 것을 방지한다.

이야기 다시 말하기

읽기를 한 후에 읽기 이해력을 강화하기 위한 하나의 효과적인 방법은 학생으로 하여금 이야기 다시 말하기를 하게 하는 것인데, 이는 여러 방법으로 활용할 수 있다. Colasent와 Griffith(1998)는 인지장애를 동반하고 있는 3명의 자폐학생의 읽기 이해력 기술을 향상하기 위해 그들이 성공적으로 사용한 변형된 이야기 다시 말하기 프로젝트를 설명했다. 이 접근에서 처음에 이들 연구자는 다음 주 며칠 동안 공부할 주제에 대한 정보를 제공해 줬다. 그들은 이것을 학생이 읽게 될 이야기 주제에 대하여 사전 지식을 활성화하기 위해 적용했다. 며칠 동안 연구자는 학생에게 같은 주제나 세 가지 다른 시리즈의 이야기를 읽어 주었다. 각각을 읽는 동안 그들은 다음에 어떤 내용이 나올 것인가를 예측할 수 있도록 중간 중간 멈추어 학생에게 질문을 했다.

각 이야기를 읽고 난 후 연구자는 학생에게 이야기 다시 말하기를 하게 했다. 그들은 학생이 이야기를 기억할 수 있도록 단서를 주기 위해 일련의 질문을 인터뷰하는 형식으로 물었다. 이 형식에서 학생은 라디오 방송국에서 인터뷰하는 것처럼 가상 놀이를 하였으며, 마이크를 사용하여 연구자의 질문에 대답하였다. 연구자는 또한 학생에게 그들이 들은 이야기에 대하여 글을 적거나 그림을 그리게 했다.

인터뷰나 그림 그리기 활동을 한 후에 학생은 이야기의 세부 사항을 정확히 회상하는 점수에서 향상을 나타냈다. 구어와 쓰기, 그림 그리기로 응답하는 기회는 단지 구어 기회만을 제공했을 때보다 주요 이야기 정보에 대한 회상 능력이 증가되었다. 연구자는 중재 후 학생의 문어(긴 쓰기 예제)와 구어의 향상을 확인할 수 있었다. 이러한 결과는 이 중재가 자폐 또는 인지장애가 있는 다른 학습자에게 효과적인 전략이 될 수 있다는 것을 제안한다.

독자 극장(reader's theater)은 독서 후 이해력을 도와줄 수 있는 이야기 다시 말하기의 또 다른 변형이다. 이야기, 시 또는 심지어 다른 그림책도 이 활동의 기초로 활용 가능하다. 한 부분을 읽은 후에 학생은 다른 사람들에게 연극을 할 대본에 기초한 대본을 발전시킨다. 독서의 주요 아이디어, 대화와 사건을 스크립트에 포함시켜 각 부분의 의미가 분명히 조명될 수 있도록 한다.

독자 극장을 하는 동안 공연을 할 때, 참가자는 그룹이 발전시킨 대본을 직접 읽거나 그 부분에서 중요한 사건이나 아이디어를 조명해 주지만 구어가 꼭 요구되지 않는 역할을 연기할 수 있을 것이다. 이러한 다양성 때문에 독자 극장은 혼합된 문해 능력을 가지고 있는 그룹군에게는 이상적이다. 모든 학생의 이해를 촉진시킬 수 있도록 능동적 참여를 제공하고, 유창성 등과 같은 추가적 문해 기술을 발전시킬 수 있는 기회를 제공한다.

요 약

읽기 이해력은 독자의 능동적 참여가 요구되는 복잡한 과정이다. 문어로 된 텍스트의 이해력은 중등도 또는 중도 장애학생에게는 도전적인 과정이 될 수 있지만 그들의 읽기 이해력을 교수하기 위한 효과적인 방법은 많으며, 읽기 과정을 이해하고 즐길 수 있도록 도와준다. 성공적인 읽기 이해력 교수에서 중요한 요소는 실제적인 문해 활동 맥락 내에서 다양한

텍스트를 가지고 학습할 수 있는 기회를 제공해 주는 것이다. 이러한 활동
에 일반 또래 아동을 참여시키는 것은 성공적인 읽기 이해력 전략에 관한
성공적인 모델을 제공해 주므로 특히 많은 도움을 줄 것이다.

제7장
어휘 발달

Elizabeth B. Keefe

어휘 발달은 종종 이해하기의 한 하위 영역으로 간주된다. 하지만 일반적으로 어휘 발달이 읽기에서 중요한 역할을 담당하고 있다는 것이 연구를 통해 밝혀졌으며, 이것은 문해교육의 핵심 영역 중의 하나로 어휘 발달이 고려되어야 한다는 것을 촉구해 왔다(Beck, McKeown, & Kucan, 2002; Fisher & Frey, 2003; National Reading Panel, 2000; Reutzel & Cooter, 2003).

🌐 어휘의 중요성

우리는 중등도 또는 중도 장애학생에게 어휘 발달이 매우 중요하다고 믿는다. 또한 일반 학생을 위한 어휘 발달의 최상의 실제가 다양한 학습자를 위한 차별화와 수정으로 중등도 또는 중도 장애학생에게 도움이 될 것이라고 믿는다. 이 장에서는 어휘의 다양한 정의와 유형, 어휘 평가, 모

든 학생을 위한 어휘 발달 향상에 효과적인 교수적 접근에 대해 논의하고
자 한다.

어휘의 다양한 정의

문해에서 인식하는 어휘는 일반적으로 네 가지 유형이다. 모든 유형의
어휘는 서로 관계되며, 모든 학생을 위한 효과적인 문해 기술 발달에 있어
매우 중요하다.

듣기 어휘

듣기 어휘는 가장 많은 어휘다. 음성으로 단어를 사용할 수 없을지라도
개인이 듣고 이해하는 단어를 포함한다. 노래를 통해 단어를 습득하는 사
람들도 포함된다. 많은 단어를 말하거나 표기할 수 있기 전에 유아가 단어
를 명확히 이해하는 것을 생각해 보자. 많은 사람이 수년간 언어 수업을
듣지 않더라도, 제2언어를 배우고 그들이 실제 사용할 수 있는 단어보다
더 많은 어휘를 이해할 수 있다. 듣기 어휘는 정보 수용자로서 기능하며
수용적 어휘로 분류된다(Cooter & Flynt, 1996).

말하기 어휘

말하기 어휘는 표현 어휘로 고려되고, 어휘를 만드는 기능을 한다. 두
번째로 많은 어휘로 개인이 듣고, 이해하고, 음성으로 사용할 수 있는 모
든 단어를 포함한다. 감각, 신체, 말하기 및 언어 장애가 있는 학생들에게
이것은 그들이 이해하고 사인으로 사용하거나 보완 대체 의사소통으로 사
용할 수 있는 모든 단어를 포함한다. 대부분의 학생에게 듣기와 말하기 어
휘의 차이는 어린 나이에 가장 크며 학생이 성인기로 접어들수록 그 차이

는 감소한다. 그러나 중도장애학생의 경우는 그 차이가 나이가 든다고 해서 감소하지 않으며 사실 그 반대가 되기도 한다. 중도장애학생들은 점점 더 많은 어휘를 이해할지도 모르지만, 감각·신체·말·언어 장애로 인하여 여전히 구어로 지식이나 어휘를 표현하지 못할 수도 있다. 이러한 학생에게 말하기 어휘는 가장 적은 어휘일 수 있다.

읽기 어휘

이 어휘는 학생이 읽고 이해할 수 있는 모든 어휘로 구성된다. 시각장애 학생에게는 점자 사용으로 읽고 이해할 수 있는 어휘가 포함된다. 듣기 어휘처럼 읽기 어휘는 정보 수용자로 기능하며 수용적 어휘로 범주화된다.

쓰기 어휘

쓰기 어휘는 학생이 이해할 수 있고 쓰기를 통해 복제할 수 있는 단어로 구성된다. 네 가지 유형의 어휘 중에 가장 적으며 보조공학 기기와 단어 처리를 통해 사용하는 쓰기를 포함한다. 쓰기는 표현 어휘로 분류된다.

(참고: 일반 학생에게 위에서 설명한 어휘의 네 가지 유형은 각각 서로 하위 영역으로 고려된다. 말하기 어휘는 듣기 어휘의 하위 영역이고, 읽기 어휘는 말하기와 듣기 어휘의 하위 영역이며, 쓰기 어휘는 말하기, 듣기, 읽기 어휘의 하위 영역이다. 이러한 계층적인 개념은 감각·신체·말·언어 장애가 있는 학생에게 적용되지 않기도 한다. 우리는 중등도 또는 중도 장애학생은 그들이 알고 있는 지식과 능력을 말하기나 노래하기 어휘를 통해 보여 줄 수 없기 때문에 반드시 읽기와 쓰기 어휘 교수에 접근하는 것을 부인하지 않도록 주의를 기울여야 한다.)

어휘 평가

어휘 평가는 여러 가지 이유로 어려움이 있다. Beck과 동료들은 "한 단어를 안다는 것이 무슨 의미인지는 분명히 복잡하고 다양한 측면의 문제이며, 단어를 어떻게 배우고 어휘 지식을 어떻게 측정하는지에 대해 중대한 시사를 한다."(2002, p. 11), 그리고 "한 단어를 아는 것은 양단 간의 제안이 아니다."(p. 9)라고 하였다. 한 단어를 안다는 것에는 여러 가지 방식이 있다. Dale D. Johnson(1965: Beck et al., 2002, p. 9 재인용)은 어휘 지식을 다음에 제시된 4단계를 통과하는 것으로 개념화하였다.

- 전에 그 단어를 본 적이 없다.
- 들었지만 무슨 의미인지 모른다.
- 무엇인가와 함께 사용되는 맥락에서 그 단어를 인식한다.
- 그 단어를 잘 안다.

감각·신체·말·언어 장애가 있는 학생을 평가할 때, 학생이 단어를 얼마나 잘 아는지를 결정하는 과제는 좀 더 어렵다. 평가는 형식적 그리고 비형식적 절차 모두를 통해 일어날 수 있다.

형식적 평가

Gunning(2002a)은 어휘 지식을 위한 추가적인 평가는 필수적인 것이 아닐 수 있다고 하였다. 어휘 지식의 몇 가지 표시는 이미 주어졌던 형식적 평가를 통해 얻을 수도 있다. 장애학생은 대개 특수교육 서비스 적합성을 결정하는 다양한 검사를 받아 왔다. 다음의 형식적 평가의 예는 학생의 어휘 지식에 대한 정보를 제공할 수 있다.

- 피바디 그림 어휘 검사(Peabody Picture Vocabulary Test)
- 지능 검사의 어휘력 검사 영역
- Trial Teaching Strategies와 읽기진단평가(Diagnostic Assessments of Reading with Trial Teaching Strategies: DARTTS; Riverside)
- 스탠퍼드 읽기 검사(Stanford Reading Test; Harcourt)

학생이 형식적인 평가 상황에서 그들의 능력을 발휘하지 못할 수 있는 많은 이유가 있다는 것과 형식적인 평가는 학생의 어휘 지식에 대한 한 가지 정보의 일부분으로 사용 가능하며 그것이 전부가 아니라는 사실을 기억하는 것이 중요하다. 가장 신뢰롭고 일반적인 어휘 지식의 평가는 교사의 관찰과 교사가 제작한 평가의 사용을 통해 이루어진다(Beck et al., 2002; National Reading Panel, 2000; Reutzel & Cooter, 2003). 교사는 이 책의 4장과 5장에서 설명한 어휘의 인식과 유창성에 관한 평가를 통해 학생에게 어려움을 초래하는 어휘와 관련한 통찰력을 지닐 수 있다.

교사 관찰

교사 관찰은 학생이 학급이나 다른 학교 환경 내에서 이해하고 사용할 수 있는 것처럼 보이는 어휘 단어에 주의를 기울이는 것이다. 일화 기록은 이러한 관찰을 기록하는 데 사용할 수 있다. Gunning(2002)은 일화적 정보를 붙였다 뗐다 할 수 있는 메모지에 기록하여 나중 학생 기록부나 파일에 정보를 옮기도록 제안하였다.

교사개발 평가

핵심 어휘의 습득 여부를 확인하는 체크리스트, 퀴즈 또는 간단한 평가가 여기에 포함될 수 있다. 이러한 단어는 문해 교수나 교과교육에 적용할

표 7-1   이야기 책의 목표 단어

책/저자	출판사	단 어	대안적 단어
『호기심 많은 조지 일자리를 구하다 (*Curious George Takes a Job*)』, H. A. Rey 지음	Houghton Mifflin	호기심 있는 아늑한 나쁜 것	큰 작은 노란색 모자 동물원 버스 원숭이

출처: Beck, I. L., McKeown, M. G., & Kucan, L. (2002).

수 있다. 교사로 하여금 출현 빈도가 높은 읽기 어휘 단어를 확인하도록 돕는 초기 읽기 유창성과 관련된 많은 단어 목록(예, Instant Words와 Dolch Words)이 있다. 주변 환경에서 볼 수 있는 단어 또한 장애학생 및 어린 학생에게 좋은 어휘 자료가 된다.

핵심 어휘는 이야기, 시, 신문, 교과서 또는 교과서 기반 교육과정 자료로부터 선택 가능하다. 핵심 어휘의 선택과 평가는 능력이 서로 다른 학생들에게 개별화가 가능하다. 예를 들어, Beck 등(2002)은 많은 책에 관해 목표 단어를 추천하였다(〈표 7-1〉 참조). 우리는 중도장애학생을 위해 어떻게 보다 간단한 단어를 적절하게 선택할 수 있는지를 보여 주고자 네 번째 열을 추가하였다.

교과교육 교재는 교사에게 종종 목표 어휘를 제공한다. 예를 들어, 8학년 사회 교과에서 사용하는 교과서 『미국인(*The American Nation*)』(Davidson, 2005)에서 주요 어휘는 각 단원마다 제시된다. 교사는 중등도 또는 중도 장애학생이 배울 수 있도록 이러한 주요 어휘를 단순화하거나 단원에서 다른 관련 어휘를 추가할 수 있다(〈표 7-2〉 참조). 어휘를 단순화하는 원리는 어느 학년이나 교과에서 적용할 수 있다. 〈표 7-3〉은 고등학교 과학 수업에서

표 **7-2**　교과서의 핵심 단어

교과서/단원 및 장	출판사	핵심 단어	대안적 단어
『미국인(The American Nation)』 8단원, 2장	Prentice Hall	국회 상원 법안 선거인단 항소 위헌의 무효 탄핵	대통령 백악관 주 나라 흰색 집 년 2 4 6

표 **7-3**　수업의 핵심 단어

교과목/학년	수업 내용	핵심 단어	대안적 단어
생활과학, 9학년	지구의 구조	지질학 대기 수권 암석권 지각 맨틀 암류권 외핵 내핵	지구 핵 맨틀 지각 태양 달 내부 외부 공기

다양한 학습자를 위해 수정될 수 있는 방식을 보여 준다.

중등도 또는 중도 장애학생 평가하기

　중등도 또는 중도 장애학생이 단어를 이해하고 사용할 수 있다는 것을 확인하는 것은 학생이 신체·감각·말·언어 장애를 가진 경우에 어려울 수 있다. 어떤 학생은 점자, 사인, 보완 대체 의사소통 기기, 혹은 그들의 지식을 표현하기 위한 다른 보조공학 기기를 사용할 수 있다. 그러나 우리는 중도장애학생 중 누군가는 표준화된 검사를 활용하는 것보다 그들이 할 수 있는 능력이 보다 많다고 생각하는 교사를 종종 만나게 된다. 이러한 교사는 어떻게 하면 학생에게 개별화된 평가를 할 수 있을지를 매우 창의적으로 생각한다. 예를 들어, 플래시 카드는 어휘 지식을 평가하기 위한 매우 일반적인 도구다(Reutzel & Cooter, 2003). 대개 어휘 지식을 표현하기 위해 단어를 소리 내어 말함으로써 평가가 이루어진다. 신체 · 감각 · 말 · 언어 장애를 지닌 학생을 위한 어휘 평가와 관련하여 몇 가지 단순한 제안을 하자면 다음과 같다.

- 학생에게 가리키거나 몸짓으로 표현하거나 핵심 단어를 따라 눈으로 응시하게 한다. 2개 이상의 단어에서 선택하도록 할 수 있다. 핵심 단어와 아닌 단어의 위치를 다르게 하는 것은 중요하다. 예를 들어, 어떤 학생은 움직임이 제한되거나, 신체의 일부분을 사용해 한 단어를 가리키거나, 몸짓으로 나타내거나, 응시하는 것이 보다 쉬울 수 있다.
- 학생에게 핵심 단어의 정의를 제공하고 2개 이상의 단어에서 가리키기, 몸짓으로 나타내기, 눈으로 응시하기 등을 사용하여 정확한 단어를 선택할 수 있도록 한다.
- 학생이 물리적으로 핵심 단어와 그 정의를 짝지을 수 있도록 한다.
- 학생에게 단어의 뜻이나 문장 내에서 단어 선택이 정확한지를 물어볼 때 예 또는 아니요로 대답하게 한다.
- 핵심 단어를 빼고 문장을 읽는다. 가리키거나, 몸짓으로 나타내기, 눈으로 응시하기 등을 사용하여 2개 이상의 단어 가운데 알맞은 단어를 선택하도록 한다.

이러한 것들은 신체 · 감각 · 말 · 언어 장애를 지닌 학생의 어휘 지식을 어떻게 평가할 수 있는지에 대한 몇 가지 아이디어다. 절대 포기하지 말자! 종종 시행착오를 겪기도 하지만, 창의성과 인내를 가지고 중등도 또는 중도 장애학생이 지닌 실제 능력과 잠재력에 대해 명확한 판단을 해야 한다. 중등도 또는 중도 장애학생이 마침내 문해교육에 참여할 수 있게 됨에 따라 당신의 노력 또한 보상을 받을 것이다.

협력의 중요성

앞의 평가에 대한 내용은 교사가 학생의 어휘 지식을 평가하고 활발한 참여를 위한 기회를 조성하기 위해 다양한 어휘 수준을 확인할 수 있다는 것을 보여 준다. 다양한 수준의 평가가 일반 교사, 특수교사, 관련 서비스 전문가, 보조원, 가족 구성원 등과 함께 적절한 협력을 통해 이루어져야 한다는 것은 반드시 알아야 한다. 게다가 이 부분에서 언급된 평가는 단지 몇 가지 예에 불과하다. 중도장애학생은 종종 독특한 특성을 보여 교육 지원 팀의 보다 창의적인 사고를 요한다. 우리의 부족한 지식으로 인하여 그들의 문해교육에 있어서 또 다른 어려움이 초래되어서는 안 되며, 그들이 정말 안다는 것을 드러낼 수 있는 방법을 찾아내는 것이 바로 우리에게 도전이 된다.

효과적인 어휘 교수

어휘 발달은 단어 인지, 읽기 유창성, 이해와 매우 밀접한 관련이 있다. 결과적으로 4장, 5장, 6장에서 다룬 다양한 교수 전략이 어휘 발달을 향상하는 데 사용될 수 있다(예, 단어 만들기, 단어군, 단어 은행, 단어 분류, 같이 책 읽기 경험, 독자 극장, 빈칸 채우기 경험, DL-TA). 마찬가지로 이 장에서 다룰 어휘력 향상을 위한 많은 전략 또한 단어 인지, 이해, 읽기 유창성에 도움이 될 것이다.

　어휘 교수의 두 가지 주요 요소는 교수를 위한 적절한 단어 선택하기와 그 단어를 어떻게 지도할 것인가다. 그러나 일반적인 주의 사항은 중등도 또는 중도 장애학생을 위한 교수 목표를 선정하는 것이 해당한다.

효과적인 어휘 교수 관련 연구

　4장에서 요약한 단어 인지 관련 전략에 대한 연구와 별개로, 중등도 또는 중도 장애학생을 위한 어휘 발달과 관련된 구체적인 연구는 지난 20년간 거의 이루어지지 않았다(〈글상자 4-1〉 참조). 구체적으로 어휘 교수에 대한 최상의 실제에 해당하는 연구가 〈글상자 7-1〉에 요약되어 있다.

글상자 7-1 》》 어휘 교수에 대한 연구의 요약

국립읽기위원회(National Reading Panel, 2000)는 어휘 교수에 대한 연구를 요약하고 다음의 요소를 제언하였다.

- 직접적·간접적으로 배운 어휘
- 반복과 단어에의 다양한 노출
- 풍부한 맥락 내에서의 학습
- 학습 과제에의 적극적 참여
- 컴퓨터 공학의 사용
- 효과적인 사정과 평가
- 다양한 교수 방법의 사용

출처: National Reading Panel. (2000).

Johnson(2001)이 그의 문헌 분석에 기반하여 한 일반적인 제안은 다음과 같다.

- 학급 내에서 읽기를 위한 시간을 따로 확보하고 읽기의 양을 늘리라.
- 직접 교수를 사용하라.
- 학생이 적극적으로 학습에 참여할 수 있는 방법을 사용하라.
- 핵심 단어에 반복적으로 노출될 수 있도록 하며 충분한 반복의 기회를 제공하라.
- 학생이 어휘를 학습할 수 있는 자신만의 전략을 개발하는 것을 장려하라.

비활동적 목표 피하기

어휘 교수에 대한 연구에서 가장 일관적으로 하는 제언은 적극적이고 참여적이어야 한다는 것이다(〈글상자 7-1〉 참조). 안타깝게도 신체 · 감각 · 말 · 언어 장애가 있는 학생은 이 영역에서 교사에게 상당한 어려움을 보여 준다. 장애의 정도는 교사로 하여금 가능성보다는 도전이 되는 것에 집중하게끔 이끈다. 결과적으로 중등도 또는 중도 장애학생은 학급에서 종종 수동적인 참여로 제한을 받는다. 더 심하게는 교사가 종종 이 학생이 단지 교실에 있는 것만으로 괜찮다고 생각한다는 것이다. 이것은 분리 및 통합 장면 모두에서 사실이었고, 학생 중 몇 명에게 소위 비활동적 목표(potato goal)를 가지고 있는 교사의 예에 해당한다. 비활동성 목표 관련 평가는 간단하다. 만약 비활동적 학생이 특정 목표를 달성할 수 있으면, 그것은 학생 목표가 될 수 없다. 예를 들어, 비활동적 학생이 교실에 앉을 수 있지만, 우리는 학생으로부터 적극적인 수업 참여를 항시 기대한다. 〈표 7-4〉는 일반적인 비활동적 목표의 예와 반대되는 능동적인 학생 목표의

표 7-4	어휘 교수에서 potato vs. active 목표

비활동적 목표	능동적 목표
• 학생은 이야기를 들을 수 있다. • 학생은 과학 수업에 참석할 것이다. • 학생은 언어 시간에 또래를 관찰할 것이다. • 학생은 20분간 몸을 앞으로 기울여 설수 있도록 도와주는 스텐더에 있을 것이다.	• 어휘 질문이 주어질 때, 학생은 3개의 선택 사항 중에 주요 단어를 선택할 것이다. • 학생은 수업에서 배운 주요 단어 3개의 짝을 지을 것이다. • 학생은 집단 이야기에 포함시킬 단어를 지목함으로써 협력 집단에 참여할 것이다. • 학생은 스텐더에 서서 학급 전체에 자료를 나누어 주며 교사를 도울 것이다. • 학생은 각 학생을 반기며 감사의 인사를 전하는 데 보완 대체 의사소통 기기를 사용할 것이다.

예를 보여 준다. 시간이 지날수록 우리는 학생이 마침내 그들의 지식과 참여를 적극적으로 보여 줄 수 있게 되었을 때 얼마나 기뻐하는지 보게 된다. 교사들은 종종 학생들의 즐거움을 포착하고 그들이 할 수 없는 것에 중점을 두기보다는 할 수 있는 것에 무척 놀라게 된다.

교수를 위한 단어 선택하기

교수를 위한 단어의 선택에 문제가 있다면 얼마나 효과적인 교수 방법인가는 문제가 되지 않는다. Beck 등(2002, p. 8)은 3단계로 개념화된 단어를 제안하였다.

• 1단계: 대부분의 학생에게 단어의 의미에 주의를 기울이도록 크게 요구하지 않는 가장 기본적인 단어(예, 시계, 아기, 기쁨, 걷다)
• 2단계: 많은 영역에서 발견되는 출현 빈도가 높은 단어(예, 동시 발생,

　　말도 안 되는, 근면한, 운 좋은).
- 3단계: 대개 특정 분야에 관계되는 출현 빈도가 낮은 단어(예, 동위 원
  소, 선반, 반도, 정제소)

　　Beck 등(2002)은 특정한 글에서 어느 단어가 어느 단계에 해당하는지를
결정하는 과정에 대해 제언하였다. 각 단계의 단어를 확인하는 것은 학년
수준과 특정 학생 집단의 학습 준비도에 따라 다양해질 것이다.

　　중등도 또는 중도 장애학생에게 우리는 유사한 개념적 체제를 활용할
수 있지만, 그들은 대체로 보다 더 많은 단어의 제한을 두기 때문에 그 척
도를 다소 조정해야 한다. 이는 교수를 위한 단어의 선정을 보다 더 중요하
게 한다. 우리는 중등도 또는 중도 장애학생을 위해 다음의 3단계를 제시
한다.

- 1단계: 학생의 일상 환경(예, 집, 학교, 지역사회)에 자주 등장하는 기본
  단어. 어떤 학생에게는 여전히 단어의 의미에 주의를 기울이도록 할
  지 모르나 많은 학생은 즉각적으로 단어를 이해할 것이다(예, 엄마, 아
  빠, 학생의 이름, Walgreens라는 가게 이름, 펩시, 의자, 문, 집, 학교).
- 2단계: 집, 학교, 지역사회의 접근과 의미 있는 참여를 촉진하여 다양
  한 환경에 걸쳐 높은 빈도로 나타나는 단어(예, 교사나 치료사의 이름,
  교과목, 학급 친구 이름, 밀다, 당기다, 안, 밖, 사무실, 구내 식당, 도서관,
  컴퓨터, 이 밖에 자주 등장하는 일견 단어 포함).
- 3단계: 학습 장면에서 배운 다소 추상적인 의미를 지닌 단어이지만
  집, 학교 지역사회 환경 내에서 사용될 수 있는 단어(예, 자주 등장하는
  일견 단어, 일반학급에서 배운 주요 단어(〈표 7-1〉~〈표 7-3〉 참조).

각 단계에 해당하는 단어를 단지 글에서만 가져오는 것은 아니며, 많은 단어를 집, 학교 지역사회 환경에서 끌어올 수 있다. 어려운 점은 이 3단계가 학생마다 모두 다를 수 있다는 것이다. 담당하고 있는 각 학생에 따라 3단계를 개별적으로 결정해야 할 것이다. 다만 이 단계가 엄격한 어휘 서열이 아니라는 것을 아는 것이 중요하다. 단어는 모든 3단계에서 선택 가능하지만 최고의 우선순위는 1, 2단계 단어에 주어지도록 해야 한다.

생태학적 목록 사용하기

Brown 등(1979)은 교사에게 학교, 집, 지역사회 영역에 걸쳐 개별 학생에 보다 중점을 두고 기능적 기술을 확인하기 위한 비형식적 평가를 수행할 것을 제안하였다. 이러한 평가는 생태학적 목록이라고 부른다. 이와 관련한 많은 업적이 중등도 또는 중도 장애 분야에서 여러 전문가에 의해 이루어져 왔고, 이는 중요한 평가이자 교수 계획을 위한 도구로 여겨져 왔다(예, Downing, 2002, 2005; Ryndak & Alper, 2003; Snell & Brown, 2006). 환경적 어휘 목록은 집, 학교, 지역사회 환경에 걸쳐 중등도 또는 중도 장애학생에게 1~3단계에 적절한 어휘를 확인하는 작업을 도와줄 것이다. 식료품점, 학생이 자주 가는 식당, 여가를 위한 장소, 작업 환경과 같은 여러 지역사회 장소를 방문해 봐야 한다.

각 학생의 교수를 위해 선정된 단어의 수는 개별화될 것이다. 각 단어에 대해 목표로 하는 것이 듣기, 말하기, 읽기, 쓰기 어휘인지를 확인할 필요가 있다(〈표 7-5〉 참조). 환경적 어휘 목록은 역동적인 평가가 되고 학생의 성과와 환경 및 교육과정의 변화에 따라 조정되어야 한다.

표 **7-5**　환경적 어휘 목록의 예

학생: Meg Brown　　　　나이: 10세　　　　평가일: 8/30/05

학부모: Andrew Brown, Rachel Finley

교사: Maria Sandoval(특수교사), Peggy Alford(일반 교사), Bill White(언어치료사)

단 어	학교	집	지역사회	유 형*	단 계
Meg	×	×	×	L, S, R, W	1
엄마	×	×		L, S, R	1
아빠	×	×		L, S, R	1
Sandoval 선생님	×	×		L, S	2
Alford 선생님	×	×		L, S	2
요일: 월~금	×	×	×	L, S	2
A, and, the	×	×	×	R, W	2
지구	×			L, S, R	3
해	×			L, S, R	3
달	×			L, S, R	3

*L: 듣기, S: 말하기, R: 읽기, W: 쓰기

활자(인쇄물)와 언어가 풍부한 환경

3장에서 Scherba de Valenzuela와 Tracey는 중등도 또는 중도 장애학
생의 구어적 언어 능력 발달을 위해 언어적으로 풍부한 환경의 중요성에
대해 강조하였다. 언어 및 활자가 풍부한 환경은 말하기에서 쓰기에 이르
기까지 모든 유형의 어휘 발달에 매우 중요하다(Allington, 2006; Beck et
al., 2002; Reutzel & Cooter, 2003). 활자가 풍성한 환경은 동일한 단어 학습
을 장려하며 어휘의 직접 교수를 지원하는 데 사용될 수 있다.

Allington(2006)은 활자(인쇄물)에 부적절하게 노출되는 것이 바람직하
지 않은 어휘 발달에 기여하는 한 요인이 되기도 한다고 하였다. 언어와

활자가 풍성한 환경에의 접근이 일반교육 환경과 또래 학생들과 분리되어 중등도 또는 중도 장애학생에게만 동떨어진다면 부정적인 영향을 미치게 된다. 우리는 중등도 또는 중도 장애학생이 지역사회 기반 학급이나 지원 수준이 높은 학급에 배치되었을 때 그들의 수업이 개별화 교육과정에 근거하여 결함 기반의 목표 및 목적으로 제한되는 경향이 있는 것을 발견하였다. 학급 모든 학생이 중등도 또는 중도 장애를 가지고 있기 때문에 말하기, 듣기, 쓰기 관련 모델의 부족으로 어려움을 겪는다. 더불어 중등도 또는 중도 장애학생에게 가지는 교사의 낮은 기대감은 문해 자료의 질과 교육적 참여의 문제를 초래한다. 3장에서는 문화적 반응과 풍부한 언어 환경의 조성에 대해 강조하였다. 이 장에서는 학급과 학교 내에서 활자가 풍부한 환경을 조성하는 것에 중점을 둘 것이다. 일반적으로 활자가 풍부한 환경은 인쇄된 단어에 적극적으로 참여하기 위해 다양한 형태와 장르가 어우러진 단어들에 쉽게 접근할 수 있도록 하는 것이 특징이다.

모든 교실은 다양한 읽기 수준의 많은 책, 잡지, 포스터 그리고 인쇄물을 가지고 있다. 모든 학급에는 컴퓨터나 다른 공학 기기와 같은 문해 도구가 있어 학생이 활자로 된 인쇄물과 상호작용할 수 있게 한다. 인쇄물과 문해 도구가 엉터리로 모여 있거나 정리되어 있어서는 안 된다. 교사는 그들의 학급에 있는 인쇄물에 대해 주의 깊게 생각해 보고 학생이 자료에 어떻게 접근하고 사용하는지 알 수 있도록 학급 환경을 정돈해야 한다 (Reutzel & Cooter, 2003). 특정한 장비 또는 학습 센터를 어떻게 사용하는지에 관한 직접 교수가 요구될지도 모른다. 마지막으로, 교사는 교실 내에 있는 인쇄물을 통하여 의미 있는 방식으로 주요 단어 및 추가 단어에 학생이 노출되는 것을 강화할 수 있는 방법에 대해서도 생각해 볼 필요가 있다.

학급 읽기

학급 내 환경에서 중등도 또는 중도 장애학생을 위한 인쇄물에 대한 한 가지 전략적인 방법은 교실 안에 있는 일반적인 사물에 이름표를 붙이는 것이다(예, 의자, 문, 창문, 컴퓨터, 책상). 이 전략은 직접 교수에 부수적으로 사용될 수 있다. 핵심은 학생이 그러한 단어를 자주 보게 되고 단어를 사물과 연계하게 된다는 것이다. 단어는 다음과 같이 직접 교수와 다양한 방식으로 결합될 수 있다.

- 환경 단어를 사용하여 일견 단어 교수
- 교실 내에서 색인 카드, 라벨, 상징 또는 사진을 사용하여 단어를 말하고 읽고 짝 맞추기
- 단어에 대한 라벨을 사용하여 책 만들기(예를 들어, Deborah Huggins는 교실에 숨어 있는 거미 찾기에 관한 책 쓰기를 제안하였다.)
- 범주별로 단어 분류 및 구분하기
- 단어 알파벳으로 표기하기
- 단어를 사용해 문장 완성하기[예를 들어, "나는 책상에 앉는다." "나는 컴퓨터로 수학 먼치스(Math Munchers)를 하는 것을 좋아한다."]
- 단어를 그림 혹은 정의와 연결하기

이 전략은 학급과 학교 주변 환경에서 사진, 그림, 포스터에 표시하는 것을 포함하여 좀 더 확장할 수 있다. 궁극적으로 초등학교에서 일반적인 단어벽(Word Wall) 전략과 통합될 수 있다(4장 참조). 학급 라벨링 전략이 중등도 또는 중도 장애학생을 돕기 위해 계획된 것일지라도, 모든 학생이 라벨을 통해 그리고 일반적인 활자 단어에의 잦은 노출을 통해 학습할 수 있다(예, ESL 학생, 철자 학습이 어려운 학생).

활자/인쇄 환경

활자가 풍성하다는 개념은 학급이나 학교 환경에만 제한되어서는 안 된다. 자연스럽게 활자 환경이 조성되는 것은 학생, 특히 중등도 또는 중도 장애학생에게 매우 유용한 어휘 교수의 자원이 된다. 활자 환경은 집이나 지역사회 환경에서 발견되는 출현 빈도가 높은 활자로 구성된다. 일반적인 사인(예, 정지, 비상구, 안, 밖), 상업적 사인(예, K마트, Wendy's 세차) 그리고 상품(예, 코카콜라, 펩시, Fruit Loops, Starburst)이 포함된다. 활자 환경의 사용은 학생이 그들을 둘러싼 세상에 대해 지니고 있는 사전 지식과 사물과 상징을 일관적으로 관련짓는 능력에 기반을 둔다. 어휘력을 향상하기 위한 활자 환경의 사용에 관한 몇 가지 예는 다음과 같다.

- 단어벽에 환경적 활자 포함하기
- 활자 환경 단어를 분류 및 구분하기(예, 음료, 음식, 장남감 등)
- 일견 단어 교수로 플래시 카드에 활자 환경 단어 넣기
- 활자 환경 단어로 문장 만들기
- 활자 환경 단어를 사용하여 문장 완성하기(예, "나는 코카콜라 마시는 것을 좋아해.")
- 환경적 활자와 플래시 카드의 같은 단어 짝 맞추기
- 환경적 활자를 낱글자별로 분리하고 학생에게 올바른 순서로 낱글자 넣게 하기
- 환경적 활자의 낱글자를 가지고 단어 군집 만들기(나의 학생 Sandra Crowell과 Gail Baxter에게 감사하며)
- 활자 환경 어휘를 가지고 각각의 낱글자로 알파벳 차트 만들기
- 요리와 같은 학급 활동 수업을 위해 환경적 활자 사용하기

활자 환경은 학급 차원을 넘어 잠재성을 지니며 보다 넓은 학교 환경, 집, 지역사회에서 사용될 수 있다. 정지, 독약, 비상구와 같은 일반적인 사인을 학습함으로써 학생의 어휘 학습이 향상될 뿐 아니라 보다 독립적이고 개인적인 안전을 향상할 수 있다.

수정된 일견 단어 접근

학생은 때로 전통적인 일견 단어 접근 방법에 따라 목표가 되는 어휘를 학습하는 데 어려움을 겪는다. 새로운 어휘의 습득과 이해를 증진하기 위해 우리는 학습할 어휘와 학생이 알고 있는 것을 짝지어 볼 것을 제안한다 (예, 사물, 상징, 또는 사진). 4장에서 언급한 바와 같이 해독하기를 가르칠 때는 자극을 서서히 없애는 것이 중요하다. 단어의 뜻을 가르칠 경우, 학생은 이상적으로 자극을 제외하고 단어 의미를 학습하는 능력이 향상될 것이다. 이것이 항상 가능하지는 않지만, 학생이 자극과 별개로 단어를 이해할 수 없다는 것이 어휘 교수를 포기해야 한다는 것을 의미하지는 않는다. 학생에게 사물, 사람, 그리고 학생의 직접적인 환경과 관련된 물품을 가지고 단어를 사용하도록 가르치는 것은 적절하다.

학생이 한 단어를 별개로 이해할 수 없는 경우, 그 단어를 보다 구체적인 자극과 연결해 보고 차차 그 자극을 제거하는 것이다. 그 순서는 다음의 단계와 같다.

- 1단계: 구체물과 단어 연결하기
- 2단계: 구체적인 사진과 단어 연결하기
- 3단계: 일반적인 그림과 단어 연결하기
- 4단계: 아이콘(상징)과 단어 연결하기
- 5단계: 글로 써서 단어와 연결하기

이 단계는 모든 교과에서 개별 학생에게 목표 어휘를 지도하는 데 사용할 수 있다. 모든 중등도 및 중증장애학생에게 이러한 모든 자극의 촉구가 필요하지는 않을 것이다. 일부 학생은 최대 수준의 촉구가 지속적으로 요구될 것이다. 결과적으로 모든 학생은 학급 수업에 의미 있게 참여할 수 있으며 그들의 수준에 따라 어휘가 향상될 것이다.

어휘 분류

4장에서 어휘 분류를 단어 인식을 향상하기 위한 전략의 일환으로 이미 제시하였다. 어휘 분류가 어휘 이해력 향상에 도움이 되도록 수정할 수 있는 방법은 학생이 단어를 분류하는 방법을 다양화하는 것이다. 학생은 단어를 분류/구분함으로써 단어 이해를 학습하고 보여 줄 수 있다. 예를 들어, 다음에서 제시된 내용을 할 수 있다.

- 유사성에 따라 분류하기
- 반대 속성에 따라 분류하기
- 속하지 않는 단어별로 분류하기
- 특성에 따라 분류하기(예, 크기, 색, 기능)
- 수업이나 영상에 나타난 순서대로 분류하기

단어 분류는 단어에 반복 노출될 수 있도록 하고, 학생이 단어의 의미에 대하여 더 깊은 이해를 발달할 수 있도록 하는 데 있어 좋은 방법이다.

어휘 카드

색인 카드와 책 또는 바인더 링은 학생에게 반복 학습을 통해 단어의 의미를 학습하도록 격려하는 다양한 활동에 필요한 자료다. 이 활동은 4장에서 나온 소리 카드 활동과 유사하다. 단지 차이점은 단어를 암호화하는 것이 아니라 단어의 의미에 보다 강조점을 둔 활동이다. Fisher와 Frey (2003)는 성인 학습자를 위한 어휘 카드 활동의 두 가지 예를 소개하였다. 우리는 이 전략이 초등학교 환경에서 중등도 또는 중도 장애학생에게 매우 잘 적용된다는 것을 발견하였다.

나에게 퀴즈 내기 카드   이 활동은 색인 카드나 카드 묶음으로 만들 수 있다. 학생이 새로운 어휘를 학습함에 따라 카드 앞 장에 그 단어와 뜻을 쓴다. 카드 뒷장에는 학생이 5번의 서명을 위해 5줄의 선을 그린다. 카드의 한쪽 구석에 펀치로 구멍을 뚫어 모아 두고 책이나 바인더 링의 형태로 함께 묶는다. Fisher와 Frey(2003)가 제시한 예에서는 음악 교사가 단어와 그 정의를 소개한다. 학생은 단어와 단어의 뜻을 본인이 가지고 있는 나에게 퀴즈내기 카드에 기록을 한 후에 교실 밖에서 5명의 어른을 만나 자신에게 단어 퀴즈를 내어 달라고 부탁을 하고 단어의 정의를 맞힌 경우에는 카드 뒷장에다 그들의 사인을 받는다. 이것은 단어 학습을 위한 의미 있는 연습 기회를 제공하며, 보너스로 학생이 교내 어른들과 상호작용할 수 있도록 격려한다.

나에게 퀴즈 내기 카드(Quiz Me Cards) 활동은 학년 수준, 교과 영역, 능력에 맞춰 쉽게 수정할 수 있다. 학급의 모든 학생에게 이 전략이 성공적일 수 있도록 서로 같은 어휘를 학습하도록 할 필요는 없다. 게다가 이 활동을 학급 내에서 학생이 서로 퀴즈를 내보게 하고 어휘 카드에 사인하도록 함으로써 실천해 볼 수도 있다. 또한 이 활동을 조금 수정하여 서명을 가족 구성원이나 지역사회에서 만나는 사람들에게 받도록 하는 등 다양화해 볼 수 있다. 이 활동은 장애학생, 일반 학생 그리고 ESL 학생과도 적절하게 사용해 볼 수 있다. 모든 활동처럼 신체 · 감각 · 말 · 언어 장애가 있는 학생에게도 지목하기, 몸짓으로 표현하기, 눈으로 응시하기, 점자, 보조공학, 또래 지원 등을 활용함으로써 적용할 수 있다.

　　단어 정의하기 카드　　　Fisher와 Frey(2003)는 단어 카드의 사용이 시각적 제시와 적용을 통해 이해를 향상한다고 하였다. 기본적인 아이디어는 학생이 교사가 제시하는 단어의 정의를 수동적으로 받아 적기보다는 그들 스스로 단어의 의미를 정리할 수 있도록 돕는다는 것이다. Fisher와 Frey가 활동을 기술하였듯이 학생은 색인 카드의 중간에 가로와 세로로 한 줄씩 그어 사분면이 되도록 한다([그림 7-1] 참조). 그리고 학생은 다음과 같이 사분면을 채운다.

- 1사분면: 단어
- 2사분면: 학생 고유 언어로 작성한 정의[학생은 도움 없이 사전에서 정의를 찾아서는 안 된다. Beck 등(2002)은 학생이 단어의 정의를 찾기 위해 사전을 사용할 때 그 정의가 자주 정확하지 않거나 불충분하다는 연구에 대

1사분면 음료나 음식 이름 (예, 우유)	2사분면 분류 (예, 음료)
3사분면 환경적 활자의 단어, 아이콘(상징) 또는 사진	4사분면 문장 완성 (예, 나는 우유 마시는 걸 좋아해.)

[그림 7-1]　환경적 활자를 사용한 어휘 카드 활동

해 언급하였다. 그들은 학생에게 단어가 일상 언어로 대개 어떻게 사용되는 지에 대한 예시를 제공함으로써 학생에게 친근한 방식으로 단어를 설명하는 것을 제안하였다.]

- 3사분면: 단어를 나타내는 사진이나 그림
- 4사분면: 단어를 사용한 문장

　그러고 나서 카드를 펀치로 구멍 내고 책이나 바인더 링의 형태로 함께 묶는다. 나중에 그 카드는 학생이 개인적으로 또는 학습 파트너와 함께 연습하면서 사용하게 된다.

　나에게 퀴즈 내기 카드와 같이 이 활동에서도 사분면을 학년, 능력 수준, 교과목에 따라 수업의 목적에 맞춰 다양하게 할 수 있다. 다양한 크기의 색인 카드를 사용해 큰 글씨로 하거나 어린아이나 장애학생에게 그림을 그리게 할 수도 있다. 각 사분면의 정보 또한 필요에 따라 수정할 수 있다. 예를 들어, 환경적 단어의 인식과 사용, 음료와 음식 간의 차이를 구별하는 것을 목표로 하는 중등도 또는 중도 장애학생은 단어 카드를 [그림 7-2]에서와 같이 설계할 수 있다.

　이러한 환경적 활자 어휘 카드는 단어 분류와 다른 연습 활동에 사용할 수 있다. 나에게 퀴즈 내기 카드처럼 장애학생, 일반 학생, ESL 학생에게도 성공적으로 활용 가능하다. 모든 활동과 마찬가지로 신체 · 감각 · 말 · 언어 장애가 있는 학생에게도 지목하기, 몸짓으로 표현하기, 눈으로 응시하기, 점자, 보조공학, 또래 지원 등을 활용하여 적용할 수 있다.

🌐 요 약

　이 장에서는 모든 학생을 위한 어휘 발달의 효과적인 교수 전략을 계획 및 평가하는 것에 대해 논의하였다. 어휘 교수의 가장 중요한 요소 중 하나는 학생을 포함할 뿐 아니라 적극적이어야 한다는 점이다. 우리는 이것이 어휘 교수를 일반교육 내에서 중등도 또는 중도 장애학생을 위해 수정할 수 있는 가장 쉬운 영역 중의 하나로 만들어 줄 것이라 믿는다. 이 장은 교사가 통합 장면에서 의미 있는 교수를 할 수 있도록 하는 구체적인 전략과 예를 포함하였다. 중등도 또는 중도 장애학생을 포함하는 것은 일반 교사에게 특수교육 지원 전문가와의 협력을 통해 모든 학생을 위한 차별화된 실제적 어휘 전략을 적용해 보도록 하는 자극을 제공함으로써 전체 학생에게 도움이 될 것이다.

제8장
쓰기 의사소통

Susan R. Copeland

학생이 매일 쓸 수 있는 기회(쓰기 텍스트 작문하기)를 가지지 않으면 어떠한 문해 프로그램도 완성될 수 없다. 사고와 아이디어를 쓰기 형태로 표현하는 학습은 많은 이점을 가져오며, 학생의 전반적인 문해 지식과 기술 개발에도 중요하다. 아주 기초적인 쓰기 활동에 참여하는 것만으로도 문해와 활자에 대한 장애학생의 이해는 심화된다(Pierce & Poeter, 1996). 읽기와 쓰기는 진정한 상호 관련성을 지니는 처리 과정으로 한 가지 활동의 참여는 다른 하나의 발전을 강화해 준다(Langer & Filhan, 2000). 예를 들어, 쓰기 텍스트의 창조는 단어를 해독하는 데 필요한 소리와 상징의 관계를 연습할 수 있는 기회를 제공하고, 단어 내(단어군)에 글자 패턴을 인식할 수 있게 해 주며, 어휘를 발전시키고 문법과 구문에 대한 이해를 강화시킨다.

Strum과 Koopenhaver(2000)는 쓰기를 '의미 있는 텍스트를 구성하여 이루어지며 포괄적이며 진정한 의사소통을 하는 과정'으로 정의하였다.

이 정의는 쓰기에 관하여 폭넓은 해석을 하게 해 준다. 의미 있는 텍스트에는 그림, 그래픽, 글자, 단단어, 문장, 또는 모든 것의 조합이 포함될 것이다. 이 정의는 쓰기 단계 초기에 있는 사람과 더욱 관습적인 쓰기 단계로 옮겨 가지 못하는 사람에게 작가의 역할을 열어 준다. [그림 8-1]과 [그림 8-2]는 중도장애인이 다양한 형태의 표현을 사용하여 쓰기를 한 예다. [그림 8-1]에서 쓰기를 한 사람은 쓰기 초기 단계에 있는데, 그의 생각을 표현하기 위해 글자, 숫자 열을 사용하고 휘갈겨 적었다. [그림 8-2]에서는 메시지를 구성하기 위해 그림과 함께 단어와 문장을 같이 사용하였다.

생각과 아이디어를 쓰기 형태로 제시하는 것은 학생이 손으로 단어를 꼭 적어야 한다는 것을 의미하지는 않는다는 것을 기억하는 것이 중요하다. 학생은 키보드를 사용해서 타이핑을 하거나 단어를 대표하는 그림이나 상징을 채택한 특수화된 소프트웨어 프로그램을 사용할 수도 있다(예, writing with symbols, 2000). 예측을 활용하는 소프트웨어(텍스트를 작문할 때 단어 선택의 메뉴를 제공) 또한 이러한 형태의 지원이 필요한 학생이 사

＊ 그는 의사를 방문한 내용의 텍스트를 구성하기 위해 글자, 숫자, 모양을 사용하였다.

[그림 8-1] 초기 쓰기 상태에 해당되는 지적장애 성인의 쓰기 예

[그림 8-2] 양육자에 대한 자신의 감정을 표현하기 위해 젊은이가 구성한 그림

용 가능하다. 학생은 생각을 적어 주는 사람에게 그것을 받아 적게 하거나 메시지를 전하기 위해 단어 카드와 그림을 같이 사용할 수도 있다. 이들과 유사한 선택권은 더욱 집중적인 지원이 필요한 사람임에도 불구하고 교사 및 다른 성인이 의미 있는 텍스트를 쓸 수 없다고 간주하는 이에게 쓰기를 할 수 있는 가능성을 열어 준다. 이 장에서 제시된 예와 아이디어는 접근 적 전략 또는 학생의 요구에 따른 개별화 전략을 사용하여 수정 가능하다 는 것을 꼭 명심해야 한다.

쓰기 과정의 구성 요소

쓰기는 귀납 대 순차적 방식으로 발생하는 다수의 활동이 포함되는 복 잡한 과정이다(Singer & Bashir, 2004). 학생은 텍스트가 완성될 때까지 반 드시 하나의 활동에서 다음 활동까지 연속적으로 처리할 필요는 없다. 오 히려 그들은 작품을 구성하고, 편집하고, 가다듬는 쓰기 활동 과정 사이를 전환할 수 있다. 관습적 텍스트를 성공적으로 작문하기 위해서 학생은 언어 구조의 지식(예, 구문론, 문법, 어휘)과 파닉스(예, 단어의 절차)뿐만 아니라 계획화와 조직화된 기술을 적용해야 한다. 학생은 쓰기 관습(예, 구두법, 대문자)을 반드시 알아야 하며, 그것들을 정확하게 텍스트에 적용할 수 있어야 한다. 손으로 쓴다면 그들은 단어 내에 글자를 형성하기 위해서는 소근육 운동이 충분히 잘 발달되어 있거나, 텍스트를 작문하기 위해 키보드를 사용한다면 어떻게 글자키를 빠르고 효율적으로 배치하는가를 반드시 알고 있어야 한다. 마지막으로 가장 중요한 것은 얘기할 내용이 꼭 있어야 한다는 것이다.

누군가에게 메시지를 전달하고자 하는 동기는 쓰기 과정의 통합적 부분이다. 학생이 의미와 재미를 찾을 수 있는 주제와 연결된 자극적인 활동을 제공하는 환경은 학생의 쓰기 동기를 강화시키는 가장 효과적인 수단 중 하나다. 통합교실은 쓰기 동기를 강화시켜 주는 교수와 활동의 유형을 위한 효과적인 배경을 만들어 주는 환경을 제공한다. 이러한 교실은 실제의 다양한 목적을 위한 쓰기에 참여할 수 있는 다양한 예와 기회를 제공한다. 일반 또래 아동은 쓰기 행동의 모델링을 보여 줌으로써 장애학생이 쓰기 형태로 의사소통하고자 하는 동기를 지닐 수 있게 해 준다.

쓰기 과정의 개념은 여러 가지가 있으나(예, Hayes & Flower, 1980; Singer & Bashir, 2004), 과정은 일반적으로 계획하기, 작문하기, 검토하기의 3단계로 나뉜다. 이 장에서 쓰기 과정은 일련의 연속적인 과제로 논의하지만, 성공적인 작가는 실제로 텍스트를 전개해 나가면서 각 과정 사이를 왔다 갔다 한다. 정말로 작문을 아주 복잡한 것으로 만드는 부분은 과정 사이를 회귀적으로 왔다 갔다 해야 한다는 것이다.

쓰기 과정의 첫 단계인 계획하기는 제안된 텍스트의 목적과 목표 확인하기와 잠정적 청자를 확인하기, 특정 주제 결정하기, 관련 아이디어 선택하기, 제안된 텍스트를 위한 조직적 틀 선택하기를 포함한다. 이 과정의 범위에는 메시지로 무엇을 말할 것인가에 관한 결정처럼 간단한 것부터 당신이 다수의 복잡하고 꼬여 있는 줄거리를 가진 짧은 이야기 구성을 위해 친구 집에 있다는 것을 알리는 것까지 포함된다. 쓰기를 위한 계획을 세우는 것과 그것을 성공적으로 적용하는 기술은 나이가 들어가고(Singer & Bashir, 2004) 교수를 받음으로써 향상된다(Strum & Koppenhaver, 2000). 어린 아동과 장애아동은 복잡한 구조를 사용하기보다는 말하는 것처럼 쓰는 경향이 있다. 그들은 텍스트가 일반적으로 짧으며, 일부 형태의 조직화 구조를 사용하기보다는 떠오르는 생각을 적는 의식의 흐름을 따르는 작문 스타일을 종종 사용한다(Singer & Bashir, 2004).

다음 단계는 작문하기로, 학생은 실제로 계획하기 과정에 했던 이전의 결정에 기초하여 텍스트를 창조한다. 여기서 문법, 구문, 어휘, 쓰기 관습과 조직화 기술이 개입된다. 학생은 작문의 내용을 처음의 목적과 계획한 것과 비교하고 정확한 문법, 구문, 파닉스, 메커니즘의 규칙을 적용하여 비교하면서 지속적으로 자신이 쓴 것을 모니터링해야 한다.

다음은 쓰기의 마지막 단계로 검토하기다. 이 단계에서 학생은 텍스트를 검토하고 작품 내용이 분명하게, 완전하게, 계획한 대로 전달되도록 하기 위해 필요한 부분을 수정한다. 쓰기 작법에서 실수를 교정하는 것 또한 이 단계에서 완성된다.

쓰기와 중등도 또는 중도 장애학생

쓰기 과정의 복잡성을 고려해 보면, 중등도 또는 중도 장애학생이 그들의 사고와 아이디어를 쓰기 형태로 제시하는 것을 어려워한다는 것은 놀라운 일이 아니다. 이러한 어려움 중에서 어떤 것은 직접적으로 장애에서 기인할 수 있는 반면(예, 작업기억의 문제), 다른 것들은 그들이 제공받아 온 쓰기 교수와 경험의 형태나 교수 부족에 기인할 수 있다. 이러한 요소 중 잠정적으로 그들에게 영향을 미칠 수 있는 요소는 다음과 같다.

- 교사와 다른 어른이 갖는 낮은 기대감으로 인하여 쓰기 기술을 발전 시킬 기회의 부족
- 연령에 부적절한 문해 교수 제공이나 일견 단어 인지에만 제한된 교수
- 제한된 어휘 또는 아이디어와 생각을 쓰기 형태로 표현하는 것을 어 렵게 하는 문법에 대한 불완전한 이해와 같은 근본적인 언어 문제
- 계획하기, 조직화하기와 텍스트 작문하기에 영향을 미치는 작업기억 의 제한
- 신체장애를 지니고 있는 일부 사람이 쓰기를 지겹게 만들고 시간을 소비하게 하는 소근육의 어려움과 불가능
- 학생이 작문할 때 사용하기를 원하는 단어 철자 쓰기 능력에 영향을 미치는 제한된 파닉스 지식
- 쓰기 과정에 접근할 수 있게 해 주는 공학과 지원의 부족(Singer & Bashir, 2004; Strum & Koppenhaver, 2000).

대조적으로 일부 장애인, 예를 들어 자폐증을 가지고 있는 사람은 구어 를 사용하는 것보다는 쓰기 형태의 텍스트로 공부하는 것이 더욱 쉬울 수 있다(Kluth, 2003). 그러나 이러한 특징이 자폐범주성 장애학생을 필연적으 로 다 설명해 주는 것은 아니라는 것을 기억해야 한다. 예를 들어, Calhoon (2001)은 인지장애가 있는 자폐범주성 장애학생의 단어 재인에서 라임의 사용을 조사한 연구에서 그들은 라임이 쓰기 형태로 제시되지 않으면 어 떠한 지시도 따르지 않는다는 것을 언급하였다. 그러한 학생이 다른 의사

소통 형태를 사용할 수 있도록 지원하고 격려해야 하지만, 쓰기 언어에 대한 의존은 다른 문해와 의사소통 기술뿐 아니라 사회 기술 개발을 위한 출발점으로 사용될 수 있다.

쓰기 교수의 가치

인지장애 또는 중도장애가 있는 학생은 쓰기 언어에서 어려움을 겪을 수 있다. 그럼에도 불구하고 쓰기 과정에 참여하게 되면 그들은 문해 기술을 개발할 수 있는 독특한 기회를 제공받을 수 있다. Strum과 Koppenhaver (2000)는 "쓰기 텍스트가 구어보다 오래 지속되며, 문맥, 형식 또는 사용에서 가다듬을 수 있다는 텍스트의 두 가지 특징 때문에 쓰기는 특히 장애인에게 효과적인 이동 수단이다."(p. 74)라고 하였다. 구어 언어와 달리 쓰기 텍스트는 지속적이며, 단어가 기록된 후에도 사라지지 않는다. 이러한 특징은 개인이 텍스트를 다시 보고 자신이 의사소통하기 원하는 부분을 지속적으로 개선할 수 있기 때문에 아이디어를 기록할 수 있으며, 시간에 걸쳐 재조직화할 수 있게 해 준다(Farrell & Elkins, 1995). 따라서 쓰기 텍스트를 창조하고 작업하는 것은 언어, 의사소통, 공식적인 문해 기술을 발전시킬 수 있는 다수의 기회를 제공한다.

🌐 쓰기 기술 평가하기

학생의 쓰기 평가는 다양한 방법으로 실시할 수 있다. 각 평가 방법은 장점과 약점을 지니고 있다. 의도한 바의 목적과 평가할 학생의 학습 특징을 잘 기억하면 최선의 평가를 선택할 수 있다. 공식적으로 표준화된 평가도 실시할 수 있다(예, Test of Written Language-3: TOWL-3; Hammill & Larsen, 1996). 그러나 이것들은 매일 교수를 모니터링하고 계획을 세우는 데 있어서는 더 비공식적인 교실 기반의 평가(예, 체크리스트, 루브릭)만큼 유용하지 않을 수도 있다.

텍스트 쓰기 과정에는 많은 측면(예, 내용 선택하기, 텍스트 조직화하기, 정확한 문법과 맞춤법 사용하기)이 포함되며, 이는 쓰기 텍스트의 평가를 복잡하게 한다. 학생의 쓰기를 철저하게 평가하기 위해서는 여러 가지 측면에 대하여 조사해야 한다. 여기에는 내용(예, 주 아이디어의 분명한 연결, 텍스트의 응집성), 조직화(예, 아이디어가 논리적 계열성을 지니는지), 어휘 또는 단어의 선택, 메커니즘(예, 정확한 구두점의 사용), 유창성과 문장의 구조(예, 문법 규칙에 따른 문장의 완성) 등이 포함될 수 있다. 쓰기 초기 단계에 있는 학생에게는 비공식적인 관찰이 쓰기를 평가하는 데 있어 가장 좋은 방법이다. 예를 들어, 학생의 쓰기가 낙서, 그림, 또는 가끔 글자가 포함된 낙서로 구성되어 있는가? 학생이 초기 알파벳 단계의 이해를 나타내는 소리 상징의 지식을 적용하려고 노력한 증거가 있는가? 친구에게 편지를 작성한 것이라는 것을 알 수 있듯이 자신의 글쓰기 목적이 분명히 드러나는가? 학생에게 자신이 쓴 것을 다시 읽어 보라고 지시했을 때 그렇게 하는가? 이와 유사한 질문은 학생의 쓰기 언어와 관습적 쓰기 기술의 사용에 대하여 풍부한 정보를 제공해 줄 것이다. 초기 단계에 있는 학생의 쓰기 작품을 수집하는 것은 시간에 따른 학생의 이해와 기술 수준에서의 변화를 추적하는 데 도움이 될 것이다(다음에 나오는 포트폴리오를 참조할 것).

더욱 관습적인 쓰기를 할 수 있는 학생의 텍스트는 다양한 방법으로 평가 가능하다. 이러한 것 중의 일부는 학생이 사용하는 문장 형태의 조사(단순문, 중문, 또는 복문과 불완전한 문장), 파닉스 패턴에 대한 학생의 이해에 관한 정보를 제공해 주는 철자 패턴의 조사 등이 포함될 수 있다. 평균 문장 길이를 결정하는 것은 유창성 평가에 도움이 된다(총 단어의 수/총 문장의 수). 사용한 단어의 다양성은 학생의 어휘 사용을 평할 때 사용 가능하다. 맞춤법과 대문자 사용의 조사 또한 학생이 쓰기 메커니즘을 이해했는가에 관한 그림을 제공한다.

포트폴리오

쓰기에서 학생의 진전을 평가하는 보편적 수단으로 포트폴리오를 이용하는 추세가 점점 더 증가하고 있다. 포트폴리오는 시간에 따른 학생의 작업을 수집하는 것이 꼭 필요하다. 교사, 학생, 부모는 학년 진학에 따른 학생의 성장을 평가하기 위해 포트폴리오를 사용할 수 있다. 포트폴리오는 특정 기술 영역(예, 메커니즘의 정확한 사용, 이야기 전개)과 그 기술을 위해 개별화된 루브릭을 사용하여 평가한 작품으로 이루어진다. 종종 교사와 학생은 정기적 간격으로 같이 만나 학생의 작품을 검토하고 진전의 예로써 무엇을 포트폴리오에 포함시킬 것인가를 결정한다. 이러한 방식으로 사용된다면 특히 포트폴리오는 학생 스스로 자신의 작품을 평가하는 능력을 개발하는 데 유용할 것이다. 또한 자아 평가 기술의 학습은 그들이 더욱 능숙한 독자가 될 수 있도록 도와줄 것이다.

학생의 포트폴리오에 포함된 항목에 왜 그 작품이 선택되었으며 어떻게 그것이 특정 기술 발달을 증명하는가를 나타내는가에 관한 메모를 적어 놓는 것이 교사에게도 도움이 될 것이다. 이것은 포트폴리오가 관습적인 쓰기 기술을 사용하지 않는 초기 쓰기 수준에 해당되는 학생의 쓰기 작품을 포함하고 있다면 특히 유용하다. 교사의 메모는 부모와 다른 이들에게 각 작품의 주요 특징을 알려 주고 어떻게 이러한 쓰기 작품이 쓰기 언어 기술의 진전을 나타내는가를 알려 준다.

조직화는 포트폴리오의 성공적인 사용을 위해서는 필수적이다. 학기 동안 더욱더 많은 작품이 포트폴리오에 포함된다면 많은 학생의 작품을 관리하는 것이 벅찰 수 있다. 각 학생의 쓰기 샘플을 조직화하기 위해서 간단하고 분명한 시스템을 개발하는 것이 중요하다. 포트폴리오는 스크랩북과 동의어는 아니다. 다른 말로, 학생이 쓴 모든 작품이 포트폴리오에 들어가야 하는 것은 아니다. 오직 교사와 학생이 특정 기술 분야에서 학생의 진전을 대표한다고 결정한 작품만이 포함되어야 한다.

루브릭

루브릭은 쓰기 기술을 평가하는 흔한 방법 중의 하나다. 이 평가는 특정 학생의 학습 요구와 과제 상황의 학습 요구에 맞추어 작성 가능하다(Schirmer & Bailey, 2000). 예를 들어, 하나의 루브릭은 이야기 쓰기에서 조직화의 사용에 초점을 두고 작성될 수 있는 반면 다른 것은 문장의 구조와 다양한 단어 선택의 사용을 평가할 수 있다. 일반적으로 루브릭은 교사가 조사하기 원하는 질을 구체화하고, 각 질의 다른 수준을 대표하는 척도를 선택하고, 선택한 각 수준의 질에 관한 특징을 설명하는 과정을 통해 만들어진다. 학생의 텍스트는 루브릭에 포함되어 있는 각 차원의 기준에 의거하여 점수가 매겨진다. 그후 학생의 점수는 교수와 지원이 필요한 분야를 정확히 짚어내는 데 사용된다. 〈표 8-1〉은 문단 쓰기 평가에 관한 루브릭의 예다.

| 표 8-1 | 쓰기를 평가하는 데 사용된 루브릭의 예 |

쓰기 질/ 차원	점 수			
	4	3	2	1
내용	세 가지 세부 사항이 잘 뒷받침되어 주요 아이디어가 잘 전개되어 있음	주 아이디어를 담고 있음: 세 가지 세부 사항이 있으나, 주 아이디어와 분명한 관련성을 지니지 않음	주 아이디어는 담고 있으나 지지하는 세부 사항이 세 가지 이하이거나 세부 사항이 주 아이디어와 관련성이 없음	주 아이디어가 명확하지 않음. 지지하는 세부 사항도 포함되어 있지 않음
조직화	분명한 조직 구조를 가지고 있음. 각 세부 사항은 주 아이디어를 지원할 수 있도록 적합한 순서로 배열되어 있음	구분이 되는 조직적 구조를 지니고 있음. 지지하는 세부 사항이 논리적인 순서로 배열되어 있지 않음	조직적 구조가 분명함. 그러나 지지하는 세부 사항이 주 아이디어와 어떻게 관련되어 있는지가 분명하지 않음	명백한 조직화 구조가 없음
메커니즘	실수가 아주 없거나 전혀 없음	오직 몇 개의 실수만이 있음	맞춤법, 대문자 또는 철자에서 약간 실수가 있음	메커니즘의 세 분야에서 다수의 실수가 있음

출처: Gunning, T. G. (2002a).

쓰기 교수하기

중등도 또는 중도 장애학생에게 의미 있는 텍스트를 창안할 수 있도록 가르칠 때 기억해야 할 네 가지 주요 사항이 있다. 첫째, 높은 기대감으로 시작한다. 학생이 쓰기 언어/상징으로 의사소통하기 원하는 어떤 사항이 있다는 신념으로 시작한다. 학생이 아이디어, 생각, 인상을 다른 사람에게 의사소통하기를 원하며, 이를 동기화해 주는 경험이 풍부하다고 확신한다. 둘째, 매일 학생에게 의미 있는 쓰기 기회를 제공하여 높은 기대감이 형성될 수 있도록 한다. 이것은 중요함에도 불구하고 쓰기 교수의 측면에서 종종 간과되는 부분이다. 아주 간단하게 들리지만, 이 학생은 쓰기를 어려워하기 때문에 쓰기 과제를 회피할 수 있으며, 이는 학생이 쓰기 텍스트 작문에 필요한 기초 기술을 습득할 가능성을 적게 만들기도 한다(Millar, Light, & McNaughton, 2004). 쓰기 기술은 학생이 쓰기에 참여하는 경우에만 개발되고 향상될 것이다.

셋째, 학생이 힘겹게 쓰는 동안 접근 및 지원이 가능할 수 있게 해 준다. 지원은 손잡이가 조정된 일련의 쓰기 보조 기구처럼 간단한 것 또는 컴퓨터 소프트웨어나 학생이 사용할 수 있도록 특화된 키보드처럼 복잡한 것이 될 수 있다. 쓰기에 포함된 과제의 접근은 학생이 필요로 하는 지원의 방법과 수준을 조심스럽게 선정하여 제공할 수 있다(10장 참조). 마지막으로 학생의 학습 요구와 강점에 맞춘 효과적인 교수를 제공한다. 증거 기반의 교수 실제를 활용하고 학생의 진전을 면밀히 모니터링하여 필요한 경우 조정할 수 있도록 한다. 인지 또는 중도 장애가 있는 학생을 위한 문해 교수의 다른 측면과 마찬가지로, 이 학생을 위한 효과적인 쓰기 교수에 관한 연구는 거의 없다(Bedrosian, Lasker, Speidel, & Politsch, 2003; Miller et al., 2004). 그러나 일반 아동을 대상으로 한 쓰기 교수에 관한 연구는 많으며, 그중 상당수는 더욱 중점적인 지원이 요구되는 학생에게 적용할 수 있다(Miller et al., 2004; Polloway, Smith, & Miler, 2004; Sturm & Koppenhaver, 2000). 과정적 쓰기 접근은 학생 중심의 접근법이며, 학생이 각각의 쓰기 단계에 능동적으로 참여할 수 있게 만들어 준다(Sturm & Koppenhaver, 2000). 전략 교수는 필요한 특정 분야에 목표를 두는데, 학생은 이러한 취약 부분을 다루기 위한 특정 책략을 학습할 수 있기 때문에 유용하다. 다음에 나오는 쓰기 교수 활동은 이러한 접근 중의 일부를 통합한 것이며,

인지 또는 중도 장애학생에게 효과적으로 사용되었던 것이다.

일기 쓰기

많은 학생은 일기를 쓰기 시작하면서 학업을 시작한다. 때때로 교사가 학생에게 특정 쓰기 주제에 대하여 촉진을 제공한다(예, "오늘 아침 학교 오는 길에 본 것을 적어라."). 다른 때는 학생 스스로가 주제를 선택할 수도 있다. 교사는 작가로서의 성장을 평가하기 위한 방안으로 학생의 일기를 정기적으로 검토한다.

일기 쓰기는 중등도 또는 중도 장애학생이 쓰기로 된 언어 기술을 개발하는 데 효율적인 방법이다(예, Foley & Staples, 2003). 일부 학생은 일반적으로 발달하는 또래와 같은 일기 쓰기 형식을 사용할 수 있을 것이다. 다른 학생은 아마도 이러한 가치 있는 쓰기 활동에 참여하기 위해서는 간단한 수정이 필요할 수 있을 것이다.

일기 쓰기에 있어 수정 가능한 방법 한 가지는 학생이 그날의 쓰기 촉진에 대하여 그림을 그리거나 잡지에서 그림을 선택하게 한 후 그림 밑에다 기록할 수 있도록 설명을 받아 적도록 하는 것이다. 학생은 반응을 나타내기 위해 스티커나 스탬프를 사용할 수 있다(Foley & Staples, 2003). 다른 선택권은 학생이 그들의 일기에 제목을 기록해 주는 또래나 어른에게 그것을 받아 적게 하는 것이다. 만약 바람직하고 적합하다면, 학생은 필기나 키보드 기술을 연습하기 위해 제목을 베껴 쓰거나 컴퓨터에 제목을 입력할 수 있다. 알파벳 이전 단계 또는 알파벳 단계에 있는 학생은 [그림 8-1]에 제시된 것처럼 구불구불한 선 또는 일련의 문자열을 사용하여 그들만의 일기 쓰기 촉진(journal prompts)에 반응할 수도 있다. 이것은 학생에게 쓰기 언어에 대하여 중요한 이해를 발전시킬 수 있는 기회를 주기 때문에

글상자 8-1 » **엄마가 중증도 또는 중도 장애학생을 위해 어떻게 빈칸 채워 넣기를 사용했는가에 관한 예**

Kay Osborn은 경력이 많은 특수교사이며, 앨버커키(Albuquerque) 공립학교의 뉴멕시코 대학교 인턴 프로그램(University of New Mexico Intern Program)의 슈퍼바이저를 맡고 있다. 그녀는 중도장애학생과 가족의 요구 사항에 맞추어 Mayer-Johnson이 설계한 '주말 보고서'를 수정하였다. 그녀는 매주 금요일 체크리스트를 집에 보내어 가족에게 주말 동안 아동이 참여한 활동에 표시를 해 달라고 부탁했다. (체크리스트와 일기의 빈칸을 채우는 예는 〈글상자 8-2〉에 제시되어 있다. 이 양식은 선택할 수 있도록 작성되어 있어 바쁜 가족들이 몇 분 내에 완성할 수 있다.) 가족은 월요일에 양식을 돌려주고 Kay는 그날 학생의 일기를 위한 기초 정보를 활용한다. 일부 학생은 Kay가 쓴 답을 따라 쓰거나 독립적으로 쓰거나 제시된 모델링을 보고 빈칸을 완성한다. 다른 학생들은 같은 질문을 완성하기 위해 보기에서 제시된 그림 상징을 선택한다. 이 활동은 가정과 학교 간의 의사소통을 유지하고 가장 집중적인 지원이 필요한 학생이 쓰기 의사소통을 사용하여 메시지를 만드는 데 참여할 수 있게 해 준다.

권장되어야 한다(예, 왼쪽에서 오른쪽으로 작업하기, 상징으로 언어 또는 아이디어를 대표하기). 교사는 학생에게 적은 것을 항상 큰 소리로 읽게 한 후 메모장에다 구어적 해석을 적어서 일기 페이지 위에다 붙여 놓는다.

일부 학생은 단어와 상징을 결합한 프로그램을 사용하여 일기 주제에 응대할 수 있다[예, Writing with Symbols(2000)]. 다른 선택권은 독립적으로 또는 또래의 지원을 받아 완성할 수 있는 빈칸 채우기 일기의 형식을 학생에게 제공하는 것이다(〈글상자 8-1〉은 한 특수교사가 아주 많은 지원이 필요한 학생이 쓰기 언어를 개발할 수 있도록 하기 위해 어떻게 이 접근을 사용했는가에 관한 설명이며, 〈글상자 8-2〉는 가족의 체크리스트와 일기 형식에 관한 예다).

글상자 8-2 ▶▶ 가족 체크리스트와 빈칸 채우기 일기 양식

빈칸 채우기 일기 쓰기를 위한 가족 체크리스트

이름: _____

부모: 자녀가 주말 동안 무엇을 했는가를 학급 친구에게 말할 수 있도록 도와주기 위해 아동의 주말 활동을 체크해 주시기 바랍니다. 추가 정보는 뒷면에 메모를 할 수 있습니다. 이것은 월요일 아침 등교하는 편에 보내 주시기 바랍니다. 감사합니다.

주말에 나는 _____에 갔다.

____ 몰	____ K마트	____ 식료품점	____ 공원
____ 장난감 가게	____ 교회	____ 볼링	____ 영화
____ 조부모님댁	____ 병원/의사	____ 놀이터	____ 우체국
____ 호수	____ 친구집	____ 파티	____ 동물원
____ 기타			

나는 _____랑 갔다.

____ 엄마	____ 아빠	____ 가족	____ 친구
____ 할머니	____ 할아버지	____ 오빠/형	____ 언니/누나
____ 숙모/삼촌	____ 사촌	____ 기타	

나는 _____에서 먹었다.

____ 맥도날드	____ 버거킹	____ 웬디스	____ 타코벨
____ 피자헛	____ KFC	____ 데니스	____ 소닉
____ 기타			

빈칸 채우기 일기 양식(위 가족 체크리스트의 정보를 기초로 학생이 작성할 것)

이름: _____   날짜: _____

나는 _____에 갔다.
나는 _____랑 갔다.
나는 _____ 했다.

쓰기 대화

앞서 얘기했듯이, 수업이 있는 날 학생에게 정말로 쓸 수 있는 기회를 여러 번 준다면 학생의 쓰기 능력은 아주 빠른 향상을 보일 것이다. 학생이 텍스트를 쓸 수 있도록 격려해 주는 간단하고 재미있는 방법은 정기적으로 교사나 또래와 쓰기 대화에 참여시키는 것이다.

이것은 여러 가지 방식으로 활용될 수 있다. 간단한 한 가지 방법은 한 주에 여러 번 짧은 시간 블록으로 그 활동의 스케줄을 잡는 것이다. 학생에게 시간 블록 동안에 큰 소리를 내어서는 안 된다는 것을 설명한다. 서로서로 말을 하는 대신, 학생과 교사는 그들이 말하고 싶은 것을 써서 쓰기 파트너에게 작성한 메모를 건네주어야 한다. 예를 들어, 교사는 학생이 관심 있어 하는 것을 물어 메모를 시작한다(예, "Harry Potter 영화에 대해 어떻게 생각하니?"). 학생은 메모를 읽고 그 질문에 대한 답을 적는다. 교사는 그 메모에 글로 써서 대답하고, 이러한 방식으로 대화는 계속된다.

학생의 메모에 단어나 그림 또는 두 가지가 조합된 것이 포함될 수 있다. 학생이 노트 내용에 집중하는 것 대신 쓰기 대화가 너무 길어져 지루해지는 것을 방지하기 위해 학생에게 메모는 채점이 되지 않는다는 것을 확실히 알려 준다. 학생이 정확한 문법과 쓰기 대화를 사용할 수 있도록 격려하지만 완벽한 작품이 아닌 쓰기 파트너가 이해할 수 있는 방식으로 종이에 자신의 생각을 적을 수 있도록 하는 것이 요점이라는 것을 상기시켜 준다. 이것은 유창성을 촉진시키며 학생이 자신의 생각을 쓰기 형식으로 옮기는 것을 학습할 수 있도록 보조해 준다.

　이 활동의 논리적 연장은 학생이 친구 또는 다른 이들에게 편지를 쓰는 상황을 만드는 것이다. 쓰기의 실제적인 청자(예, 펜팔)가 있다는 것은 학생에게 동기를 부여하며, 학생이 계획을 세우고 아이디어를 생성할 수 있도록 도와준다(Stanford & Siders, 2001). 많은 교사는 다른 교사의 학급에 있는 학생과 팀을 구성하는 펜팔 전략을 사용한다. 두 그룹은 정기적으로 편지를 주고받는다. 때때로 학생은 다른 주 또는 세계의 다른 지역에 있는 학급과 팀을 이룬다. 이것은 학생에게 그들과 다른 경험을 가지고 있는 또래를 알 수 있는 기회를 제공한다. 그렇게 함으로써 지리, 사회, 경제와 수학과 같은 다른 교과와 통합하여 쓸 수 있는 다수의 기회가 제공된다.

　펜팔 팀은 같은 학교 또는 지역에 있는 학급과도 같이 할 수 있다. 파트너는 또래 혹은 나이가 많거나 어린 학생과도 할 수 있다. Veronica Moore와 Frances Duff는 지역 고등학교에 있는 통합학급 교사로, 자신의 학생(장애학생과 비장애 학생)과 이웃에 있는 초등학교 학생(장애학생과 비장애 학생)과 함께 팀을 형성하였다(Moore, Metzler, & Pearson, 2006). 두 그룹은 정기적으로 서신을 주고받으면서 학기 동안 쓰기 능력을 연습할 수 있는 다수의 기회를 제공받았다. 연말에 고등학생들은 펜팔 상대자의 교실을 방문하여 그들의 경험을 축하하는 파티를 하였다. 이 활동은 쓰기 의사소통 기술을 개발하고 개선할 수 있는 기회를 주었다. 이것은 저학년 학생이 고학년 학생과 친해지고, 고학년 학생의 발전된 문해 기술을 사용하며 이득을 얻을 수 있게 해 주며 나이가 많은 장애인과 비장애인의 충실한 멘토 역할을 할 수 있게 해 준다.

이메일은 순식간에 현대판 편지쓰기가 되었으며 펜팔 활동은 학생이 이 메일로 파트너와 서신 교환을 할 수 있게 해 주었다. 이메일은 학생에게 매우 동기부여가 되는 활동이며 쓰기 언어 기술을 강화시키는 데 효과적인 수단이다(예, Stanford & Siders, 2001). 그러나 이메일 활동을 시작하기 전에 학교 지역구 경찰이 인터넷 사용에 관하여 찬성을 하는지, 학생이 책임감 있게 안전한 방법으로 인터넷을 사용하는가를 확실하게 감독해 줄 수 있는지를 알아보는 것이 필수적이다. 일부 학생은 활동에 참여하기 위해서는 특화된 키보드나 이메일 소프트웨어 프로그램이 필요하기 때문에 인터넷의 접근성을 고려하는 것도 필수적이다. 보조공학 직원 또는 언어병리학자는 종종 이러한 형태의 접근 문제를 해결하는 데 큰 자원이다.

같이 쓰기

특히 쓰기를 어려워하는 중등도 또는 중도 장애학생은 종종 아이디어를 생성하고 쓰는 것을 어려워한다(Sturm & Koppenhaver, 2000). 같이 쓰기를 촉진시키는 가장 강한 수단 중의 하나는 그들에게 쓰기 과정에 대한 완전한 모델링을 제공해 주는 것이다. 같이 쓰기는 교사와 학생이 쓰기 과정에 같이 참여할 수 있는 기회를 가지는 것이다. 같이 쓰기는 교사가 쓰기 텍스트를 만들기 위해 쓰기 과정이 어떻게 이동되는가에 관한 모델링을 먼저 제공하면서 시작된다. 교사는 무엇에 대하여 쓸 것인가, 어떻게 조직화할 것인가, 계획한 것을 어떻게 쓸 것인가와 마지막으로 어떻게 검토하고 완성된 작품을 어떻게 편집할 것인가를 결정하는 과정을 보여 주기 위해 생각을 소리 내어 말하기(6장 참조)를 사용한다. 학생은 교사와 함께 그 과정에 능동적으로 참여하며(집중적인 지도가 필요한 학생을 위한 성공적인 교수의 다른 주요소), 교사는 점차로 학생이 그 과정에서 독립적으로 해낼 수 있는 부분이 많아지면 지원을 줄여 나간다. 문해 프로그램에 같이 쓰기를 통합할 수 있는 방법은 많다. 다음에 나오는 것은 인지 또는 중도 장애가 있는 학습자와 특히 관련성을 지니는 교수 활동이다.

아침 메모

아침 메모는 장애와 비장애 학생의 쓰기 기술을 강화하는 데 폭넓게 사용된다. 다수의 방법으로 변화 가능하지만, 일반적으로 교사는 학급을 위한 짧은 메시지를 매일 적을 수 있도록 도표나 칠판의 한 부분을 따로 지정해 둔다. 교사는 스스로 메시지를 만들고, 그것을 칠판이나 도표에 적으면서 큰 소리 내어 읽는 활동을 시작하여 교사가 어떻게 쓰기 주제를 정하는지, 그것이 어떻게 쓰기 형태로 기록되는지를 모든 학생이 볼 수 있도록 도표나 차트 위에 그것을 적는다. 메시지의 내용은 폭넓게 변화될 수 있다. 간단히 날짜를 적고 그날의 날씨를 묘사하거나 학급이나 교실에서 일어난 재미있는 사건과 관련지을 수도 있다. 아침 메모의 예는 〈글상자 8-3〉에 제시되어 있다.

글상자 8-3 》》 아침 메모의 예

> 오늘은 10월 28일 월요일이다. 바람이 분다. 나무에서 잎이 떨어진다. 춥다. 오늘 코트는 입고 왔니?
>
> 좋은 아침이야, 얘들아! 오늘 우리 학급에 두 명의 방문객이 올 거야. 한 명은 특별한 유니폼을 입고 차를 운전해. 다른 한 명은 차를 타고 있지만 운전은 하지 않아. 그 사람 직업은 파트너를 위해 물건을 찾아 주는 일을 해. 방문객이 누구인지 알겠니?

교사는 아침 메모를 소리 내어 작문하고 난 뒤 지정된 공간에다 적는다. 교사는 그것을 다시 읽고 구어와 도표에 적혀 있는 문어 사이의 관계를 증명하기 위해 손가락을 사용하여 다시 읽는다. 학생이 다 같이 합창 읽기를 사용하여 읽을 수도 있고, 개별 학생이 메시지 내에 있는 특정 단어나 글자를 찾아 읽도록 할 수도 있다. 때때로 교사는 철자나 메커니즘을 고의적으로 틀리게 적어 학생이 그것을 찾아서 바르게 고칠 수 있도록 격려한다. 교사는 또한 학생의 이해를 도와주기 위해 자기가 왜 특정 단어를 선택했는지, 특정 구두법을 사용했는지 등의 특정 질문을 할 수도 있다(예, "왜 나는 Mr 뒤에 마침표를 찍었을까요?")(Reutzel & Cooter, 2004). 일부 교사는 초보 학생에게 필기하는 법과 메커니즘을 연습시키기 위해 메시지를 노트북에 베껴 적게 할 수 있다. 학생이 쓰기 과정에 대하여 능숙해지면 교사는 개별 학생에게 메시지를 받아 적게 하거나 특정 학생에게 앞으로 나와서 도표나 칠판에 메시지를 실제로 쓰게 한다.

언어 경험 이야기

같이 쓰기와 결합된 언어 경험 이야기는 학생이 문어에서 유창성을 획득할 수 있는 효과적인 한 방법이다. 활동은 모델링이 제공되고 쓰기 과정에 학생이 능동적으로 참여하며 학생의 흥미와 실제 경험이 결합되기 때문에 효과적이다. 종종 저학년 학생과 함께 이 활동을 할 수 있으나 나이가 많은 독자와 작가도 또한 성공적으로 사용할 수 있다. 각각 수준이 다른 학생이 참여할 수 있으므로 그 구조는 통합 학급에서도 효과적으로 사용 가능하다. 더 능숙한 독자와 작가는 아직 기술이 많이 진보되지 않은 학생에게 모델을 제공해 주지만 그 활동은 모든 사람이 일정 수준에서 참여할 수 있게 해 준다.

언어 경험 접근의 다른 장점 중 하나는 교사가 다양한 형태의 쓰기 장르를 학생에게 소개해 줄 수 있다는 것이다. 예를 들어, 학생은 교실의 애완동물, 자신이 가장 좋아하는 간식에 대한 조리법, 반 친구가 하고 있는 게임의 지시 사항을 적거나, 학생이 관심 있는 주제에 대해 교장에게 편지를 쓰거나, 과학 시간에 학습한 태양계에 관한 정보를 요약하여 쓸 수 있다. 잠정적 주제에 대한 아이디어는 무궁하지만 모든 학생이 어떠한 방법으로든지 참여할 수 있는 활동과 경험에 기초하여 선택되어야 한다.

언어 경험과 같이 쓰기를 사용하는 첫 번째 단계는 학생을 위해 쓰기 과정의 기초가 되는 공유 가능한 경험을 만드는 것이다. 이 경험은 급우들이 함께 간 소풍일 수도 있고, 급우들이 읽은 텍스트(또는 교사가 학생에게 읽어 주었던 텍스트)에 반응하는 것 또는 모든 학생이 참여했던 활동이 될 수도 있다. 활동 후 교사는 경험과 관련 있는 작문을 하기 위해 전체 교실 학생 또는 소그룹의 학생과 함께 작업한다. 교수 과정 동안 교사는 생각을 소리 내어 말하기를 사용하여 쓰기 과정의 모델링을 제공하면서 이야기 창조와 편집 과정에 학생의 참여를 유도한다. 학생이 계획하기, 작문하기, 검토하기가 능숙해지면 교사는 지원의 양이나 제공하는 도움을 줄여 나가면서 학생이 점차 쓰기 과정에 대한 완전한 책임감을 가질 수 있도록 한다.

교수를 시작하기 위해 교사는 제안한 쓰기 활동의 목적을 명시한다(예, 〈신데렐라〉를 보러 지역 극장에 견학을 갔던 이야기를 만든다). 교사는 학생에게 이야기하고 싶은 것(또는 다른 쓰기 작품)을 받아쓰라고 한 후 학생의 제안을 칠판 위나 도표에 쓰게 한다. 교사는 추가 세부 사항이나 내용을 명확히 하기 위해 촉진을 사용한다. 교사는 학생에게 단어 내에서 특정 소리를 쓰는 데 필요한 글자를 확인할 수 있도록 질문하여 문해 교수의 다른 측면을 강화할 수 있는 기회로 활용할 수 있다. 수업은 이야기 사건을 연속적으로 조직화하기 또는 쓰기 메커니즘을 활용하기 등과 같이 특정 쓰기 기술에 대하여 구조화하거나 전체로서 쓰기 과정의 일반적 모델을 제공해 줄 수 있다.

교사는 학생이 이야기가 완성되었다는 것을 판단할 수 있을 때까지 수업을 계속한다. 다음 수업 시간 동안 교사와 학생은 수정과 편집을 시작한다. 그들은 이야기를 다시 읽고 쓰기 활동의 목적에 부합되는지와 추가 내용이나 세부 사항이 필요한지를 결정한다. 일단 학생이 내용에 만족한다면 편집 단계로 넘어간다. 학생은 이야기를 주의 깊게 검토하고 메커니즘 또는 철자에서 실수가 있는가를 검토한다. 교사는 쓰기 메커니즘(예, 쉼표의 사용)에 관한 사전 수업을 강화하기 위한 기회로 이 수업을 사용할 수 있다.

이야기가 완성되고 정확하다고 판단한 후 학생은 그것을 출판한다. 학생은 이야기를 손으로 적거나 타이핑을 하고 페이지에 삽화나 그래픽을 첨가하고, 만족할 때까지 작품을 완성하고 나면 그 작품을 학급 문고에 배치한다. 학생은 자신이 선택한 읽기 시간에 언어 경험 작문을 선택하여 읽을 수 있다. 중등도 또는 중도 장애학생은 그들 자신의 경험에 기초를 두고 있는 이야기이기 때문에 특히 읽기를 즐길 것이다. 추가적 이야기는 학기 동안 첨부한다. 교실활동의 역사라 할 수 있는 이 이야기는 복사해서 학년 말에 각 학생에게 기념품으로 나누어 줄 수 있다. 학급 웹사이트가 있다면 언어 경험 이야기를 학생, 가족, 다른 이들이 즐길 수 있도록 사이트에 올릴 수도 있다.

책 만들기

학생은 스스로 선택한 책 읽기 시간이나 다른 이들과 같이 읽을 수 있는 책 만들기를 즐긴다. 책을 만드는 과정은 문어를 쓰고 활용하는 것과 관련 있는 문해 기술을 가르친다. Ray(2006)는 "우리가 학생에게 쓰라고 요청하기보다 무엇인가를 쓸 수 있게 해 준다면 차별적으로 자신의 일을 하게 될 것이다."(p. 14)라고 하였다. 자신을 책의 저자로 생각하게 하는 것은 학생으로 하여금 쓰기 과정의 목적에 관하여 깊이 이해할 수 있게 해 주며 기술을 확장시켜 준다(Ray, 2006).

학생이 만든 책은 여러 가지 형태를 취할 수 있다. 학생의 경험에 기초하여 책을 만들 수도 있다(앞의 언어 경험 이야기에 관한 내용 참조). 고학년 학생이 저학년 학생과 같이 공유할 수 있는 책을 만드는 것은 동기를 강화시켜 준다. 비록 이러한 책은 낮은 수준의 텍스트가 포함되어 있지만, 책을 만드는 과정은 학생에게 중요한 문해 기술을 습득하고 연습할 수 있는 연령에 적합한 많은 기회를 제공해 준다. 낮은 수준의 텍스트를 사용하는 것은 문해 초기 단계에 있는 학생이 활동에 참여할 수 있게 해 주며, 더욱 발전된 문해 기술을 가지고 있는 학생에게도 도움이 된다.

아동 책 구성하기는 계획하기, 내용 조직하기, 텍스트 작문하기, 삽화나 사진으로 지원해 주기와 완성될 때까지 이야기 고쳐 쓰기와 편집하기가 포함되며, 학생은 각각의 쓰기 과정에 참여해야 한다. 학생은 새롭게 만든 책 읽기를 연습할 수 있으며, 학생이 다 습득했을 때는 저학년 학생과 함께 책을 공유할 수 있다. 이러한 책의 형태는 글자가 없는 그림책, 예측 가능한 텍스트로 된 책, 간단한 우화나 저학년 학생에게 적합한 다른 형태를 취할 수 있다.

아동 책 만들기에 있어 재미있는 변형은 간단한 구성과 함께 고학년 학생에게 적합한 내용을 사용하는 것이다. 예를 들어, 지역 내 한 교사는 동료 교사들과 함께 10대 중등도 또는 중도 장애학생을 대상으로 한 마약 남용의 위험에 관한 책 만들기를 했다. 그 내용은 나이에 적합하지만 구성은 마약 사용의 위험을 전달할 수 있도록 예측 가능한 텍스트와 간단한 일화로 구성하였다. 이 같은 형태의 활동을 다양한 수준의 학습자로 구성되어 있는 그룹을 대상으로 실시해 볼 수 있다. 그들은 간단한 형태에서 높은 수준의 개념을 사용하여 연령에 적합한 주제와 관련된 책 만들기 작업을 같이 할 수 있다. 모든 능력 수준의 학생은 내용 학습과 문해 능력을 개발할 수 있는 기회를 제공해 주는 이와 같은 형태의 활동을 통해 이익을 볼 수 있다.

파워포인트 소프트웨어 프로그램은 구어를 사용하지 못하거나 신체적 어려움이 있는 학생이 접근 가능한 책을 만들 수 있는 가장 간단한 방법이다. 파워포인트가 지니고 있는 여러 가지 특징은 이상적인 목적을 성취할 수 있게 해 준다. 이것은 폭넓게 활용할 수 있고 학습 및 사용하기가 쉬우며, 그래픽 또는 사진을 프레젠테이션에 쉽게 삽입할 수 있고 각 슬라이드에 이야기를 녹음할 수 있다. 글씨를 못 읽는 학생은 컴퓨터가 책을 읽어 주는 동안에 컴퓨터를 사용하여 파워포인트로 된 책장을 넘긴다. 파워포인트 슬라이드 조작에 필요한 키보드를 사용하지 못하는 학생은 (개별 특유의 운동의 어려움에 맞추어진) 스위치를 사용하여 다음 슬라이드로 옮겨 갈 수 있다. 이와 같은 특징은 학생에게 독립성을 제공하며, 그들에게 사회적으로 가치 있는 역할을 부여해 주는 공학을 사용할 수 있게 해 준다. 예를 들어, 아주 심각한 지원이 필요한 학생은 자신이 스스로 선택한 책 읽기를 하는 동안 또래 급우들에게 책을 읽어 주기 위해 이 프로그램을 사용할 수 있다.

파워포인트 활동은 학생의 쓰기 언어 기술을 개발할 수 있는 다른 방법을 제공한다. 책은 출판된 텍스트를 사용하여 파워포인트로 만들거나 교사나 학생이 만든 책을 파워포인트 형식으로 만들 수 있다(〈글상자 8-4〉는 학생과 함께 파워포인트 책을 만드는 데 필요한 단계에 대한 개요다). 예를 들어, 지역 교사는 학생이 좋아하는 이야기책에서 선택한 그림을 스캔할 수 있

글상자 8-4 파워코인트 소프트웨어를 사용하여 책을 만드는 단계

파워포인트를 사용하여 책 만들기

다음의 것과 함께 스캐너와 컴퓨터가 필요할 것이다.

- 소리 카드
- 마이크로폰(내장 또는 외장)
- 스피커

1. 급우들과 함께 책을 선택하거나 만든다. 팁: 만약 대용량 메모리가 있는 컴퓨터가 없다면 간단한 삽화가 있는 책을 선택한다.
2. 책의 삽화를 컴퓨터에 스캔한다(잊어버리지 말고 파일을 저장한다). 모든 그림을 사용할 필요가 없다는 것을 기억한다. 이야기의 의미를 가장 잘 전해 주는 삽화를 선택한다.
3. 파워포인트 프로그램에서 새로운 프레젠테이션을 연다. 삽입 기능을 사용하여 각각의 슬라이드에 이미지를 삽입한다.

음성 내레이션 녹음하기

1. 삽화가 저장되어 있는 파워포인트 프레젠테이션을 연다. 외장마이크가 있는 컴퓨터를 사용하면 마이크가 꽂혀 있고 전원이 들어와 있는가를 확인한다. 외장 탭 위나 일상적인 그림에서 슬라이드 탭, 녹음하기를 원하는 부위에 슬라이드 아이콘이나 엄지손톱을 선택한다.
2. 슬라이드쇼 메뉴에서 내레이션 녹음을 클릭한다. 마이크로폰 수준을 정하여 클릭한다. 마이크로폰의 수준을 맞추기 위해 지시 사항을 따른다. 완성되었을 때 OK를 클릭한다.
3. 슬라이드 메뉴에서 첫 번째 슬라이드의 내레이션 텍스트를 말한 후 클릭하여 다음 슬라이드로 넘어간다. 그 슬라이드에 해당되는 텍스트를 말하고 다음 슬라이드로 넘어가고 계속 이러한 방식으로 진행한다. 잠시 멈춘 후 다시 내레이션을 시작하려면 슬라이드 오른쪽을 클릭하고 내레이션 일시정지나 내레이션 다시 시작하기 단축 메뉴를 클릭한다.
4. 이러한 단계를 각 슬라이드의 내레이션이 완성될 때까지 반복한다.
5. 빠져나오는 장면으로 다시 돌아왔을 때 내레이션을 자동적으로 저장할 수 있도록 클릭한다.

다. 학생은 모든 이들이 즐길 수 있는 상호작용적인 책을 만들어 각 그림에 해당하는 텍스트를 녹음할 수 있다. 다른 교사와 학생은 예측 가능한 텍스트를 사용하여 학급 여행에 대한 이야기를 만들 수 있다. 학생은 이야기를 설명할 수 있는 삽화를 그릴 수 있다. 교사는 텍스트와 삽화를 컴퓨터에 스캔한 후 학생과 이 이미지로 파워포인트 책을 만든다.

이야기 문법

앞서 언급하였듯이 계획은 쓰기 텍스트 만들기에서 가장 중요한 부분이다. 효율적인 쓰기 과제 계획 세우기에 관련된 교수는 모든 학생에게 이득이 되지만, 더욱 집중적인 지원이 필요한 학생은 쓰기 프로젝트 계획 세우기를 학습하기 위해 명백한 교수와 지원이 필요하다. 계획하기 과정을 가르치고 지원할 수 있는 한 가지 방법은 그들이 쓸 간단한 이야기를 계획할 수 있도록 이야기 문법 사용 방법을 가르치는 것이다. 이야기 문법은 쓰기과정 교수의 각 요소, 즉 계획하기, 작문하기, 검토하기와 출판하기가 통합되어 있으므로 쓰기과정의 접근을 강화시켜 주는 이점 또한 지니고 있다. 예를 들어, Bedrosian과 동료들(2003)은 두 명의 중학생(한 명은 자폐, 다른 한 명은 인지장애)에게 이야기를 만들기 전에 7개의 이야기 문법에 대답하는 것을 가르쳤다. 이 질문은 이야기 지도를 형성한다. 학생들은 이야기를 만들 때 이야기 지도를 개요 서술로 사용했다. 두 학생 모두 이야기 지도 사용법을 학습한 후에 이야기 문법을 포함하여 이야기를 쓰는 능력이 향상되었다. 게다가 그들 모두는 더욱 정확한 쓰기 규칙을 사용했으며 이야기 쓰기에서도 구문과 문법 실수가 적게 나타났다.

쓰기 과정 지도를 위해 이야기 지도를 사용하기 위해서 교사는 학생에게 각 이야기 문법 요소의 주요 질문을 포함한 빈칸의 이야기 지도를 보여 주면서 교수를 시작했다(〈글상자 8-5〉참조). 교사와 학생은 각 질문에 대한 대답을 자유롭게 제시했으며, 교사는 학생에게 각 요소에 대하여 가장 마음에 드는 아이디어를 선택하고 문장 형태로 답을 적게 했다(모든 학생이 아이디어를 제시하게 하여 모두가 그 이야기에 대하여 주인의식을 느낄 수 있게 한다). 그다음 교사가 제공하는 모델링과 지원을 받은 학생은 돌아가면서 이야기 문법 질문에 해당되는 답을 사용하여 작문을 한다. 학생은 돌아가면서 문장을 작성하거나 슬라이드, 칠판, 또는 LCD(Liquid Crystal Display, 액정화면) 프로젝트를 이용하여 교사가 기록한 문장을 받아 적어 그룹에 있는 모든 학생이 어떻게 이야기가 완성되어 가는지를 볼 수 있도

글상자 8-5 ≫ 계획하기를 도와주는 이야기 문법

이야기 제목: _____

1. 누구에 관한 이야기인가요?(인물) _____
   _____

2. 이야기는 어디서 일어난 것인가요?(배경) _____
   _____

3. 제일 먼저 일어난 사건은 무엇인가요?
   그다음 무슨 일이 일어났나요? _____
   그 후에는 무슨 일이 일어났나요? _____

4. 그 이야기는 어떻게 끝났나요?(해결) _____
   _____
   _____

출처: Bedrosian, J., Lasker, J., Speidel, K., & Politsch, A. (2003).

록 한다.

각 이야기 문법 요소가 그룹 이야기에 통합된 후에 교사는 재검토 과정을 모델링해 준다. 교사는 이야기가 완성되었는지 또는 이야기의 향상을 위해 추가할 요소가 있는지와 영작법이 정확히 사용되었는지를 점검하기 위해 소리 내어 읽기와 교사 스스로에게 묻는 생각을 소리 내어 말하기 과정을 사용한다. 그룹이 그 이야기에 만족한다면 학생은 교대로 컴퓨터에 그 이야기를 타이핑하고 자신이 원하는 삽화나 그래픽을 추가한다. 완성된 작품을 프린터로 출력하고, 학생이 읽을 수 있도록 학급 도서관에 배치한다. 교사와 그룹이 이 과정을 여러 번 반복한 후에 학생은 자신의 이야기를 완성하기 위해 이야기 지도를 사용하여 소그룹 또는 짝을 지어 작업할 수 있다.

시

"인지장애 또는 중도장애 학생을 대상으로 시를 교수한다고? 농담이겠지? 당신은 우리 반 아이들을 잘 모르거나 그것을 하라고 추천하지는 않겠지!"

이 평은 중도장애학생을 위한 문해 수업에서 인지장애학생을 포함하여 또래와 함께 공유할 수 있는 시를 짓기 위해 학생과 같이 작업해야 한다는 것을 알게 될 때 졸업반 교사가 흔히 보이는 반응이다. 이 교사 중 상당수는 심한 인지장애, 신체의 어려움 또는 심한 자폐를 가진 학생과 함께 작업을 했다. 우리가 그들이 학생과 함께 시를 지어야 한다는 것을 제안했을 때 많은 사람은 그러한 일이 가능하다고 믿지 않았다. 시가 정말로 학생의 문해 능력을 개발하는 데 효과적인 수단이 될 수 있을까? 물론이다. 시 창작은 학생의 언어와 문해 능력을 개발하는 데 매우 효과적이며, 학생과 교사 모두에게 즐거운 작업이다(예, Kahn-Freedman, 2001; Sturm & Koppenhaver, 2000).

시를 사용하여 쓰기 수업을 전개할 때의 첫 번째 단계는 시는 복잡한 라임 책략(rhymes schemes)으로 구성될 필요가 없으며, 성공적인 시 창작을 위해 약강 5보격(iambic pentameter)도 필요 없다는 것이다. 단지 교사와 학생의 창조적인 사고가 필요할 뿐이다. 시는 상상적인 방법으로 즐기고 사용하는 언어에 관한 것이다. 장애학생에게 문자 언어를 지도하는 것은 종종 구조화되고, 예측 가능하며, 솔직히 때로는 지겹기도 하다. 쓰기 부진아은 쓰기 과정에 흔히 좌절감을 느끼며, 압도당하며 상당수는 포기한다. 시의 이러한 유연성은 폭넓고 다양한 기술 수준에 있는 학생이 성공을 경험하고 창의성을 표현하고 새로운 기술을 습득할 수 있게 해준다. 학생은 자신을 작가로 보기 시작하며 쓰기 언어 기술을 연마할 수 있는 새로운 동기를 찾게 된다.

다른 형태의 문해 활동처럼 학생이 관심 있는 주제나 삶의 경험과 직접적으로 관련된 주제를 사용하여 시 수업을 시작한다. 학생에게 이러한 주제에 관한 여러 가지 형태의 시를 읽어 주면서 시작한다. 학생에게 시가 어떠한 것이며, 시의 형태가 여러 가지 있다는 것을 분명하게 보여 준다. 학생에게 시의 조직적 구조와 내용을 동시에 창조하게 하는 것보다 자신이 좋아하는 시의 형식과 구조를 제작하게 하는 것이 시 창착을 막 시작한 학생에게는 더 쉬울 것이다. 〈글상자 8-6〉은 교사가 어떻게 이 접근을 지적장애가 있는 학생을 대상으로 효율적으로 사용할 수 있는가에 관한 예를 든 것이다.

학생이 이러한 쓰기 활동을 하도록 도울 수 있는 다른 방법은 학생의 흥미를 유발시킬 수 있는 그림이나 사진을 제공하는 것이다. 학생에게 사진과 관련된 구(즉, 구조)를 제공하고, 구의 빈칸에 자신의 아이디어로 채울

글상자 8-6 》》 교사와 학생이 함께 한 시쓰기 경험

아주 집중적인 지원이 요구되는 중학생을 가르치는 교사인 Frances Farah는 어떻게 자신의 학생과 함께 시를 썼는가를 설명하였다.

이 시를 쓰기 위해 교실에서 활용 가능한 자료를 사용했어요. 나는 시의 본질을 설명하려고 했지만 그는 이해를 못했어요. 그래서 나는 시는 거의 책과 같으며 이야기를 할 수 있는 것이라 설명했어요. 우리는 Shel Silverstein의 시 전집을 살펴보았지만 제 학생은 분명 흥미를 잃어 가고 있었어요. 그래서 우리는 음식, 사람, 학교에 관한 내용이 포함되어 있는 다른 시 전집을 사용했어요. Jesus는 먹는 것을 너무 좋아하기 때문에 최종적으로 음식에 관한 부분으로 옮겨 가 벌레를 먹는 것에 관한 시를 읽었어요. 학생이 그 부분에서 웃었기 때문에 나는 그곳부터 시작했어요. 나는 그에게 벌레를 먹을 것인지를 물어보았으며, 그는 폭발적인 상상력을 발휘했어요. 나는 그가 말한 모든 것을 적은 후 타이핑해서 구문을 출력했어요. 나는 그것들을 잘게 조각으로 자르고, 마치 Jesus가 최종적으로 우두머리가 되는 것처럼 우리가 재미를 느낄 수 있는 방식으로 그 조각을 재배열했어요. 그는 그것에 사인을 하고 아주 자랑스러워했어요. 내가 그에게 감사를 표현했을 때 아주 큰 미소를 지으면서 "천만에요."라고 했어요.

Frances Farah
Polk 중학교

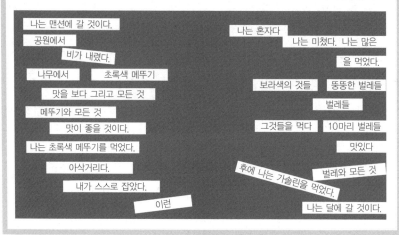

수 있게 한다. 예를 들어, 중도장애 초등학생 한 명은 교사의 지원을 받아
자기가 좋아하는 음식인 피자에 대한 시를 작성하였다. 교사는 학생에게
기본 형태를 제공하였으며, 학생은 빈칸을 채울 단어를 구상하였다. 학생
이 선택한 단어들(부드럽고 끈적거리는[gooey], 아주 맛있는[yummy], 치즈 냄
새가 나는[cheesy])은 중도장애를 지닌 사람이 알 것이라고 생각되지 않는
것들이었다. 그녀의 시는 중등도 또는 중도 장애를 지니고 있는 학생에게
높은 기대감을 지니는 것과 창조적인 문해 경험에 참여할 수 있는 기회를
제공해 주는 것이 어떠한 영향력을 지니는 가를 입증하였다. 이합법(보통
각 행의 첫 글자를 아래로 연결하면 특정한 어구가 되게 쓴 시나 글-역자 주)은
중등도 또는 중도 장애학생에게 시에 대한 아이디어를 도입하는 또 다른
방법이다. 학생은 자신을 설명하기 위해 형용사 목록을 생성하는 데 자신
의 이름 글자를 사용하거나 그들이 흥미 있어 하는 주제를 제시하기 위해
단어를 사용할 수도 있다. 또 다른 선택권으로 감각자극에 중점을 둔 시를
고려해 볼 수 있다. 좋아하는 사건의 소리, 냄새, 시력 또는 맛에 집중하는
것은 창의성을 유도하고 단어 사용을 확장하고 감정과 정서를 표현하는
또 다른 방법이다(Kahn-Freedman, 2001). Sturm과 Koppenhaver(2000)는
Koch(1971)의 설명을 심한 인지장애를 지니고 있는 청년이 소리에 기반을
두고 작성한 시와 연관시켰다. 시는 시작 구문["축구 경기에서 듣게 되는 소
리 하나는……" (p. 82)]으로 시작한 후에 청년이 축구경기에서 들은 소리를
다시 이야기한다(예, 기름에 튀겨지는 감자튀김과 끓는 핫도그). 그 시는 쓰기
기초로 학생 자신의 경험에 기초하는 것에 대한 영향력을 입증하였다. 이
는 시의 유연성이 쓰기 텍스트를 구성할 수 있다는 것 또한 증명하고 있
다. 시에서는 다른 문해 형식에 비해 쓰기 문법이 엄격하게 요구되지 않기
때문에 학생은 메커니즘에 대해서 걱정하는 것보다는 내용을 생성하는 것
에 초점을 맞출 수 있다. 이것은 자신의 아이디어를 종이에 적는 연습을

하기 위해 스스로 표현해 본 경험을 거의 가지지 못했거나 못했던 학생을 보조해 줄 수 있다.

요 약

중등도 또는 중도 장애학생은 개별화된 지원을 제공받고 기술을 개발하고 연습할 수 있는 기회만 주어진다면 의미 있는 텍스트를 작성할 수 있다. 우리 임상가와 양육자가 해야 할 첫 단계는 쓰기 과정이 무엇인가에 대하여 깊이 있게 이해하고 그들을 의사소통할 수 있는 메시지를 지니고 있는 진짜 작가로 보는 것이다. 그들의 능력은 자신이 도전하는 것보다 우리가 보지 못하는 것으로 종종 방해를 받을 수 있다.

제9장
문해 개발과 보조공학 지원

Beth E. Foley & Amy Staples

이전 장에서 우리는 중도장애를 가진 학생에게 기존의 교육 현장에서 찾을 수 있는 폭넓은 문해 교수와 풍부한 발행물의 환경을 제공하는 중요성에 대해 배웠다. 그러나 우리는 중도장애아동이 양질의 문해 학습 환경으로부터 종종 제외되는 것을 안다(Forley & Pollatsek, 1999; Foley & Staples, 2003; Hedrick et al., 1999; Katims, 1996; Koppenhaver, 2000). 그럼에도 올바른 문해 교수의 실제는 의사소통 유창성과 읽기 이해력, 어휘 발달 및 음소 인식과 같은 필요한 기술을 발달시킨다. 이러한 중대한 장애를 가진 이들을 위한 일반교육과정에의 접근이 증가되는 만큼 「아동낙오방지법(No Child Left Behind: NLCB)」과 IDEA는 명시적이고 체계적이고 모든 학생을 위한 연구에 바탕을 둔 교수에 위임하였다. 그러나 이러한 아이는 NLCB에 의해 그들에게 주어진 교수적 기회를 타협하는 문해 학습의 중대한 결함에 봉착하기도 한다. 왜냐하면 그들은 효과적으로 의사소통하고 구어를 이해하며 혼자서 글에 접근하고 생산하는 데 어려움을 가지고 있을 수 있

고, 높은 질의 문해 교수로부터 이익을 얻고 참여하기 위해 많은 보조공학
(assistive technology: AT)과 전략이 필요하기 때문이다.

　이 장에서 우리는 주로 그들의 일반교육과정에서의 능동적인 참여를 위
해 장애물을 축소함으로써 AT가 중도장애를 가진 사람들을 위한 문해를 향
상할 수 있는 방안을 검토하였다. 우리는 보완 대체 의사소통(augmentative
and alternative communication: AAC) 기술을 포함하여 보조공학을 정의하
고 AT/AAC 요구를 평가하는 방법을 설명하며, 어떻게 AT/AAC 사용이 학
습 상황과 활동에 일반적으로 관련된 균형 있는 문해 교수에 통합될 수 있
는지에 대한 예를 제공할 것이다.

 # 보조공학의 배경

　1975년 이래로, 보조공학 기기와 서비스는 1990년 「장애인교육법
(Individuals with Disabilities Education Act: IDEA)」의 시행으로 기술적으로
시행되어 왔다. 그러나 학생의 교육적인 프로그램 안에서 이러한 기기와
서비스 회사는 보조공학에 대한 국회의 법보다 10년 이상 이전부터 발달
시켜 나가고 있었다. 보조공학 기기와 보조 공학 서비스라는 구체적인 용
어는 1988년 「장애인 지원과 관련된 공학법(Technology-Related Assistance
for Individuals with Disabilities Act)」(PL 100-407: IDEA 전의 기술보조에 관한
법-역자 주)에서 처음으로 사용되었는데, 미국 장애인을 위한 공학적 접근
과 관련된 법을 명시하였다. 1990년에 IDEA에서 용어가 통합되었고, 공
교육에서 보조공학의 역할에 대해 더 구체화하기 위한 규정이 1992년에
만들어졌다. 보조공학(AT) 기기는 '상업적으로 획득되고 수정된 혹은 사
용자 설정적인 어떠한 물품이나 장비의 조각 혹은 생산 체계, 즉 장애를

가진 사람들의 기능적인 가능성을 향상하거나 유지하고 증가시키기 위해 사용되는 것'으로 정의되었다(*Federal Resister*, 1991. 8. 19). 이러한 통합된 정의와 함께 AT 선택권의 범위가 기술이 사용되지 않은 것(no-tech)부터 높은 기술이 사용된 것(high-tech)까지 이르렀다(AT와 그 예의 일반적인 범주는 〈표 9-1〉 참조). 기술이 없는 전략(예, 청각장애아동에게 수화 통역사를 제공하는 것)과 로우테크놀로지 조정 및 기기(예, 확대기 혹은 확대 연필잡이)를 사용함으로써 개인의 기능적인 가능성의 향상되고 증가되며 유지될 경우 하이테크놀로지(예, Braille 필기 노트나 충전식 휠체어)의 해결책만큼 중요하다. 단순하거나 기계적으로 복잡한 이러한 모든 AT 기기의 목적은 장애

표 9-1 보조공학의 일반적 범주

보조공학의 범주	예(로우, 미디엄, 하이 테크놀로지)
의사소통	의사소통 그림 보드 디지털화된 음성 출력의 AAC 기구 컴퓨터를 기반으로 한 AAC 기구
쓰기-메커니즘	손잡이가 적용된 연필과 펜 조정된 종이(예, 선이 그려진 것) 휴대용 단어 생산기
쓰기-작문	단어 은행/ 단어 벽 전자 음성 사전/동의어 사전 생각 표현을 위한 멀티미디어 소프트웨어
대안적인 컴퓨터 접근	팔(목) 지원 화면 키보드와 트랙볼 음성 인식 소프트웨어
읽기	글자의 크기, 공간, 색깔 변화 페이지를 넘기기 쉽도록 조정한 책 전자책
학습/학업 공부	프린트 혹은 그림 시간표 과제를 위한 음석 출력 상기기 아이디어 배열 및 공부를 위한 소프트웨어

일상생활 활동	물체를 잡을 때 미끄러짐 방지 소재 조정된 주방 조리 기구 조정된 의상 기구
수학	숫자 선/주판 음성 계산기 촉각/음성 출력자
놀이와 여가	조정된 장난감과 게임 크레용과 물감을 잡기 위한 보편적인 cuff 컴퓨터에서의 그림 및 그래픽 프로그램
위치 결정과 앉기	조정된 의자 쉽게 설 수 있는 기구 주문 제작한 알맞은 쿠션 의자
수정(변경)	워커화 휠체어 매뉴얼 호흡기용으로 조작하는 전동 휠체어
환경 통제	조명 버튼 확장 전원 연결과 스위치 꺼짐/켜짐 전자 지원 라디오/리모컨 문 개폐기
시각	확대기 스크린/텍스트 리더기 Braille 자판 및 노트 필기기
청각	펜과 종이 실시간 자막 개개인의 확대 시스템

를 가진 개인이 장애로 인해 적절한 사회적·교육적·직업적 경험의 참여
로부터 제외된 것을 넘어 능력을 강화하고 결국 그들의 독립성을 신장시
키는 것이다.

AT 기기뿐 아니라 관련된 지원 서비스는 AT 구현을 위해 필요한 구성
요소다. AT 서비스는 개인이 선택하고 획득하고 적절하게 기술을 사용하
도록 돕는 것과 같은 활동으로 연방 규정에서도 구체적으로 제시되어 있

으며 다음을 포함한다.

- 개인의 AT 기기 요구의 평가
- AT 기기를 구매 혹은 임대하는 것
- 기기를 고안하고 제작하는 것
- AT 서비스가 제공되는 사람들에게 제공된 서비스를 조정하는 것
- AT를 사용하는 사람들에게 기술적 보조 및 훈련 보조를 제공하는 것
- 교사 혹은 고용자와 같이 AT를 사용하는 사람들과 일하는 사람들에게 기술 및 훈련을 보조하는 것

　법은 구체적인 AT 기기에 대한 사항을 포함한다. 이는 AT 기기를 제공하는 것뿐만 아니라 AT 기기 해결책의 성공적인 이행을 위한 전문적인 지원 보장의 중요성을 인정한다.

　1990년 IDEA 개정 이래로 지금까지 공립학교에서 AT 사용은 확장되었다. 하지만 AT 기기의 성장 속도는 더뎠다. 그리고 많은 중도장애학생은 적절한 기기에 접근하지 못했다. 이는 종종 비용과 관련된 제한이 뒤따랐기 때문이다. 공립학교에서 AT 규정의 토대를 강력하게 하기 위해 1997년 IDEA가 개정되었고, 그 결과로 AT는 더 이상 학교 체계의 선택권이 아니게 되었다. 간단하게 말해, 학생이 AT 기기와 서비스를 무료로 제공받아 적절한 교육을 받기 원한다면 공립학교는 반드시 부모에게 무상으로 제공해야 한다는 것이다. 2004년 IDEA(PL 108-446)는 한층 더 강해졌고, AT는 모든 개별화교육 프로그램(Individualized education program: IEP)에서 고려되어야 하는 한 부분이 되었다. 이 법은 AT 기기와 서비스가 일반교육과정에서 반드시 지원되어야 함을 강조하고 있다.

　IDEA와 NCLB의 위임 아래 실행되고 있는 오늘날의 공립학교는 학문적

인 만족을 위한 목적을 성취하는 쪽으로 중도장애학생의 진보를 책임지고 있다. 능력에 관계없이 모든 학생이 일반교육과정에 접근하도록 하는 것이 이 법의 의도다. 특별한 학습 요구를 가진 학생에게 일반교육에의 참여 접근을 위해 기존의 교육과정을 수정하거나 조정하는 것 또는/그리고 일반적인 교육 환경에서 통합을 이루는 것이다. NCLB가 이행됨에 따라 AT의 사용은 필수적이 되었다. 일반교육 환경의 모든 활동에 참여하기 위해 학생은 보고, 듣고, 말하고, 쓰고, 정보를 처리하는 것이 요구된다. 학생이 이러한 영역에서 한 가지 또는 여러 가지 중도장애를 가지고 있을 때, AT는 학생의 기능적인 기술과 교육적인 처리 과정에 참여할 수 있는 그의 능력 사이의 차이에 다리를 놓는 역할을 한다. 효과적인 AT 기기 사용을 위해 일반교육과정의 수행 요구가 결합되어야 하며, IEP 목적과 목표에는 반드시 통합이 반영되어야 한다.

적절한 보조공학 선택하기

수천 개의 상업적으로 사용 가능한 AT 제품과 소프트웨어는 이제 교육적인 환경에서 사용되고 있으며, 그 수는 중대한 장애를 지닌 학생에 따라 또는 그들의 일반 교육 통합 환경에서의 교수에 따라 급격히 증가하고 있다. 이러한 학생을 지원하는 IEP 팀에게 도전이 되는 것은 이러한 학생의 학습 요구를 가장 효과적으로 지원할 수 있는 AT 선택권을 고르는 것이다. 팀 구성원은 사용 가능한 AT 선택권에 대한 지식이 있어야 하며, 더 중요한 것은 학생에게 개별화된 요구, 능력과 학습 맥락에 따라 AT 기기와 서비스를 어떻게 일치시키느냐다.

SETT 틀은 IEP 팀이 학교 환경에서 개별화된 요구를 평가하고 확인된 요구에 따른 적절한 AT 도구를 변별하도록 돕는 조직적인 도구를 제공한다. 중대한 결함을 가진 학생의 요구는 복잡하다. 그러므로 AT 사정 팀은 전형적으로 다학문적이다. AT 사정 팀에는 학생 및 가족 구성원 또는 양육자 그리고 음성-언어 병리학자, 작업 및 물리치료사, 특수교사 및 일반교사, 심리학자, 행정가 등의 참여가 포함되어야 한다. SETT 틀의 전제조건은 팀이 먼저 학생(Student)의 환경(Environment)과 과제(Tasks), 교수-학습 처리 과정의 능동적인 참여가 요구되는 도구(Tools), 성공적으로 이러한 과업을 완성하기 위해 필요한 도구에 대한 정보를 모아야 한다(SETT). SETT 틀은 AT 해결책과 함께 일반교육과정의 기대를 갖게 하며 AT 중재의 효과성을 사정하기 위한 메커니즘을 제공한다. Denham과 Zabala(1999)는 SETT 틀을 이용하는 IEP 팀을 위한 AT 고려 지침을 개발하였다. 이러한 틀과 다른 AT 사정지침서, 도구와 자료는 웹사이트—Joy Zabala(http://sweb.uky.edu/~jszaba0/JoyZabala.html), Georgia Project for Assistive Technology(www.gpat.org), Wisconsin AT Initiative(www.wati.org)—에서 찾을 수 있다. GPAT와 WATI 웹사이트에는 잠재적인 AT 기기 해결책에 대해 다운로드 가능한 체크리스트가 있다. 이 체크리스트는 IEP 팀이 의사소통, 읽기, 쓰기, 수학과 같은 특정한 학업에 어떤 AT 기기가 사용되어야 하는지 불확실할 때 유용하다. 선택할 수 있는 많은 AT 기기 사정 도구가 있는 반면, 모든 도구는 일반적으로 학생의 능력, 완성된 학문적인 과제 및 그들이 처해 있는 구체적인 환경이나 맥락 그리고 잠재적인 AT 해결책을 확인하기 위한 정보를 공유하는 것에 초점을 두고 있다.

　이 장의 후반부에서는 중도장애학생을 위한 문해 교수를 고려할 때 AT의 사용과 선택에 대한 접근을 적용할 것이다. 그러나 그에 앞서 우리는 중도장애학생의 복잡한 의사소통 요구에 대해 논의하고, 문해 중재와 함께 보완 대체 의사소통(AAC)으로서 언급된 AT의 구체화된 범주를 통합하는 것의 중요성에 대해서도 말할 것이다.

AAC 기구

학생을 학습 처리 과정에 이르게 하는 의사소통 기술에 따라 문해 교수의 효과적인 운영은 달라진다. 이러한 교수로부터 이익을 얻기 위해서 학생은 자연스러운 맥락의 범주 안에서 다양한 목표를 위한 의사소통이 가능해야 할 것이다. 예컨대, 문해를 위한 일반교육의 핵심 교육과정에서 학생의 기술을 발달시키기 위해 요구되는 것은 다음과 같이 구체화할 수 있다.

- 사회적으로 상호작용하기
- 다시 말하기, 다시 시연하기, 혹은 개인적인 사건을 포함한 이야기를 각색하여 표현하기
- 다양한 문장 유형 사용하기
- 새로운 어휘와 언어 구조를 사용하고 선택하기
- 확인하고 정비하고 정보를 분석하기 위해 구어 사용하기
- 새로운 개념과 정보를 그들 자신의 단어로 묘사하고 설명하기

3장에서 논의한 바와 같이 이러한 구어 기술은 읽기와 쓰기 능력의 기초로 제공된다. 구어 기술은 지적 · 신체적 · 감각적 및 신경학적 손상으로 인해 2차적인 복잡한 의사소통 요구가 있는 학생의 경우 전형적으로 더딘 발달을 보인다(Berninger & Gans, 1986a, 1986b; Foley, 1993; Foley & Pollatsek, 1999; Smith, 1989, 2005). 말하지 못하거나 말은 하지만 이해에 어려움이 있고 혹은 언어를 이해하는 데에 심한 결함이 있는 학생에게 표현 및 수용 언어 발달을 위한 AAC 지원이 제공되지 않는다면 표준 수행 기준에 진보가 없을지도 모른다. 이 장에서 AAC라는 용어는 개인이 보완하

거나 혹은 대체하여 자연스러운 언어 습득, 몸짓 혹은 발성—그들이 가지고 있을지 모르는—을 사용할 수 있는 의사소통 기술을 언급하는 데 사용한다.

구어 기술이 제한되어 있는 학생이 가지는 일상적인 오개념은 AAC가 의사소통하기 위한 그들의 동기 유발을 저하시키고 자연스러운 구어 발달을 방해한다는 것이다. 잘못된 가설로 인해 전문가와 많은 부모는 실패한 자연 언어를 개발하기 위한 노력을 한 후에 AAC 지원을 고려할 것이라고 한다. 그러나 최근 연구는 초기의 지속적인 AAC 지원은 발달장애가 있는 아동(Bondy & Frost, 1995; Romski & Sevcik, 1996) 및 성인(Foley & Staples, 2003)을 포함하여 중도장애를 가진 사람의 언어와 구어 발달에 효과를 보인다고 지적한다. AAC 지원은 구어에 대한 반응과 처리를 위한 적당한 대기 시간을 제공하는 것(Light & Binger, 1998), 대체하는 구어 삽입과 시각 지원 또는 의사소통을 강화하고 격려하는 교실 환경 개선 등과 같은 교수 전략을 포함할 수도 있다(Elder & Goossens, 1996). AAC 지원은 또한 전자 혹은 비전자 의사소통 기기와 소프트웨어 해결책, 수화 조작법과 같은 의사소통 선택권을 포함한다.

로우테크놀로지(low-technology)의 예로 비전자 AAC 체계는 읽기 활동 중에 의도하는 내용을 전달하기 위해 학생이 사용할 수 있는 의사소통판(그림이 포함된)이다. 책의 그림을 지적하는 것은 읽고자 하는 책을 선택하려는 학생의 열망을 가리킬 수도 있다. 반면 엄지를 치켜세우는 상징은 교사가 큰 소리로 읽고 있는 책을 학생이 즐기고 있다는 의미가 될 수 있다. 제한된 어휘 요구를 가진 학생에게 적용할 수 있는 방법 중 간단한 음성 출력 의사소통 보조기기(Voice Output Aommunication Aids: VOCAs)에는 다양한 종류가 있다. 로우테크놀로지 혹은 단일 단계 VOCAs는 보통 20개 이하의 제한된 수의 내용을 전달하기 위해 고안되었으며, 비싸지 않고, 프로그램이 간단하여, '평하기(좋다/싫다), 지시하기(다음 장으로 넘겨라), 종료하기(다 했다), 혹은 아마도 큰 소리로 읽는 활동 중에 한 줄을 반복하여 읽어 주기(나는 화를 낼 거야. 그리고 나는 너의 집을 불어서 무너뜨릴 거야)'와 같은 의사소통 목적을 위한 사용이 손쉽다는 것 등의 장점이 있다. 단일 단계 기기의 예는 BIGmack® 의사소통 기기(AbleNet, Inc.), Wrist Talker™(Enabling Divices), MessageMate™(Words+, Inc.), LITTLE Step-by-Step 기기™(AbleNet, Inc.)를 포함한다([그림 9-1] 참조). 중간 기술 혹은 다수준 AAC 기구는 프로그램을 실행하기가 꽤 쉽고 구체적인 그림과 어휘의 저장 수용 크기에 따라 가격이 달라진다. 내용은 디지털 음성을 통해 녹음되고, 고정되거나 역동적인 화면으로부터 상징을 선택함으로써 접근이 가능하다. 이러한 시각적 화면은 이 기기 안에 있는 저장 수용 크기에 대응된다. 신체장애를 가진 많은 학생은 독립적으로 조작하는 데 어려움이 있기 때문에 정적인 화면이 있는 다수준 기기와 인쇄물은 조작적으로 변화되어

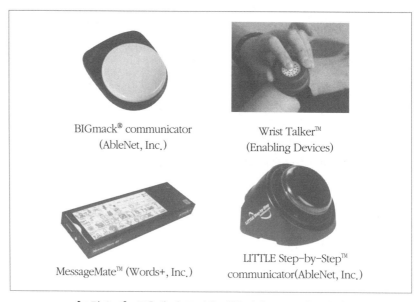

BIGmack® communicator
(AbleNet, Inc.)

Wrist Talker™
(Enabling Devices)

MessageMate™ (Words+, Inc.)

LITTLE Step-by-Step™
communicator(AbleNet, Inc.)

[그림 9-1] 로우테크놀로지와 단일 단계 AAC 기구의 예

야 한다. 이 기기는 어휘 저장 용량이 단일 단계 옵션보다 크기는 하지만 아직까지는 꽤 제한적이다(예, 만약 정적인 화면 기기가 32목표와 8단계를 가지고 있다면 256개의 다른 단어 혹은 내용이 저장될 수 있다는 것이다). 반면 역동적 화면의 다단계 기기는 사용자가 조작적으로 상징 화면을 바꾸지 않아도 더 확장된 어휘에 접근할 수 있도록 한다. 예컨대, 일반적인 범주 상징(예, 음식, 장소, 감정)을 포함하는 화면 기기는 범주로부터 구체화된 항목을 포함하는 화면에의 자동적인 연결을 제공한다. 화면 기기는 사용자의 선택에 따라 변화한다. 왜냐하면 중수준 혹은 다단계 기기는 미리 프로그램된 혹은 미리 녹음된 단어나 구를 사용하기 때문에 예측 가능한 교수 과업이나 예정된(연출된) 의사소통 상호작용을 하는 동안 매우 효과적으로 사용될 수 있다. 그러나 이와 같은 장치로 유창한 말을 산출하는 학생

Macaw 5™ (Zygo Industries)

32 Message Communicator with Levels™
(Enabling Devices)

Springboard™ (Prentke Romich Co.)

MightyMo™ and MiniMo™
(DynaVox Technologies)

[그림 9-2] 중수준 또는 다단계 AAC 기구의 예

의 능력은 미리 프로그램된 사용 가능한 어휘의 양과 유형에 의해 강요받은 것이다. 몇몇 인기 있는 AAC 체계는 Macaw 5™(Zygo Industries), the 32 Message Communicator with Levels™(Enabling Devices), Springboard™(Prentke Romich Co.)와 MightyMo™와 MiniMo™(DynaVox Technologies)를 포함한다.

하이테크놀로지, 포괄적인 AAC 기구([그림 9-3] 참조)는 컴퓨터로 작동되며 디지털화되거나 녹음된 높은 질의 음성, 종합한 음성과 인쇄된 출력물을 포함한 출력 선택의 조합을 많이 제공한다. 이러한 기기는 일반적인 음성과 미리 프로그램된 발화의 산출을 모두 허용하는 큰 저장 용량의 이점이 있다. 이것은 미리 저장된 높은 빈도의 일반적인 내용(예, "나는 도움이 필요해." 혹은 "주말은 어떻게 보냈니?") 혹은 필요에 따라 수준 있는 내용을 구성할 수 있는 가능성뿐만 아니라 개인적인 이야기에 대한 빠른 접근

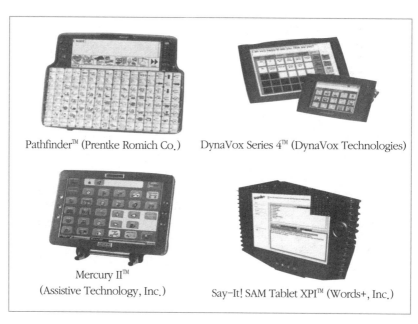

Pathfinder™ (Prentke Romich Co.)   DynaVox Series 4™ (DynaVox Technologies)

Mercury II™
(Assistive Technology, Inc.)   Say-It! SAM Tablet XPI™ (Words+, Inc.)

[그림 9-3] 하이테크놀로지와 복합적인 AAC 기구의 예

을 허용한다. 이러한 AAC 기구는 사용자에게 출력 선택의 넓은 선택권 (예, 터치, 조이스틱, 마우스, 단일 스위치, 모스 부호)과 최중도 운동장애를 가진 사람조차도 그것에 접근할 수 있는 사용자 설정 기능을 제공한다.

대부분의 하이테크놀로지 기기는 또한 단어 생성과 단어 예상 기능을 제공하며 언어 접근은 사용자의 문해 능력에 의해 제한된다. 하이테크놀로지나 AAC 선택 기능은 로우테크놀로지나 미드테크놀로지 AAC 선택 기능보다 훨씬 비싸며 더 어렵게 프로그램되어 있다. 그러나 그것은 기존의 언어와 문해 기술을 사용하고 개발할 수 있다고 기대되는 개인에게 필요하다. 포괄적인 AAC 체계의 예는 Pathfinder™(Prentke Romich Co.), DynaVox Series 4™(DynaVox Technologies), Mercury II™(Assistive Technology, Inc.), Say-It! SAM Tablet XP1™(Words+, Inc.) 등이 있다.

사용자의 능력 수준이나 혹은 특정한 AAC 체계의 지적 수준이 어떻든 간에 문해 교수에서 AAC 사용의 원천적인 목적은 문해 학습 상황이 자연스럽게 발생하는 범위 내에서 개개인이 다양한 목적(예, 평가하기, 명명하기, 묘사하기, 질문을 하고 답하기, 설명하기, 개인 정보를 관련시키기, 이야기 말하기 및 사회적 상호작용)을 위한 의사소통을 할 수 있도록 하는 것이다.

적절한 AAC 선택하기

AAC 사정은 학생의 인지적 · 언어적 · 대근육 · 소근육 신경 및 그의 현재 의사소통 능력과 요구에 따른 행동 특성에 대한 중요한 정보를 모으는 것을 포함한다. 현재 의사소통의 상태에 대한 정보는 앞서 논의한 SETT 틀이나 Beukelman과 Mirenda(2005)이 설명한 참여 모델을 사용하여 얻을 수 있다. 덧붙여 양육자나 교사에 의한 면담, 의사소통 요구 조사 (Beukelman & Mirenda, 2005), 체계적인 교실 관찰과 다른 공식적 · 비공식적 사정 접근 방법은 적절한 AAC 체계와 의사소통 목적을 발전시키는 데 필요한 정보를 제공한다[예로는 의사소통 환경 분석을 위한 도구(a tool for Analyzing the Communication Environment: ACE)([Rowland & Schweigert, 1993) 참조].

복잡한 의사소통 요구를 가진 학생의 문해 발달과 언어를 지원하기 위한 교실공학에 관심이 있는 교육자는 AAC 서비스 규정에서 전문적인 역할과 책임이 있는 학교 음성-언어병리학자와 협력하여 이익을 얻을 수 있다. AAC 서비스 규정은 다음을 포함한다.

- AAC 사용자의 사정은 그들의 대화 상대자와 의사소통이 발생하는 다양한 환경을 포함한다.
- AAC를 사용하는 개인과 기존의 대화 상대자 사이에 효과적이고 성공적인 의사소통 중재 계획의 개발과 이행을 포함한다.
- AAC의 기능적인 결과를 평가하는 증거 기반 실제의 사용을 포함한다.
- 문해 학습에 관계된 것을 포함하는 AAC 서비스의 조직화를 포함한다 (ASHA, 2004).

학교 환경에서 일반 교사와 특수교사, 음성-언어병리학자와 다른 관련 서비스 전문가 사이의 협력은 복잡한 의사소통 요구를 가진 학생이 교실 안에서 언어를 사용하고 이해하는 수단을 가지도록 확실하게 도와줄 것이다. 때때로 로우테크놀로지의 AAC 지원은 단순하고 빠르기 때문에 가장 효과적일 수 있다. 평소에는 구어적 및 인쇄된 출력의 높은 기술만 있어도 충분할 것이다. 학생이 한 가지 유형의 AAC나 다른 한 가지 유형의 지원을 사용하는 데 제한되지 않아야 하며, 대신 언어와 문해 학습을 보조하기 위한 전략과 의사소통 기술의 다양한 레퍼토리를 개발할 수 있도록 격려해야 한다.

AT/AAC와 균형 잡힌 문해 교수

이전 장에서는 학생이 이러한 교수의 필수적인 요소를 설명하고 모든 학생에게 연구에 기반을 둔 폭넓은 문해 교수 제공의 중요성을 논의하였다. 교사마다 특정 조직 구조가 다양하다고 하더라도, 균형 잡힌 문해 교수는 네 가지 주요 구성 요소로 분석되었다. 그것은 읽기 유도(이해력 정립에 초점을 둔 광범위한 문학 경험에 학생을 노출시키는 것), 단어 학습(음소 인식, 발음법과 어휘 교수를 포함하는 것), 자기 선택 묵독(일정 기간 동안 혼자서 읽는 기회를 매일 학생에게 제공하는 것), 쓰기(작문의 구조에만 초점을 두는 것이 아니라 보다 중요하고 다양한 목적을 가지고 효과적으로 의사소통하는 것에 초점을 맞추는 것)다. 각각의 네 가지 구성 성분 요소는 기본적으로 매일 제공되어야 하며, 네 가지 모두를 함께 충족하는 것이 국립읽기위원회(2000)가 권고하는 문해 교수의 깊이와 넓이를 충족하는 것이다.

일반교육 문해 교수의 주요 구성 요소에 대한 이해는 적절한 AT/AAC 지원의 범위뿐 아니라 IEP 팀이 장애학생이 참여하는 데에 있어 잠재적인 장애물을 변별하도록 도와준다. 이 장에서는 각각의 이러한 구성 요소(읽기 유도, 단어 학습, 자기 선택 묵독, 작문), 관련된 교수적 접근에의 장애물과 AT/AAC 지원의 사용으로 장애물을 피할 수 있는 방법에 대해 검토할 것이다.

읽기 유도에서 AT/AAC의 역할

읽기 유도 교수는 독자가 의미를 만드는 활동인 읽기를 이해하도록 도와준다. 교사는 학생에게 좋은 독자가 어떻게 글에 접근하는지, 그들이 그것을 어떻게 이해하는지, 그리고 그들이 연결된 글에서 익숙하지 않은 단어를 어떻게 알아내는지를 시범 보이기 위해 학생에게 큰 소리로 읽어 준다. 4장에서 설명한 것과 같이 교사는 학생의 배경지식 활성화, 흥미 유지, 더 깊은 수준에서 글을 처리하기 위한 기회 제공 등의 다양한 읽기 전, 읽기 중, 읽기 후 전략을 자주 사용한다. 읽기 유도 활동은 전체와 소집단 상황 모두에 적용할 수 있으며 동질 집단과 이질 집단으로 구성하여 실시할 수 있다.

읽기 유도를 하는 동안 많은 교사는 그들의 교수 수준에서 학생이 읽을 수 있는 글을 선택한다. 이는 학생이 오류 없이 글을 95~97% 해독할 수 있고 적어도 그 수준의 75~80%를 이해할 수 있는 것을 의미한다(Betts, 1946). 이러한 표준 규정은 중요한데 읽기 유도를 하는 동안 글을 처리하고 다른 글에 적용하기 위해 이해 전략을 학습하며 글의 내용을 비판적인 시각으로 바라볼 수 있기 때문이다. 아동이 내용을 해독하는 데 온통 집중하고 있을 때, 그들은 다른 과제에 관심을 두기 위한 인지적 자원을 가지게 된다.

중도장애학생을 위한 읽기 유도 활동의 참가에서 장애물은 신체적 장애물(예, 책을 넘기는 데 어려움), 의사소통 장애물(예, 질문하고 대답하기 위한 수단 혹은 책에 대한 논의에 참여하기 위한 수단이 없는 것), 인지적 장애물(예, 잘못된 해독 기술이나 혹은 독해의 어려움)을 포함한다. AT/AAC 기구와 서비스는 이러한 많은 장애물을 제거하거나 축소할 수 있다.

읽기 유도 참여에서의 신체적 장애물

AT 기기는 기존의 책을 조작할 수 없는 중도장애학생에게 글에의 신체적 접근을 제공한다. 교사는 글에의 접근성을 높이기 위해 AT의 선택 범위를 넓힐 수 있다. 간단한 노테크놀로지 전략은 장애가 있는 학생이 글을

크게 읽도록 할 것이다. 짝 읽기 활동은 또래가 교재를 크게 읽고 장애아
동이 그들을 따라 읽는 동안 글에 접근하기 위한 또 다른 노테크놀로지 전
략을 제공한다. 그러나 크게 읽기는 항상 요구되거나 실행할 수 있는 것이
아니며, 장애를 가진 학생이 혼자서 글을 읽을 수 있도록 기회를 제공하는
것이 중요하다.

이러한 종류의 접근 문제에 대한 로우테크놀로지 해결책은 책장을 넘기
기 쉽게 조정한 책을 포함한다. 이것은 책 사이에 분리기나 플러퍼를 두거
나 혹은 책의 접합 부분을 제거하거나 책장을 얇은 판으로 만들고 그것을
3링 바인더에 놓아둠으로써 해결할 수 있다. 유능한 독자인 또래가 책을
읽어 주는 테이프를 녹음하는 것은 표준 글에서 대체할 수 있는 로우테크
놀로지 기술과 다른 방법을 제공할 수 있다. 특히 더 긴 읽기 자료에서 테
이프에 녹음된 책을 사용할 때의 약점 중 하나는 목소리와 글의 동기화
(synchronization)를 유지하는 것이 학생에게 어려울 수 있다는 것이다. 이
와 유사하게 학생이 글에 있는 정보에 응답하는 것과 관련된 과제를 완성
해야 한다면 오디오테이프를 특정한 책의 위치로 되감기하는 것은 도전이
될 수 있다.

다른 AT 선택 기능은 신체적 접근 문제를 가진 학생을 위해 큰 제어 측
정을 제공하는 것이다. 이러한 기기 중 하나는 스위치를 통해 학생이 책에
접근 가능하도록 하는 BookWorm™(AbleNet)이다. 정보는 BookWorm™
카트리지에 녹음되며, 학생은 BookWorm™에 있는 버튼을 누르거나 스
위치를 활성화함으로써 책에 접근한다. 유사하지만 덜 비싼 선택 기능은
학생이 스페이스바 혹은 스위치를 누를 때마다 매 페이지에 접근할 수 있
는 책을 제작하기 위해 컴퓨터, 스캐너와 파워포인트 소프트웨어를 사용
하는 것이다.

디지털화된 글은 다른 관점에서의 접근을 보여 준다. 이는 녹음된 사람

의 목소리 또는 컴퓨터가 만든 합성 소리를 사용하여 컴퓨터가 읽어 주는 전자 텍스트다. 많은 출판사(예, Scholastic과 Steck-Vaughn)는 구매 가능한 출판된 글에 동반된 전자 멀티미디어를 가지고 있다. 예를 들어, 유명한 읽기 수준 프로그램인 Wiggleworks™(Scholastic)은 각 주제의 디지털 버전을 포함하고 있다. 신체적으로 책을 조작할 수 없는 학생은 마우스 클릭으로 페이지를 넘기거나 글 전체 또는 일부를 크게 읽게 할 수 있다. Pair-It Books™(Steck-Vaughn)은 다양한 대체 접근 장치를 통하여 접근 가능하도록 만든 소설과 테마적으로 관련된 비소설 주제의 전집을 제공하고, 유사한 외형을 가진다(예, 확장된 키보드와 트랙볼).

인터넷은 전자책의 또 다른 풍부한 자원이다. 아동이 읽을 수 있고 그들에게 읽어 줄 수 있는 이야기의 구역이 있는 Public Broadcasting System (www.pbs.org)과 같은 아이를 위한 인기 있는 사이트가 있다. 실시간 책이 제공되는 또 다른 웹사이트는 Tumblebooks(www.tumblebooks.com)로, WiggleWorks와 Pair-It Books와 비슷한 외형의 멀티미디어 책을 가지고 있다. 학생들은 독자 창에서 올라오는 책과 그들이 읽고 싶어 하는 책을 선택한다. 학생은 클릭함으로써 책의 전체 혹은 부분을 읽을 수 있다. Tumblebooks는 사용자가 그들이 읽는 책값을 지불하는 서비스 비용 지불(fee-for-service) 프로그램이다. 학교는 해마다 이 서비스를 구독할 수 있으며 모든 학생이 접근 권한을 가질 수 있다. 특수교육 분야에 공급하는 회사는 전자책을 제공하거나 책에서 전자 식 접근을 제공한다(부록 참조).

운동 신경 손상과 같은 감각 손상은 AT 지원이 제공되지 않으면 읽기 유도 활동에 참여하기 어렵게 한다. 예를 들어, 시각적 손상이 있는 학생은 확대기, 큰 활자책, 테이프에 녹음된 책 혹은 전자 텍스트 리더기가 필요할 수 있다. 그들은 필요에 따라 글자 크기, 공간, 배경색 및 대조를 변화시킴으로써 컴퓨터의 시각적 화면을 설정할 수 있는 표준 컴퓨터 접근 가능성 기능을 사용할 수 있다. 시각장애학생은 읽기 유도 활동에 참여하기 위해 점자책이나 화면 독서기 소프트웨어 혹은 점자 전환 소프트웨어에의 접근이 요구될 수 있다. 청각 손상이 있는 학생들은 시각적 지원(예, 그림, 그래픽 조직자), 사적인 확대 체계, 혹은 구어 삽입을 대신하는 교실 FM 체계를 사용함으로써 이익을 얻을 수 있다. 청각장애학생이 읽기 유도 활동으로부터 어떤 이익을 얻게 된다면 교실에서 수화 해설 서비스를 요구할 수도 있다.

읽기 유도 참가에서 의사소통 장애물

이 장에서 이미 논의된 것과 같이 많은 중도장애학생은 AAC 지원의 사용을 필요로 하는 복잡한 의사소통 요구를 가지고 있다. 이러한 지원은 읽기 유도 활동을 하는 동안 학생이 여러 가지 목적을 위한 의미 있는 방법으로 의사소통하는 것을 가능하게 한다. 선 읽기 활동을 하는 동안을 예로 들면, 이야기 독해에서 필수적인 새로운 어휘 단어가 소개될 때, 교사는 AAC 사용자에게 익숙한 상징을 연관시켜 줄 수 있다. 예컨대, 'delighted'라는 단어는 의사소통판이나 AAC 기구에서 'happy'라는 상징과 관련시킬 수 있다. 덧붙여 AAC 상징은 중요한 정보를 조직하고 주목하기 위한 KWL 차트, 스토리보드, 의미 구조도와 같은 그래픽 조직자에 추가될 수 있다 (인스피레이션 소프트웨어를 사용한 의미구조도의 예는 [그림 9-4] 참조).

큰 소리로 읽는 동안, 교사는 이야기의 다양한 요점에서 멈추거나 정보를 제공하는 글을 다른 말로 표현하기 위해 멈춘다. 그리고 간단한 언어로 정보를 요약하는 방법으로 복잡한 의사소통 요구를 지닌 학생을 지원할 수 있다. 이야기에서 사건이 발생하거나 혹은 등장인물이 소개될 때, 학생은 관련된 AAC 상징이나 주요 사건과 등장인물의 그림 양식으로써 시각적 지원을 제공받을 수 있다. 학생은 큰 소리로 읽는 동안 일반적인 질문을 벨크로 노트에 적을 수 있다(예, "무엇이 고래인가요?" "고래는 무엇을 먹고 사나요?"). 또래가 그 질문에 대한 대답을 찾아내고 공유하기 위하여 그들 스스로 읽고 있을 때, 의사소통 결함이 있는 학생은 그들이 표시한 정보의 위치를 가리키기 위해 그 책의 페이지에 메모를 붙여 놓을 수 있다.

읽기 후에는 글에 대한 다양한 방식의 응답 수단으로 로우테크놀로지 AT/AAC 지원을 학생에게 제공할 수 있는데, 이는 특정한 읽기 선택을 위한 목적 설정과 글의 유형에 따라 달라진다. 예를 들어, 학생은 그림과 함께 이야기를 다시 말하고, 이야기 지도를 완성하기 위해 AAC 상징을 사용하며, 이야기 속도를 조절하고(엄지를 올리거나 내리기), 소품을 가지고 이

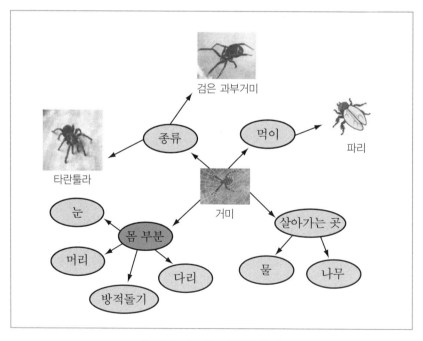

[그림 9-4] 의미 구조도의 예

야기에 대한 역할극을 하며, AAC 상징을 의미 구조도에 추가함으로써 이야기 어휘를 조직하고, 이야기 결말에 대한 지식을 설명하기 위해 상징과 문장을 연결 지을 수 있게 된다. 이러한 AAC 지원은 다른 글 구조에 대한 지식을 내면화하도록 돕고, 주어진 화제에 대한 이해와 반복되는 의사소통의 기회를 학생에게 제공한다. 중한 의사소통 결함이 있는 학생은 처음에는 질 높은 교사 수준을 요구할 수도 있다. 하지만 대부분의 학생은 AT/AAC의 도움을 받음으로써 읽기 유도 활동 중 독립성의 수준이 증가함을 보여 줄 것이다(Foley & Staples, 2003; Hedrick, Katims, & Carr, 1999).

하이테크놀로지의 AAC 기구는 읽기 유도 활동 동안의 독립성을 위한 가장 큰 장점을 가지고 있다. 그 이유는 기기가 많고 다양한 어휘뿐 아니라 더 복잡하고, 일반적이며 즉흥적인 언어의 사용을 위한 잠재성에 대한 접근을 제공하기 때문이다. 포괄적인 AAC 체계와 함께 효과적으로 의사소통하는 것을 학습한 학생은 다른 사람에 의해 선택된 발화 세트에 제한받지 않을 뿐만 아니라 그들의 언어 요구를 나타내기 위해 다른 사람에게 의존하는 것을 강압받지 않는다.

읽기 유도 참여에서의 인지적 장애물

많은 중도장애학생, 특히 AAC를 사용하는 중도장애학생은 그들의 인지 혹은 언어 장애에 기초하여 예견되는 것보다 훨씬 더 낮은 읽기 수준을 가지고 있다. 일부는 잘못된 해독 기술이 높은 단계의 읽기 과제를 수행하는 데 주요한 장애물이 된다. 그들의 듣기 이해력 수준에서 읽기 교재에 접근하기 위해 해독하는 과정에서의 어려움을 회피하도록 도와주는 사용 가능한 몇몇 전자 AT 기기가 있다. 예를 들어, WizCom Technologies의 Readingpen®은 글의 단어나 행을 리더기가 인식하고 음성으로 출력해 준다. Aspire-Reader(CAST Universal Design for Learning)는 손 크기의 전자

리더기로, 전자책을 학습자가 내려받을 수 있으며, 사람이 녹음했거나 컴퓨터의 일반적인 음성을 통해 글 전체나 부분을 읽을 수 있다. 또한 필요에 따라 읽는 속도를 조정하며, 글에서 중요한 부분을 강조할 수 있고, 그래픽 조직자에서 전송될 수 있는 노트를 가진다.

Inspiration®과 Kdspiration®(Inspiration Software) 혹은 Draft: Builder®(Don Johnston)는 읽기 유도 활동을 하는 동안 학생이 관련 있는 정보를 범주화하고 조직하는 것을 도와줄 수 있다. 교사는 의미 구조도와 그래픽 조직자, 그리고 이야기 및 설명문(해설문) 구조의 서식을 개발할 수 있다. 학생이 글을 읽어 나갈 때, 그들은 서식을 채울 수 있다. Draft:Builder와 Inspration 상품은 읽기에 어려움이 있는 학생에게 글을 음성으로 출력해 주는 기능을 가지고 있다. Inspiration 소프트웨어는 제한된 읽기 기술과 인지적 손상이 있는 학생에게 부가적인 지원을 제공할 수 있는 디지털 사진과 그래픽 목록의 추가된 이점을 가지고 있다.

인터넷은 독해를 지원하기 위한 중요한 도구로 다시 고려되어야 한다. 텍스트를 기반으로 한 읽기에 어려움이 있는 독자에게 글을 들을 수 있게 하는 것과 함께 비디오, 이미지 그리고 글의 조합이 가능하기 때문이다. 인터넷은 교사가 글의 원본에 접근하거나 글의 요소를 더 깊게 탐구하거나 글을 읽기 전에 배경지식을 확립하는 데 효과적인 수단이 될 수 있다. 예를 들어, 학생이 거미류 동물의 단원을 완성하고 있고, 교사가 거미가 나오는 소설을 학생에게 읽어 줄 계획을 가졌다면, 교사는 멀티미디어 자료를 선택할 때 거미에 대한 정보를 제공하는 웹사이트를 쉽게 찾을 수 있다. 교사는 학생이 혼자서 혹은 소집단으로 사이트를 보고 거미에 대해 학습하며 목표로 삼은 책을 읽기 전에 교실에서 학습한 것을 이야기 나누도록 할 수 있다. 제한된 지식과 경험 세계를 가진 중도장애학생에게 인터넷 기반의 가상 체험 유형은 글을 이해하는 데 필요한 중요한 배경지식을 구축할 수 있게 한다. 이러한 경우에서 사용되는 기술은 컴퓨터 접근이 가능한 누구라도 사용 가능하다. 컴퓨터는 어떠한 부분에서 전문화되어 있지 않지만, 장애학생에게 중요한 인지적 지원을 제공할 때 그것은 보조 기기가 된다.

AT/AAC 그리고 읽기 유도: 사례

Jake의 1학년 학급은 『동물원에게(*Dear Zoo*)』라는 책을 읽기 위한 준비를 하는 중이다. 그의 담임은 책 제목을 읽고, 학급 친구 중 동물원에 갔다 온 사람이 있는지 물어보았다. DynaVox라는 하이테크놀로지의 ACC 기구를 사용하면서 Jake는 최근 동물원에 갔다 왔던 개인적인 경험을 관련시켜 이야기했다. 그는 '나는＋가다'라는 상징을 선택하고 '가다'를 '갔다'로 바꾸기 위해 과거 시제 표시를 추가하였다. 다음에 그는 '～에'와 '그～'를 나타내는 상징을 선택한 후 '장소'를 상징하는 것을 선택했다. '장소'가 선택되었을 때, 화면은 장소를 나타내는 상징 페이지로 바뀌었다. Jake는 여기에서 '동물원'의 상징을 찾았다. 그는 AAC 기구의 그림을 문장 순서에 맞게 조합한 후 음성 출력 버튼을 눌러 구어 산출을 해냄으로써 그의 완성된 대화의 내용을 말했다. 그의 담임이 그에게 더 자세하게 말하도록 요구했을 때, 그는 동물 페이지를 탐색한 뒤 '동물원'에서 본 동물을 학급 친구에게 말했다.

그런 다음 학생이 표준 출력 형식에 맞는 책 읽기를 연습하고 있을 때 Jake는 자신의 기기를 이용하여 자기 자신이나 또래에게 소리 내서 글 읽기를 하였다. 일반적으로 발달하는 또래보다 Jake가 읽기 유도 활동에 참여하는 데 더 오랜 시간이 걸리는 것은 명백하지만, 담임은 그의 느린 속도와 관련된 단점보다 남에게 의지하지 않고 스스로 할 수 있다는 것이 Jake에게 주는 이점이 더 크다는 것을 알기 때문에 그에게 적절한 대기 시간을 제공하였다. Jake의 또래는 대체로 잘 기다려 주었다. 그들은 Jake가 DynaVox를 사용하는 것을 익숙하게 받아들였으며, 그것은 이상한 것이 아니라 Jake를 더 넓은 시선으로 바라보게 해 주는 것 같았다.

AT/AAC와 단어 학습

균형잡힌 문해 교수 단어 학습 구성 요소에 대한 초점은 학생의 문해 수준에 따라 다양하다. 단어 학습을 통해 소개된 가장 보편적인 핵심 교육과정에 대한 기대는 다음과 같다.

- 학생이 알파벳 원리에 대한 음운 인식과 지식을 설명할 수 있을 것이다.
- 학생이 해독과 단어 인지 전략을 설명할 수 있을 것이다.
- 학생이 잘 모르는 단어를 적절하게 해독하기 위한 단어 변별 전략을 사용할 것이다(예, graphophonic, 통사론, 의미론).
- 학생이 정확한 해독을 확인하기 위해 발음, 구문, 이야기 의미 그리고 동사를 사용할 것이다.

5장에서 설명한 것과 같이 일반교육 현장에서 흔히 사용되는 교수 활동의 일부는 단어벽, 단어 만들기, 가사 모으기, 숨은 단어 맞추기, 이상한 것 찾기 등이다. 중도장애학생이 일반적인 방법으로 이러한 활동에 참가하는 것에 방해되는 신체적, 의사소통 혹은 인지적 접근의 문제를 가지고 있을 때 그들에게 적용할 수 있는 AT 해결책은 여러모로 이점을 갖는다.

단어 학습 참여에서의 신체적 장애물

신체적 접근의 문제가 있는 학생을 위한 단순한 로우테크놀로지 AT 기기의 선택 기능은 학생에게 단어 놀이에 집중하게 하는 녹음된 음악, 가사와 단어 만들기(Making Words) 활동을 쉽게 조작하게 하는 알파벳 블록, 혹은 개인용 단어벽, 확대 글자를 제공할 수 있다. 좀 더 정교한 기술은 학생이 만든 단어 또는 비단어를 들을 수 있도록 글을 음성 단어로 처리하는 프로그램에 사용될 수 있다(예, write:OutLoud와 Intellitalk). 이 장의 읽기 유도 부분에서 논의된 Wiggleworks라는 프로그램은 학생이 글자를 고르고 철자를 조합하여 단어 만들기, 접미사는 어떻게 변하는지, 혹은 처음과 끝 소리가 언제 바뀌는지와 접두사가 추가되는지 듣고 볼 수 있는 확대된 단어판을 제시하는 화면을 포함한다. Bailey's Book House(Edmark)와 같이 상업용으로 이용 가능한 소프트웨어 프로그램은 스위치 접근 철자 변별, 리듬과 단어 구축 활동 등에서 운동 신경에 손상이 있는 학생에게 제공될 수 있다.

단어 학습 참여에서의 의사소통 장애물

흔히 사용되는 많은 단어 학습 활동은 구어 산출을 포함한다. 예를 들어, 학생은 그들이 유창하게 단어 읽기를 함으로써 증명할 수 있는 자동적인 일견 단어 인지를 개발하고, 익숙하지 않은 단어를 소리 내고, 구어로 단어를 혼합하고 분절하며, 철자와 철자를 조합하고 관련된 소리를 말할 것이 요구된다. 일반적인 방법으로는 중등도 또는 중도의 구어장애학생은 수행할 수 없는 과업이기 때문에 단어 학습 활동을 조정해 주면 많은 이득을 볼 수 있게 된다. 예를 들어, 시를 짓는 과제에서의 대안은 교사가 제공한 목표 단어와 시어의 단어와 그림을 학생에게 제시하여 지적하게 하는 것이다. 이상한 것 찾기 활동은 4개 AAC 상징을 제공하고(예, fish, fan, man과 fat) 학생이 속하지 않는 단어를 눈으로 바라보거나 지적하게 하는 것으로 수정할 수 있다.

　단어 분석 기술의 발달을 위한 부가적인 지원은 음성 출력 의사소통 기기를 제공하는 것이다. 미드테크놀로지 AAC 기구는 단어 벽 활동을 하는 동안 구호를 외치기 위해 사용할 수 있다. 운율 모으기 활동을 하는 동안, 그것은 예측할 수 있는 책에서 단어를 운율이 있는 말로 나타내는 상징을 보여 주는 것으로 프로그램될 수 있다. 학생은 제시된 상징의 짝을 선택할 수도 있고, 출력된 상징의 이름을 가지고 그들이 운율에 맞는 단어를 결정할 수도 있다. 그들은 또한 빠진 단어를 채우거나 동요를 부르기 AAC 기구를 사용할 수 있다(예, Humpty Dumpty sat on a ＿＿＿). 교사가 학생에게 단어의 각각의 소리를 변별하게 할 때 학생이 참여하도록 하기 위해 화면에는 각각의 소리가 프로그램될 수 있다(예, "무엇이 mat에서 첫 번째 소리인가요?" "마지막 소리는 무엇인가요?").

　하이테크놀로지 AAC 기구로 알파벳 사전을 만들 수 있다. 글자가 선택되면 글자의 이름이 음성으로 출력되고 단어의 페이지는 그 글자로 시작한다. 이러한 기기는 또한 학생이 실험한 단어의 조합을 들려주도록 프로그램되어 있다. 하이테크놀로지 기기가 제공하는 구어 지원은 복잡한 의사소통 요구를 가진 학생이 음운 표상을 저장하고 검색하는 능력을 강화하도록 도와준다(Foley, 1993; Foley & Pollatesek, 1999; Foley & Staples, 2003).

단어 학습 참여에서의 인지적 장애물

중도장애학생은 일반적으로 또래 아동보다 단어 수준의 읽기 · 말하기 · 쓰기 기술이 더 느리게 발달한다. 이러한 기술 없이 중도장애학생은 중학교 2학년 읽기 수준 이상으로 향상하는 것이 어렵다. 반복적인 연습과 개별화된 교수 기회는 이러한 목적을 위하여 고안된 구어 지원 컴퓨터 소프트웨어에의 접근을 통해 제공받을 수 있다. 인지적 손상이 있는 학생의 단어 학습을 지원하는 데 사용될 수 있는 소프트웨어의 예는 Leap Into Phonics(Scholastic), Simon Sounds It Out와 WordMaker(Don Johnston Co.)와 Balanced Literacy(Intellitools, Inc.)를 포함한다.

AT/AAC와 단어 학습: 두 개의 사례

Cara는 중도구어장애와 근이영양증을 가진 유치원생이다. 구어가 요구되는 음운 인식 활동을 하는 동안, 그녀는 디지털화된 미드테크놀로지 AAC 기구를 사용하거나 녹음된 구어 산출을 사용했다. 예를 들어, 교사가 Cara에게 fish의 첫소리를 질문했을 때 그녀는 f 소리가 나는 의사소통 상징을 선택하고 그것을 큰 소리로 말했다. 이상한 것 찾아내기를 하는 동안에도 교사는 그녀에게 네 가지 그림을 보여 주고(예, fish, fan, man, fat) 속하지 않는 그림을 지적하게 함으로써 아이가 음소를 인식하고 있음을 증명하려 했다. 중간 시간 동안에는 Simon Sounds It Out™이라고 부르는 구어 산출 컴퓨터 소프트웨어 프로그램을 사용하여 그녀의 음소 인식 기능을 연습했다. 다른 아이가 마루에서 단어를 구성하기 위해 철자를 조작할 때, Cara는 경사판 위의 큰 확대 철자를 사용하는 것에 참여했다. 이러한 AAC 지원과 간단한 조정으로

Cara는 그들의 또래와 함께 중요한 음소 인식 기술을 발달시키고 있다.

강당을 가로질러 1학년 학급에는 단어 분석 활동을 하는 동안 전자 의사소통 장치를 사용하는 Tyler가 있다. Tyler는 제한된 구어 능력을 지닌 뇌성마비학생이다. 그의 장치는 발음 중심 활동을 하는 동안 철자의 이름보다 철자 소리를 생성하는 여러 가지 음소 페이지가 프로그램 되어 있다. 그는 첫 모음 앞과 뒷소리 형식에서 조직된 페이지를 사용하는 유형을 통해 읽고 말하는 것을 학습하고 있다. 그는 잘 알려진 첫 모음 뒤에 오는 패턴(예, -at, an, -in)과 첫 소리를 변형시킴으로써 단어 묶음을 생성하는 것을 고를 수 있다. AAC 기구는 선택된 첫소리를 발음하며, 그다음 뒷소리 그리고 모든 단어를 발음한다. 이러한 활동을 하는 동안 Tyler는 더욱 정확한 구어 피드백을 얻을 수 있으며, 심하게 손상된 발화 기능을 가지고 그 스스로가 말을 산출해 낼 수 있다. 단어를 읽거나 말하고 쓰는 시간에, Tyler는 이러한 목적을 위해 구체적으로 고안된 AAC 기구를 사용하여 페이지를 찾는다.

AT/AAC와 자기 선택 묵독

문해 교수에서 자기 선택 묵독(self-selected silent reading: SSSR) 구성의 목적은 복잡한 의사소통 요구(complex communication needs: CCN)를 가진 학생을 포함하여 학생을 고무시키고, 일상에 기초한 읽을거리를 주되, 학생의 흥미, 수용 정도, 난이도 그리고 글을 제공함으로써 독자로서의 자기 자신을 볼 수 있도록 하는 것이다(Erickson, Koppenhaver, & Yoder, 2002; Steelman, Pierce, & Koppenhaver, 1993).

이러한 것은 대강 읽기(예, 잡지, 목록), 기초 읽기(예, 글자 없는 그림책, 사진이 저장된 일기, 디지털 사진과 함께 삽입된 언어 경험 이야기책, 구어 지원의 멀티미디어 문서), 초보적인 읽기(예, 예상 가능한 이야기책, 해독할 수 있는 글) 그리고 좀 더 숙련된 읽기(예, 교실 주제나 내용 영역과 관련된 비허구 소설과 소설)에 적합한 글을 포함할 수 있다. 따라서 SSSR은 평가 없이 그들이 선택한 책을 읽는 기회를 학생에게 제공한다. 교사는 학생이 높은 동기를 유발하고 혼자 읽을 수 있는 수준으로 쓰인 책을 고를 수 있도록 도와줘야 한다(Wigfield & Guthrie, 1997). 만약 학생들이 흥미로운 것에만 치우쳐서 너무 어려운 책을 고른다면, 그들은 책의 감상이나 읽기 유창성을 발달시키지 못할 수도 있다.

자기 선택 묵독에서의 신체적 장애물

읽기 유도 부분에서 논의된 AT/AAC 지원의 대다수가 여기에서도 적용 가능하다. 앞서 설명한 것과 같이 교사는 운동 신경 손상이 있는 학생이 신체적 접근이 가능하도록 기존의 활자 책을 수정하기를 원할 수도 있다. 큰 활자 책은 저시력 학생에게 더욱 유용하게 사용될 수 있다. LeapPad® by LeapFrog(www.leapfrog.com)과 Fisher Price's Read with Me 시스템(www.fisher-price.com)과 같이 상업적으로 이용 가능한 것은 독립적인 읽기를 지원하는 데 사용될 수 있다. 이러한 시스템은 각 페이지에 있는 단어를 전자 펜으로 누름으로써 학생이 단어를 크게 읽을 수 있게 한다. 책 주제의 범위는 학령 전 아동부터 초등학교 전체가 이용 가능한 형식으로 되어 있다. 앞서 논의된 다른 AT 선택 기능은 전자 잡지와 책으로 학생에게 제공된다. 이러한 것은 Bookshare(www.bookshare.org), American Printing House for the Blind(http://www.aph.org/)와 같은 조직과 부록에 제시된 다른 온라인 자료원을 통해 얻을 수 있다.

자기 선택 묵독 참여에서의 의사소통 장애물

앞서 진술한 바와 같이 독립적인 읽기의 목적은 학생에게 스스로 즐기면서 책을 골라 읽을 기회를 주는 것이다. 의사소통은 이러한 처리 과정의 중요한 부분이다. 복잡한 의사소통 요구가 있는 학생은 그들이 읽고 싶은 책이 무엇인지 다른 사람들에게 말하는 방법을 알아야 한다. 로우테크 해결책 하나는 이러한 처리를 가능하게 하는 책 표지 그림을 복사하여 포함시킨 의사소통판을 사용하는 것이다. 다른 대안은 학생이 고른 책으로부터 책의 주제나 화제의 그림 목록이 함께 제시되는 것이다. 더 높은 수준에서 독립성을 지원하는 다른 해결책은 자기 선택 책 읽기 시간에 컴퓨터에서 접근 가능한 일련의 상호적인 책을 보는 것이다. 상호작용적 책은 학생에게 이야기에서의 어려운 단어 혹은 새로운 단어를 설명하고, 관련된 비디오 영상을 보여 주며, 익숙하지 않은 단어를 발음해 주고 책을 크게 읽어 주는 내레이터를 가진 사용자 선택 사항이 있다. 이러한 의사소통 비계는 자기 선택 책 읽기를 하는 동안 극적으로 학생의 참여와 독해력을 증가시킬 수 있고, 다른 또래 지원이나 교사 지원의 요구를 줄일 수 있다.

책 선택과 접근뿐 아니라, 복잡한 의사소통 요구를 가진 학생은 그들이 읽은 책에 대한 의견과 생각을 나누는 수단이 반드시 있어야 한다. 학생은 읽기 일지를 쓸 수 있다. 이 일지에는 각 이야기를 평가하기 위해 '엄지손가락 들기' '엄지손가락 내리기'와 같은 의사소통 상징을 포함한다. 또한 또래와 함께 그들의 평가를 공유할 수도 있다. 전자 AAC 기구를 사용하는 학생을 위해 그들이 읽었던 책에서 그들이 일반적으로 말한 특정한 어휘(예, 인물, 장소)뿐만 아니라 "난 정말 마음에 들어." "이건 지루해." 혹은 "넌 이것을 꼭 읽어야 해!"와 같은 일반적인 구의 사용을 위한 더 복잡한 화면이 고안될 수도 있다.

자기 선택 묵독 참여에서의 인지적 장애물

언어 손상이나 잘못된 해독 기술을 가지고 있는 일부 학생은 그들이 스스로 접근할 수 있는 것보다 더 높은 수준의 글에 흥미 있어 한다. 높은 흥미, 낮은 어휘의 글은 이러한 학생에게 유용하고 Scholastic과 High Noon과 같은 회사로부터 인쇄된 형태로 사용 가능하다. Start-To-Finish(Don Johnston)의 책은 8~16세 수준의 흥미를 가진 읽기 기술이 이 부족한 학생을 지원한다. 종이책, 전자책, 오디오 책과 같이 여러 가지 형태의 책은 다양한 학습 양식과 능력을 수용한다.

다양한 AT/AAC 지원은 학생이 읽은 것을 요약하거나 조직하며 읽기 전에 화제에 대하여 학습하도록 도울 수 있다. 인터넷으로부터 나온 글과 영화나 비디오는 그들의 배경지식의 발달을 지원할 수 있다. 그래픽 조직자는 그들이 읽은 주요 사건이나 등장인물을 계속 추적할 수 있도록 도와준다. 그럼으로써 이해력을 증가시키고 구어적 기억의 요구를 감소시킨다.

기존의 문해 기술을 가지지 않은 중대한 인지장애가 있는 학생은 간단한 글과 사진을 조합한 언어 경험 이야기를 읽거나, 카탈로그를 검색하거나, 책에 있는 그림을 보는 것과 같은 독립적인 읽기 활동을 즐길지도 모른다. 궁극적으로 그 목표는 그들이 지각하는 지적 기억량에 관계없이 모든 학생이 그들이 선택한 다양한 읽기 자료와 상호작용하는 규칙적인 기회를 가지는 것을 확실히 하는 것이다.

AT/AAC와 작문

일반교육 환경에 있는 학생에게는 학문적이며 사회적인 목적으로 글을 쓰는 것을 기대한다. 그들은 화제 선택, 계획, 작문, 개정, 편집을 포함하는 작문 절차의 다양한 면에 참여한다. 그들은 또한 개인적인 단어 은행, 그림, 그래픽 조직자, 스토리보드와 같은 작문을 위한 자료를 사용하는 것을 학습한다. 중도장애학생은 종종 작문 발달을 방해하는 운동 신경, 언어 그리고 인지적 장애를 가지고 있기 때문에 AT/AAC 지원은 그들이 작문 처리 과정에 참가하기 위해 꼭 필요하다.

중도장애학생의 작문 요구를 고려할 때 기억해야 할 중요한 점은 작문이 특별하고 복합적인 활동이라는 것이다. 학생은 반드시 무엇을 쓸 것인가에 대한 생각을 해야 한다. 그리고 이러한 생각을 표현하기 위하여 어떤 언어를 사용할지 결정하고, 언어를 활자로 번역하며, 정확성과 가독성(읽기 쉬운 것)을 위한 검토를 해야 한다. 몇몇 어려움이 존재하는데, 일부는 외부적으로 부과되며(예, 화제, 길이 제약) 또 일부는 학생 자신으로부터 발생한다(예, 화제에 대한 지식과 작문 규칙 인식, 글을 구성하기 위한 신체적 능력). AT/AAC 기술은 중도장애학생이 복잡한 처리 과정을 찾아냄으로써 그들을 위한 중요한 지원을 제공할 수 있다.

작문 참여에서의 신체적 장애물

물리적 관점에서 연필 쥐기, 철자 쓰기 그리고 문서 편집 능력은 성공의 정도와 독립성의 정도에 영향을 준다. 작문을 위한 로우테크놀로지 지원은 연필을 잡고 쥐는 데 도움이 되는 굵은 크레파스나 연필, 혹은 좀 더 수월하게 써지는 젤 펜을 포함한다. 선이 있는 종이는 작문 과정에서 선을 일정하게 유지하며 쓰는 데 도움을 줄 수 있다. 손으로 쓰는 데 심각한 문제가 있는 학생에게 단어 처리 과정 프로그램은 글을 작성하는 데 있어 보다 많은 정확성과 적은 피로감을 준다. 몇몇 교사는 특히 저학년 학생에게 작문을 위한 키보드를 소개하는 것을 꺼릴지도 모른다. 왜냐하면 그들은 아이의 손글씨를 발달시켜야 한다고 생각하기 때문이다. 그러나 학생이 생각을 표현하는 것보다 오히려 철자를 쓰는 데 많은 시간과 에너지를 쏟게 된다면 인지적으로 자료를 처리하는 데 제한이 따를 수 있다. 키보드 접근은 피로를 경감하며 학생이 보다 긴 글을 쓸 수 있게 한다. 키보드는 전통식 쿼티(QWERTY), 고빈도 또는 알파벳 자판일 수 있으며, 크기와 철자 구성을 변화시킬 수 있다. 비전통적 혹은 대안적 키보드는 제한적인 움직임의 범위를 제공하게 되므로 보다 나은 운동 제어를 할 수 있는 작은 크기의 키보드(예, TASH International의 MacMini)를 사용할 수도 있으며, 시각적 혹은 건강한 운동 상태의 사용자가 사용하는 보통의 것보다 더 큰 키보드(예, Greystone Digital의 Big Keys Plus)를 사용할 수도 있다.

Intellikeys(Intellitools)는 미리 구성한 알파벳, 쿼티, 그리고 고빈도 키 배열을 할 수 있는 융통성 있는 대안 키보드의 한 예다. 이것은 또한 학생의 특별한 신체 능력과 작문 요구에 맞게 자판 배열을 교사가 고안해서 학생에게 제공할 수 있게 한다. 예를 들어, 원터치로 만든 문장, 구절, 단어를 학생이 선택할 수 있도록 단어 구성을 프로그램화할 수 있다. 또한 그 출력물이 단어 처리 과정에 나타나도록 할 수 있다. 교사가 개발한 작문 교수를 지원하기 위해 사용될 수 있는 수많은 단어 구성과 수업 계획은 Intellitools 웹사이트로부터 내려받을 수 있다.

단일 키보드 지원은 텍스트를 타이핑하지 못하는 학생의 능력을 실질적으로 향상하지 못할 때, 효율적이며 단어 예측 소프트웨어는 속도와 정확성을 향상할 수 있는 효율적인 방법이다. Co:Writer(Don Johnston), WordQ (WordQ), WriteAway(Information Services)와 같은 단어 예측 소프트웨어 프로그램은 모두 같은 원리로 작동한다. 사용자가 철자를 입력하면 소프트웨어 프로그램은 보통 문법, 최신 정도와 빈도, 그리고 사용자가 구성하기 위해 어떤 단어를 사용하려고 노력했는지를 추측한다. 프로그램은 각 철자가 입력될 때 바뀌는 단어 중에서 원하는 단어를 선택할 수 있도록 한다(CoWriter로 구성된 단어 예측 소프트웨어는 [그림 9-5] 참조). 이러한 다수의 프로그램에서 학생은 각 단어에 커서를 둠으로써 선택한 단어의 소리를 들을 수 있다. 한 번 학생이 단어를 선택하면 단어가 입력된다. 이러한 프로그램은 자동적으로 각 문장의 첫 문자를 대문자로 시작하게 하고, 단어 사이에 간격을 두고, 한 번 구두점 키가 눌리면 단어 처리 과정 창으로 문장을 이동시킨다. 대다수의 단어 예측 소프트웨어는 신체적 요구의 범위를 수용할 수 있는 다양한 단어 삽입 방법(예, 복사 화면 키보드, 헤드마우스, 트랙볼)을 통해 접근할 수 있다.

글을 쓰는 동안 단어 예측 소프트웨어는 정확하게 쓰도록 하고 음성을 출력하며 속도를 증가시킨다. 이는 덜 바람직한 방법에서 쓰인 학생의 글 생산에 영향을 줄 수도 있다. 예컨대, 학생은 자신이 원래 쓰려고 의도했던 단어 대신 프로그램이 제시하는 단어를 선택하는 데 그것이 글을 더 쉽고 빠르게 쓸 수 있도록 하기 때문이다. 게다가 철자가 맞는 단어를 고르고 인지할 수 있는 학생은 독립적으로 같은 단어를 철자에 맞게 쓰는 기술을 개발하지 못할 수도 있다. 최근 연구는 단어 예측이 몇몇 사용자의 일반적인 철자 쓰기 발달에 부정적인 영향을 주기 때문에 결국 체계적인 철

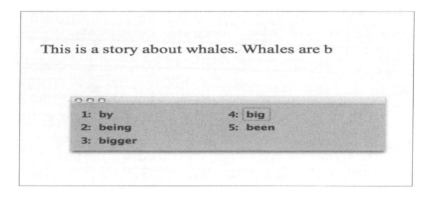

[그림 9-5] 단어 예측 소프트웨어의 예

자법 교수와 결합하여 사용해야 한다고 말하고 있다(Hart, 2006). 어떠한 AT 선택을 하든, 각 학생을 위해 단어 예측 소프트웨어 사용의 장단점을 심사숙고해야 할 것이다.

작문 참여에서의 의사소통 장애물

작문은 의사소통과 사회적 상호작용 과정의 형식이다(Nystrand, 1990). 작가와 같이 학생은 그들의 독자와 효과적으로 의사소통을 할 수 있어야 한다. 학생은 또한 다른 이들이 쓴 글에 반응을 함으로써 의사소통할 수 있어야 한다. 학생, 독자 그리고 글을 포괄하는 사회적 상호작용 과정에 충분히 참여하기 위해 복잡한 의사소통 요구(students with CCN)를 가진 학생은 AAC 지원 사용을 요구할 수 있다.

단일 의사소통판과 같은 로우테크놀로지 AAC 지원은 학생이 쓸 화제를 고르거나, 양식화된 이야기를 창조하거나, 다른 학생의 작문에 대하여 평하는 것을 할 수 있게 한다(예, "그거 재밌는데." "난 그거 좋아." "이해가 되지 않아."). 제한된 철자 쓰기 능력을 가진 초보 학생은 그들의 생각을 글로 전환하기 위한 그래픽을 지원받음으로써 이익을 얻을 수 있다. Writing with Symbols(Widgit)와 PixWriter(Slater Software) 같은 소프트웨어 프로그램은 학생이 그림 상징과 글을 조합하여 사용하는 것을 허용해 줄 수 있다.

중도장애학생은 가끔 작문 줄거리를 만들어 내기 위한 비계가 필요하다(Soto, 2006). Kidspriation(Inspiration)과 Draft:Builder(Don Johnston)와 같은 소프트웨어 프로그램은 생각을 계획하고 조직하는 데 다양한 비계를 제공한다. 교사는 학생이 더 응집성 있는 글을 구성할 수 있도록 의미 구조도, 시간 순서(타임라인), 이야기 지도 혹은 목록 제공과 같은 그래픽 조직자를 쉽게 만들어 낼 수 있게 된다.

앞서 논의한 바와 같이 하이테크놀로지 AAC 기구는 학생이 미리 프로 그램되고 일반적인 발화를 모두 산출해 낼 수 있도록 한다. 이것은 새로운 글을 구성하고 저장하고 출력하는 것뿐만 아니라 쓰기 활동 동안 미리 저 장된 새로운 메시지에 빠르게 접근하는 것을 허용한다(예, "내 이야기 어땠 어?" 혹은 "나는 다음에 어떻게 써야 할지 모르겠어."). 대부분의 하이테크놀 로지 기기는 앞서 설명한 바와 같이 단어 처리 과정 혹은 단어 예측 기능 을 제공한다. 때문에 언어 접근성은 사용자의 문해 능력에 의해서만 제한 될 수 있다.

작문 참여에서의 인지적 장애물

확실하게 작문과 관련된 신체적 및 의사소통 요구를 지원하는 것은 중 요하다. 그러나 작문은 폭넓은 인지적 활동이다. 중도장애학생에게는 단 순한 글을 창작하는 것조차 도전이 될 수 있다. 계획, 번역 그리고 과정 점 검을 하는 동안 쓰기와 관련된 인지적 요구를 지원할 수 있는 수많은 AT 기기 사용법이 있다.

계획(planning)은 일반적인 생각, 목표 설정과 조직화를 포함한다. 교사 는 학생이 좀 더 글을 잘 구성할 수 있게 의미 구조도와 다른 그래픽 조직 자(예, 그래픽 순차 시간 설정)를 만들어서 교수적 지원 계획을 제공할 수 있 다. Inspiration, Kidspiration(Inspiration)과 Draft:Builder(Don Johnston)와 같은 컴퓨터 소프트웨어는 학생이 브레인스토밍을 하고, 그림을 사용하여 생각을 얻고, 그 생각을 연결하고 그것을 배열하는 방법을 제공함으로써 그 들이 계획하도록 도울 수 있다. 컴퓨터 소프트웨어는 학생이 그들이 쓰고 싶 어 하는 글이나 이야기의 그래픽 표상을 개발하도록 함으로써 계획 처리 과 정을 지원할 수 있다. Imagination Express(Riverdeep)의 주제별 교육 소프 트웨어로 예를 들어 설명해 보도록 하겠다. 이 소프트웨어는 사용자가 장면을 설명하기 위해 화면을 처음 개발해 보도록 한다. 사용자는 배경 사진과 현실적인 사진을 사용한 후 글로 써서 장면을 설명한다.

생각을 글로 전환하는 것은 언어에 어려움이 있는 학생에게 특별히 어렵다. 문장 구조와 같은 도구는 과제를 단순하게 하는 데 사용될 수 있다. 예컨대, 학생은 빈칸 채우기 절차를 사용하는 반복된 형식의 이야기 쓰기를 할 수 있는데(예, "나는 과일이 좋아. 나는 _____가 좋아. 나는 _____가 좋아. 나는 _____가 좋아."), 의사소통 화면에 있는 상징 옵션에서 선택함으로써 빈칸을 채울 수 있다. 작문 능력이 발달함에 따라 이야기는 더 복잡한 구조를 가질 수도 있는데(예, "나는 애완동물을 가지고 있어. 그는 _____야. 그 이름은 _____야. 그는 _____ 먹기를 좋아해."), 학생이 여전히 그들이 좋아하는 구조를 정의할 수 있는 권한을 가진다. 학생이 무엇을 쓰고 싶어 하는지 정확하게 안다고 할 때조차도 철자 쓰기의 어려움은 그들의 쓰기 속도를 매우 느리게 하여 내용을 잊어버리게 한다. 이러한 학생을 위해서는 단어 예측 및 혹은 음성 인지 소프트웨어가 도움이 될 수 있다.

검토하기(reviewing)는 작문 과정에서 중요한 부분이다. 학생이 자신의 혹은 또래의 작업을 검토하는 기회, 그리고 검토하는 동안 쓴 글과 학생의 의도가 일치하는가를 결정하는 기회를 제공하기 때문이다. 독자는 그들의 관점에서 글이 흥미로웠는지, 이해되었는지, 혹은 헷갈렸는지를 글쓴이에게 알려 줄 수 있다. 검토 과정을 위한 AT/AAC 지원은 적절한 평가 의견(나는 좋아/나는 좋지 않아/나는 이해가 되지 않아)이 있는 의사소통판을 포함한다. 또한 말하는 단어 처리기를 통해 학생이 쓴 글을 읽거나 또는 그들이 쓴 글을 편집할 수 있도록 한다. 하이테크놀로지 AAC는 학생이 쓴 글을 읽을 수 있게 하고 검토 과정 중 자연스럽게 의사소통하게 한다.

AT/AAC와 작문: 사례

Davon은 3학년 자폐 학생이다. 그는 다른 아이들과 거의 대화를 하지 않지만 이야기를 할 때 구어적 반응은 있다. Davon이 AT 없이 글을 작성하려고 노력할 때 최선의 결과는 짧은 구나 단어 목록을 구성하는 것이다. 작문을 위해 Davon은 사진을 보고 이야기를 생각해 낸다. 그리고 단어 예측 소프트웨어와 말하는 단어 처리기를 사용하여 생각을 글로 표현한다. Davon에게는 단어 예측 소프트웨어가 특별히 유용한데 그게 풍부한 일견 어휘를 갖고 있기 때문이었다.

Davon은 원하는 단어를 인지하는 것에 어려움은 없었다. 그는 단어 예측 소프트웨어 사용과 관련된 일상을 감사했다. Davon은 기술을 사용할 때 때때로 문법적으로 옳은 몇 문장을 작성할 수 있으며, 더 중요하게는 이야기를 할 수도 있다.

요 약

이 장에서 우리는 AT/AAC 지원을 통해 중도장애학생을 양질의 문해 교수로 접근 가능하게 하는 방법을 설명했다. 우리는 일반교육 환경에서 전형적으로 발견되는 문해 학습 상황에 대한 참여가 증가하고 장애물을 최소화하는 도구로서 기술을 사용하는 요구에 초점을 맞추고 있다. 광범위한 문해 교수에서 AT/AAC가 필요한 학생의 성공적인 통합을 위해 적절한 기술에의 접근과 일반학급에의 배치 또는 일반교육과정에 노출되는 것이 그 무엇보다 요구된다. 앞서 논의한 바와 같이 성공적인 통합은 의사소통, 학습, 그리고 학급의 참여를 위한 기술의 복잡한 배열을 통합하기 위해서 함께 일할 수 있는 팀 구성원을 요구하기도 한다(Erickson & Koppenhaver, 1995; Koppenhaver, Spadorcia, & Erickson, 1998).

특수교육과 음성언어-병리학에서의 대부분의 선 서비스 훈련 프로그램은 이제 적어도 AT/AAC 입문 코스를 포함해야 한다. 극소수만이 문해 교수를 포함한 의학적 경험 혹은 또래 교수와 함께 AT/AAC 해결책을 실행하는 기회를 제공한다. 결과적으로 많은 졸업자가 중도장애학생을 위한 문해 결과를 최대화하고 AT/AAC 팀 구성원으로서 효과적으로 기능하는 데 필요한 지식과 기술 없이 직업전선에 뛰어든다. 마찬가지로 그들만의 교육적인 경험으로 AT/AAC 훈련을 조금 받았거나 혹은 아예 받지 못한 전문가는 전형적으로 장애학생을 일반교육과정에접근할 수 있게 하는 데 요구되는 AT/AAC 도구에 관한 인식이 제한되어 있다. 향상된 선 서비스와 현직 교육 · 훈련, 기술적 지원, 그리고 지속적이고 전문적인 개발 기회를 위한 요구는 강력하다. 앞으로 새로운 AT와 증거 기반의 AT/AAC 중재 전략이 개발되어야 한다(Whitmire, 2001).

북아메리카 재활 기술과 보조 공학 조직(Rehabilitation Engineering and Assistive Technology Society of North America: RESNA), 보완 대체 의사소통의 국제 조직(International Society of Augmentative and Alternative Communication: ISAAC)과 같이 전문적인 조직은 구성원에게 AT와 AAC에 관심을 가진 전문가 공동체를 제공한다. 덧붙여 보조공학에서의 질적 지침(Quality Indicators in Assistive Technology: QIAT)과 같은 리스트서브(특정 그룹 전원에게 메시지를 전자우편으로 자동 전송하는 시스템-역자 주) 그룹은 지속적인 지원과 AT 기기에 대한 정보를 제공하고 있다. 장애인 보조 기구 전문업체인 Closing the Gap과 캘리포니아 노스리지 주립대학 공학 및 장애인 학회와 같이 매년 열리는 학회는 교사가 AT/AAC 관련 연구와 기술 발전의 최근 경향을 잘 알게 한다. 교사는 스스로 교육받기 위해 학회에 가는 것을 선택한다. AT/AAC 전문 지식을 개발하는 전문가는 양질의 문해 교수에 대한 새로운 접근을 학생에게 제공하려는 잠재력을 가지고 있다. 이와 같은 접근성의 증가는 AT/AAC 요구를 가진 그들의 학생을 위한 더 나은 결과, 더 좋은 교육, 직업 및 사회적 기회, 그리고 더 나은 양질의 삶으로의 전환을 가능하게 하고 있다.

제10장
문해 교수 조직화

Elizabeth B. Keefe

    이 장은 뇌 기반의 차별화되고 보편적 설계의 원리에 기초한, 모든 학생을 위한 적절한 문해 교수를 개념화하고 조직화하는 방법에 초점을 두고 있다. 1장에서 Copeland가 주목한 것과 같이 만약 중등도 또는 중도 장애 학생에게 도전적이고 교수에의 적절한 접근이 주어진다면 문해 기술을 향상할 수 있다. 연구자는 문해 기술이 별개의 부분으로 된 기술의 위계를 기반으로 하기 때문에 낮은 수준의 별개 기술을 숙달하지 못한 학생은 문해 기술에 접근하기 어렵다고 본다(Farrell & Elkins, 1995; Kliewer et al., 2004; Mirenda, 2003; Ryndak, 1999). 이 장에서는 두 가지 주요 도전을 설명할 것이다. 첫 번째는 개별화된 교육 목적과 목표를 주장하는 동안 위계적 접근에서 문해 교수로 변화시키는 것이다. 두 번째는 새로 장착하는 기존의 교육과정과 교수 계획을 피하고(Udvari-Solner et al., 2002) 대신 계획할 때부터 문해 처리 과정에 모든 학생이 접근할 수 있는 방법을 찾는 것이다.

문해 단원과 교수 계획 도구

많은 읽기 프로그램과 표준 문해 교육과정은 중등도 또는 중도 장애학생의 요구를 충족하기 위해 고안된 것이 아니다. 그래서 교사는 능력의 수준에 관계없이 모든 학생의 요구가 교실에서 충족되도록 하는 교수와 교육과정을 보장하기 위해 보충 계획 도구를 사용해야 할 것이다. 이 장에서 공유되는 계획과 실행 도구는 교사가 그러한 목적을 달성하는 데 도움을 줄 것이다.

문해 계획 순환 구조

교사는 출발점부터 모든 학생의 권리를 위한 문해 교수를 계획할 수 있다. 문해 계획 순환 구조(Literacy Planning Wheel)를 사용함으로써, 교사가 문해 교수를 문해 기준과 IEP 목표를 고려한 광범위한 관점이 아닌 단위 계획으로 접근하여 비기능적 단위로 수업하려는 유혹으로부터 벗어나게 한다([그림 10-1] 참조). 이 계획 순환 구조의 이점 중 한 가지는 어떠한 유형의 글이라도 다양한 학년 수준에서 사용할 수 있다는 것이다.

좋은 계획 도구는 유동성이 있어야 하며 교실 상황에 따라 수정될 수 있어야 한다. 이러한 과정은 적절한 교실, 학년 수준, 교수에 적합한 지역과 학교에서 동료와 협동적으로 일함으로써 강화될 수 있다. 일반적으로 문해 계획 순환 구조를 사용하기 위해 다음과 같은 단계가 권고된다.

1. 단원에서 소개된 주제 영역과 교육과정 기준에 적절한 본문을 선택한다. 책 한 권, 한 작가의 책 시리즈, 특정한 문학 작품, 시, 연극, 환

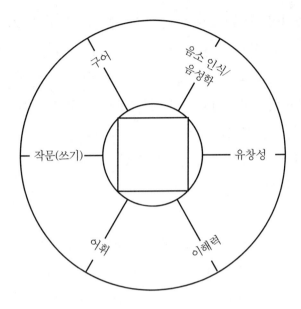

[그림 10-1] 문해 계획 순환 구조의 예

경적인 인쇄물 또는 신문 그리고 다른 매체들이 언어교육에서 사용
될 수 있는 예가 된다. 문해 계획 순환 구조는 다른 기초 과목과 선택
과목으로 문해 교수의 통합을 가능하게 한다. 책이나 책 세트, 교과
서, 역사적인 사료, 신문과 다른 매체, 교사 지침서, 환경적인 인쇄물
혹은 강의 노트까지도 사용할 수 있다. 선택한 본문의 길이는 학년
수준에 따라 단원을 위해 사용 가능한 시간의 길이에 따라 달라질 수
있다.

2. 브레인스토밍 방법은 문해 교수의 다양한 영역(구어, 음운 인식/발음,
   유창성, 어휘, 이해력과 작문)에서 사용할 수 있다.

3. 아이디어 명료화 및 확장하기는 브레인스토밍 활동을 통해 일반화된
   생각을 확장시키고 명백하게 한다. 모든 브레인스토밍을 생각해 보
   라. 어떤 활동이 당신의 교실에서 적절한 기준을 소개하고 있는가?

어떤 생각이 뇌 기반 교수를 제공하고 학생에게 기준과 개별화교육 프로그램(IEP) 목적을 충족하게 하는 일련의 수업을 이끌 수 있는가? 이러한 수업이 교실에서 모든 학생에게 접근 가능하게 할 수 있는가? 수업의 어떤 측면이 학생이 기준 혹은 IEP 목적을 숙달했는지를 사정하는 데 사용될 수 있는가?

4. 사용 가능한 시간 구조를 실제로 실행할 수 있는 수업의 응집 집단을 선택한다. 어떠한 수업 계획 형식도 문해 계획 순환 구조로 작업할 수 있다.

5. 그것이 완성되면 단원을 평가하고 그것이 어떻게 반영되었는지 완성한다. 어떤 단원의 영역이 잘 실행되었는가? 다음에는 무엇을 변화시킬 것인가? 학생에게 기대하는 IEP 목표나 기준을 충족하는 기회를 제공하는 단원이 있었는가?

문해 계획 모형

문해 교수를 계획할 때 더 전체적인 접근을 가능하게 하는 대안적인 계획 도구는 문해 계획 모형(Literacy Planning Matrix)이다(〈표 10-1〉 참조). 이 모형은 교사가 문해 교수의 다섯 가지 주요 영역을 고려하고 구어, 읽기와 쓰기를 통해 소개하기 위한 기회를 찾도록 한다. 이 개념적인 계획 도구는 문해 계획 순환 구조와 같이 유연성이 있고 개별 교사의 요구에 부합되게 수정될 수 있다. 다음 단계(문해 계획 순환 구조를 위한 것과 비슷하다)는 문해 계획 모형을 사용하기 위해 권고되었다.

1. 문해 계획 순환 구조에서 진술한 것과 같은 지침을 사용하는데, 단원에서 소개된 교육과정 기준과 주제 영역에 적절한 본문을 선택한다.

표 10-1 문해 계획 모형의 예

날짜: _____
개발자: _____
본문: _____
학년: _____
기준: _____
_____

	구어(말하기)	읽기	쓰기
음운 인식			
발음			
유창성			
어휘			
글 이해력			

2. 문해 교수의 다양한 영역(음운 인식, 발음, 유창성, 어휘와 이해력)에서 소개된 브레인스토밍은 뼈대를 세우기 위해 구어, 읽기, 글을 사용한 쓰기에서 사용 가능하다.

3. 아이디어 명료화 및 확장히기는 브레인스토밍 활동을 통해 일반화된 생각을 확장시키고 명백하게 한다. 브레인스토밍을 생각해 보라. 어떤 활동이 당신의 교실에서 적합한 기준을 소개하고 있는가? 어떤 생각이 뇌 기반 교수를 제공하고 학생에게 기준과 개별화교육 프로그램(IEP) 목적을 충족하게 하는 일련의 수업을 이끌 수 있는가? 이러한 수업이 교실에서 모든 학생에게 접근 가능하게 할 수 있는가? 수업의 어떤 측면이 학생이 기준 혹은 IEP 목적을 숙달했는지를 사정하는 데

사용될 수 있는가?

4. 사용 가능한 시간 구조를 실제로 실행할 수 있는 수업의 응집 집단을 선택한다. 어떠한 수업 계획 형식도 문해 계획 모형으로 작업할 수 있다.

5. 그것이 완성되면 단원을 평가하고 그것이 어떻게 반영되었는지 완성한다. 어떤 단원의 영역이 잘 실행되었는가? 다음에는 무엇을 변화시킬 것인가? 학생에게 기대하는 IEP 목표나 기준을 충족하는 기회를 제공하는 단원이 있었는가?

문해 계획 순환 구조 혹은 문해 계획 모형과 같은 전체적인 계획 도구의 사용은 학생에게 사다리 하나의 가로장보다 문해 기회의 만화경에의 접근을 제공한다(Kliewer et al., 2004).

 ## 장애학생을 위한 구체적인 교수적 계획 전략

뇌 기반 교수, 차별화된 교수, 다중지능 및 협력 학습은 중등도 또는 중도 장애학생을 더 쉽게 통합할 수 있게 한다. 앞에서 설명한 개념적인 계획 도구는 모든 학생이 문해 사다리의 끝에 갇혀 있지 않고 문해 교수의 모든 영역에 접근성을 가지도록 한다. 그러나 학생의 개별화된 교육적인 요구에 적합한 교육을 보장하기 위해 다양한 전략이 개발되어야 할 필요가 있다. 중등도 또는 중도 장애학생을 위해 단지 일반교육 환경에 있게 하는 것은 충분하지 않으며, 그들이 의미 있는 참여자와 더불어 학급의 전체 구성원이 되어야 한다.

일견 보기 프로그램

2004년 IDEA는 각각의 장애학생을 위해 다학문적 팀이 목적과 목표를 개발할 것을 주장했다. 이러한 목적과 목표는 학생의 IEP의 한 부분이다. 특수 및 일반 교사는 장애학생과 그들의 목표에 접근 가능한 정보를 손쉽게 가져야 한다. IEP 문서는 많은 교육자에게 그 자체로도 압도적이다. 왜냐하면 계속해서 편집하고 정보를 갱신해야 하기 때문이다. 특수교육 교사의 역할 중 하나는 정보를 접근 가능하고 유용하게 만들어 교육 팀의 일반교사와 다른 구성원을 위해 IEP를 요약하는 것이다. 이를 성취하기 위한 한 가지 도구는 일견 보기 프로그램(Program-at-a-Glance)(예, Janney & Snell, 2000)이다. 일견 보기 프로그램은 학생의 강점과 목표 그리고 관리가 필요한 사항을 간단한 언어를 사용하여 한 페이지에 적은 기본적인 정보를 포함한다. 〈글상자 10-1〉에는 6일 중에 5일을 일반교육 고등학교 교실에 성공적으로 참여하는 16세의 지적 및 신체 장애학생을 위해 저자가 개발한 일견 보기 프로그램이 제시되어 있다.

글상자 10-1 》》 일견 보기 프로그램의 예

일견 보기 프로그램

Karen의 목표

학문적 목표

- 그림에서 단어 일치시키기
- 일견 단어 식별하기
- 1~20까지 세기
- 덧셈/뺄셈

사회적/의사소통 목표

- 또래 및 성인과 의사소통하기 위해 보조공학 사용하기
- 사회적 상호작용 시작하기
- 또래/성인에게 반응하기
- 또래와 더 많은 시간 보내기

자립 목표

- 식사 준비하기
- 청소하기
- 음식과 음료 선택하기
- 정리하기

운동 신경

- 팔과 다리 움직이기
- 소근육 운동 향상하기
- 스탠더/러닝머신 사용하기

Karen의 강점

- 열심히 공부한다.
- 인내심이 있다.
- 큰 미소를 띈다.
- 사람들이 생각하는 것보다 더 많이 이해한다.
- 협력한다.
- 반응이 많다.
- 학습하는 데 잠재력이 크다.
- 친근하다.

관리 결과

- 교육 보조자가 약 12시 30분경 화장실에 있을 것이다.
- 교육 보조자가 오전에 음식을 관으로 공급할 것이다.
- 또래는 점심시간이나 교실에서 도움을 줄 수 있으며 교실 간의 이동을 도와줄 수 있다.

투입 기술 체계

일견 보기 프로그램이 완성되면, 일반교육 환경에서 학생에게 그들의
IEP 목표를 충족하기 위한 기회를 제공하는 것을 보장하기 위해 교육 팀
이 함께 일할 필요가 있다. 이를 성취하는 데 사용되었던 하나의 도구는

글상자 10-2》》 투입 기술 체계의 예

투입 기술 체계

학교 이름:＿＿＿＿＿＿＿＿＿＿＿＿　　학년:＿＿＿＿＿＿＿＿

학생 이름:＿＿＿＿＿＿＿＿＿＿＿＿　　단계:＿＿＿＿＿＿＿＿

나이:＿＿＿＿＿＿＿＿＿＿＿＿＿＿　　대변자/교사:＿＿＿＿＿＿＿

학년:＿＿＿＿＿＿＿＿＿＿＿＿＿＿　　부모/안내자:＿＿＿＿＿＿＿

투입 기술

활동/과목/환경

만약에 투입된 기술을 확인했다면 누가 했는지 체크하시오.

가족
학생
또래
학교

교육 팀이 완성한 투입 기술 체계(Infused Skills Grid, 〈글상자 10-2〉 참조)다 (Castagnera et al., 1998). 이상적으로 팀은 학생과 함께 수행하는 치료사나 일반교육 및 특수교육 교사를 포함할 것이다. 때때로 부모는 과정 계획의 일부분으로 참여하기 원할 수도 있다. 투입 기술 체계는 교육 팀이 일반교육 환경에서 하루 동안 어떻게 학생의 개별화된 목표가 투입될 수 있는지 보게 하는 모형이다. 투입 기술 체계가 일반교육에서 어떻게 다루어질 수 있는지 보기 위해 일반교육이 학생의 요구를 충족할 수 있는지 알아보는 것보다는 어떻게 개인의 능력이 일반교육에 적용될 수 있는지 유념하는 것이 중요하다.

투입 기술 체계는 몇 가지 중요한 목적을 성취한다. 첫째, 일반교육에서 마주하는 개인의 목적과 문해 능력을 포함하여 팀과 의사소통한다. 둘째, 모든 팀 구성원이 학생의 목적을 인식하고 있다. 셋째, 일반교육 환경에서 학생의 개별화된 목표가 다루어질 수 있다는 것을 특수교사, 치료사 그리고 학부모에게 보증한다. 마지막으로, 일반교육에서 다루어질 수 없는 기술을 확인한다. 네 가지 목적을 성취했을 때, 팀은 개별화된 목적이 더 이상 필요하지 않다고 결정하거나 기술이 다루어지기 위해 일반교육 환경을 수정하는 것을 결정할 수 있다. 드문 일이지만, 학생은 기술을 익히기 위해 일반교육 환경을 떠나야 할 수도 있다.

부분적 참여의 원리

중등도 또는 중도 장애학생은 종종 일반교육을 받는 또래와 같은 방법으로 특정한 수업 혹은 프로그램의 모든 측면에 참여할 수 없기 때문에 양질의 문해 교수로의 접근이 거부된다. 예를 들어, 학생이 Open Court, Success for All 또는 Four Block과 같은 문해 프로그램에 완전히 참여할 수 없다면, 그들은 일반 교육 환경에서 문해 교수를 받기 어렵다.

　일반교육 환경에서 중등도 또는 중도 장애학생을 위한 문해 교수를 고안할 때 부분적 참여의 원리를 고려하는 것은 필수적이다(Baumgart et al., 1982). 부분적 참여의 원리는 활동, 수업 혹은 프로그램의 일부 측면에 의미적으로 참여할 수 있다. 학생이 특정한 활동을 할 수 있는지보다 활동의 부분적인 참여에서 성취할 수 있는 개별화된 목표가 무엇인지 질문해야 한다. 연구는 학생이 일반교육과정에 부분적으로 참여하기 위한 접근이 제공되었을 때 기대했던 것보다 더 높은 수준을 성취하는 것을 증명하고 있다(예, Mirenda, 2003; Ryndak et al., 1999).

수정된 질문

　일단 일반교육 환경에서 지적장애학생의 요구를 충족하기 위한 기회가 확인되면—부분적 참여의 원리를 고려하는 것과 일런 보기 프로그램과 투입 기술 체계를 사용하는 것—다음 단계는 어떤 조정이 고안될 필요가 있는가를 결정하는 것이다. 적절한 수정을 결정하기 위한 유용한 전략은 수업을 계획할 때 다음과 같은 교육과정 조정 질문을 하는 것이다(그림 10-2 참조).

1. 학생이 그들의 일반교육 또래와 같은 방법으로 이 활동에서 참여할 수 있는가?
2. 학생이 환경, 자료, 지원 혹은 기대의 조정을 통해 동일한 수업에 참여할 수 있는가?
3. 학생이 수업의 몇 가지 측면에서 부분적으로 참여할 수 있는가?
4. 학생이 같은 교실에서 유사한 혹은 병행된 활동에 참여할 수 있는가?

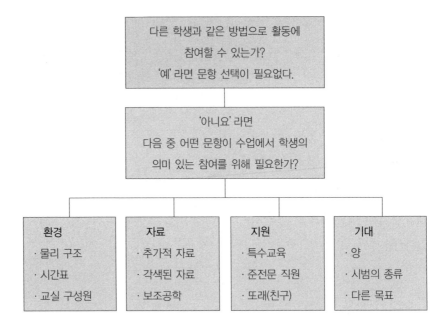

[그림 10-2] 교육과정 조정 계획 질문의 예

5. 만약 앞 질문의 답이 모두 '아니요'라면, 대안적인 활동을 위해 일반
   교육 환경에서 학생이 떠날 필요가 있는가? 한 명 혹은 더 많은 일반
   교육 또래가 대안적인 활동에 참여할 수 있는가?

어떤 조정이 필요한지 결정하는 것뿐 아니라, 교육 팀은 반드시 '누가 학
생을 위해 필요한 조정과 지원을 제공할 것인가'를 토론해야 한다. 이에 더
하여 '누가 학생의 진척을 평가하고 기록하기 위한 책임을 질 것인가'를 토
론해야 한다. 이러한 종류의 계획은 일반 교육자와 특수 교육자 사이에 강
한 협력적 관계를 수립할 것이 요구된다(장애학생을 위한 교사의 협력적 계획
과 조정, 수정을 위한 실행을 계획하는 데 도움이 되는 자원의 목록은 부록 참조).

🌐 요 약

이 장에서는 문해 교수와 중등도 또는 중도 장애학생이 통합교육에서 최상의 실제를 수행하는 데 사용할 수 있는 계획 도구에 대해 설명하였다. 이러한 장애를 가진 학생은 처음부터 계획에 포함되는 것이 필요하다. 단원 계획은 적절한 글을 선택하는 것과 관련이 있으며 IPE 목적에 제한되기보다는 기준에 따라 안내되어야 한다. 도구에는 반드시 IPE 목표가 소개되어야 하고 포함되어야 한다. 그리고 문해 교수에서 의미 있는 참여의 중요성을 강조해야 한다.

제11장
생활을 위한 문해

Susan R. Copeland

　이 책을 통해 우리는 양육자, 교사 또는 다른 임상가가 문해 시민이 될 수 있는 잠재력을 지닌 중등도 또는 중도 장애학생에게 낮은 기대감을 가질 때 그들이 경험할 수 있는 심각한 결과에 대해 논의하였다. 빈번하게도 이러한 낮은 기대감은 전혀 혹은 거의 교수를 제공받지 못하거나 언어와 문해에 대한 이해를 형성할 수 있는 매일의 문해 활동에 접근할 수 없게 한다. 이러한 낮은 기대감의 최종 결과는 기초적인 문해 기술이 부족한 어른이 되고, 더 나아가서는 그 결과로 그들이 학교, 직장과 지역사회에서 또래로부터 배제당하는 것이다.

　다행히도 연구자와 임상자 사이에서 중등도 또는 중도 장애학생을 위한 문해 교수 연구에 대한 관심이 재개되고 있다. 학교와 가족은 중도장애학생의 삶에서 문해의 중요성을 점차적으로 인식하고 그들의 잠재적인 능력을 향상하기 위해 노력하였다(예, Katims, 1994). 이 작업의 상당 부분은 중도장애아동을 대상으로 한 것이다. 그러나 중도장애 청소년 또는 어른을 대상으로 개발된 문해 교수 프로그램은 소수다(Farrell & Elkins, 1995; Gallaher, van Krayyenoord, Jobling, & Moni, 2003; Young, Moni, Jobling, & van Krayyenoord, 2004).

 ## 나이가 많은 문해 학습자에 관한 연구

어린 아동 대 청소년 또는 성인의 문해에 관한 연구는 주목할 만한 것이 없다. 장애가 없는 아동의 읽기 능력의 습득에 관한 연구의 대부분은 초기 아동기에 집중되어 있다. 왜냐하면 이 시기는 언어 학습과 근본적인 문해 개념에 있어 중요한 시기이기 때문이다. 언어와 문해 학습은 아동기 초기에 걸쳐 일어나며, 공식적인 학교교육이 시작되는 초기 몇 해 동안 관습적인 읽기와 쓰기 기술 습득은 정점을 이룬다(Ehri & Snowling, 2004). 아동이 읽기 쓰기 기술을 학습하거나 적합한 교수를 받지 못한다 하더라도 기본적인 읽기와 쓰기는 일반적으로 초등학교 3학년까지는 습득한다. 예를 들어, 공립학교에서 아동의 읽기 기술을 향상하려는 노력의 대부분은 K-3학년에 집중되어 있다(예, 읽기 우선[Reading First] 프로그램). 읽기에 어려움을 겪는 고학년 학생을 위한 효과적인 교수법에 대해서는 알려져 있는 것이 거의 없다. 중등도 또는 중도 장애학생을 위한 문해 교수에 관한 연구가 적다는 사실 또한 놀라운 일이 아니다.

슬프게도 고학년 학생에 대한 문해 학습이 몇 년 동안 주목받지 못한 다른 이유는 오랜 세월 동안 교육에서 집중적인 지원이 필요한 고학년 청소년과 어른은 학업 교수가 많은 이득을 가져다주지 못한다는 교육관이 지배적이었기 때문이었다. 전문가는 고학년 학생이 새로운 학업 기술을 습득 가능한 나이가 이미 훨씬 지나 버렸다고 믿는다. 교육자는 이 학습자를 위한 교육 프로그램은 주로 기능과 직업 기술에 집중되어야 한다고 권유했다.

사실상 중등도 또는 중도 장애학생을 위한 교육 프로그램은 그들이 청소년과 젊은 청년으로 옮겨 갈수록 점점 더 기능적 생활 기술(예, 취업, 음식 준비)에 집중된다. Farrell과 Elkins(1995)는 다운증후군 청소년을 위한 교육 프로그램을 설명하면서 고학년 학생을 위한 교육과정은 '지역사회 통합을 위한 비학문적 생활 기술(마치 읽기와 쓰기는 필수적인 생활 기술이 아닌 것처럼)'에 점점 더 집중되고 있다고 하였다. 이러한 경향은 중학교의 개별화교육계획 팀이 일단 학생이 고등학교에 들어가면 그들에게 더 이상 학업 관련 교수(그리고 때때로 직접적인 언어와 의사소통 치료)를 제공하지 않기로 결정하는 것을 지켜본 우리의 경험을 통해 확인할 수 있었다. 팀 구성원은 학생이 청소년이 될 때까지 이러한 기술(기초적인 읽기, 쓰기, 숫자)을 습득하지 못하면 중도장애학생이 그 기술을 전혀 습득하지 못할 것이라는 신념에 기초하여 이러한 결정을 정당화한다.

그러나 연구자는 인지장애 또는 중도장애를 동반하는 고학년 학생은 학업 교수로부터 이득을 보지 못한다는 신념을 지지하지 않는다. 몇몇 연구자와 임상가는 적합한 지원과 개별화교육계획안으로 중도장애학생이 지속적으로 문해 기술을 습득 및 확장할 수 있다는 것을 성공적으로 증명해 왔다(예, Foley & Staples, 2003; Moni & Jobling, 2001; Pershey & Gilbert, 2002; Young et al., 2004). 일부 연구자는 청소년기와 성인기가 실제로 문해 학습을 더 발전시킬 수 있는 최적의 시기라고 언급하였다(예, Farrell & Elkins, 1995). 언어와 문해의 속성에 대한 새로운 이해, 효과적인 교수 실제의 발전과 기술의 성장은 모두 다양한 방식으로 나이가 많은 학습자에게 이익을 가져다주는 데 공헌하였다.

앞에 언급된 연구의 긍정적인 결과는 성인 장애인의 학습에 대한 우리의 관점에 변화를 가져올 것이다. 학업에 관한 교수를 22세 또는 더 어린 나이에 그만두어야 한다고 생각하는 대신, 우리는 중등도 또는 중도 장애인의 평생학습을 고려할 필요가 있다. 장애가 있는 어른과 없는 어른은 문해와 언어가 포함되는 다양한 방식의 새로운 기술을 학습하는 기회를 통해 이득을 얻을 수 있다. 새로운 문해 기술의 습득은 자긍심을 강화시키며, 다른 사람과의 사회적 연결을 창출하며, 새로운 여가를 추구할 수 있도록 길을 열어 주며, 지역사회 참여를 증가시키고 새로운 취업을 위한 기회 또는 중등교육 이후의 교육 프로그램에 참여할 수 있는 기회로 이끌 수 있다(Foley & Staples, 2003; Hanmill, 2003; Pershey & Gilbert, 2002; Young et al., 2004). Farrell과 Elkins(1995)는 학습에 관한 관점을 다음과 같이 새롭게 요약하여 제시하였다.

우리는 사람들은 가족, 친구, 전문 조력가, 교사나 고용인으로부터의 도움과 안내로 새로운 기술을 시도하며 항상 새로운 관심과 활동의 문턱에 있는 평생학습의 과정에 머물고 있다는 Vigotskiand의 관점 또한 필요하다. 지속적으로 발전하는 사람으로 보는 관점과 더불어, 우리는 모든 사람이 읽기와 쓰기를 평생 동안 어떻게 습득하는가에 대하여 명확하게 이해해야 한다.

나이 많은 사람들의 문해 학습은 중도장애인과 가족에게 신나는 가능성을 제공해 줄 수 있는 연구와 실제의 분야를 확장하는 것이다. 이 장의 나머지 부분은 연구자와 임상가가 중등도 또는 중도 장애 청소년과 어른에게 효과가 있었던 교수적 접근에 관한 설명, 연령에 적합한 자료와 활동에 대한 제안, 평생에 걸친 문해 학습의 본보기가 되는 청소년과 어른에 관한 예를 포함하고 있다.

중등도 또는 중도 장애 청소년과 어른을 위한 문해 교수

집중적인 지원이 필요한 청소년과 어른을 위한 성공적인 문해 교수 프로그램은 몇 가지의 공통적인 특징을 지니고 있다. 첫째, 최대의 효과를 거두기 위해서 교수는 반드시 고학년 학생의 생활, 경험, 흥미에 기초를 두어야 한다. 2장에서 제시된 Brinkerhoff와 Keefe의 뇌 기반 학습에 관한 설명을 기억하는가? 저학년 학생과 마찬가지로 탈맥락적 교수에 의존하는 것보다는 의미 있는 맥락 내에서 문해 기술을 가르치는 것(이전 경험과 현재 경험과 관련을 지니면서 그들은 감정적으로 참여시키는 방식)이 중요하다. 학생의 취미, 가족에게 카드 쓰기, 직업에 필요한 일견 단어 학습과 함께 지역사회를 방문한 것에 기초한 언어 경험 이야기 만들기와 학생 중심의 활동 모두는 중도장애성인의 문해 발달을 강화시키는 데 성공적으로 사용되어 왔다. 예를 들어, Moni와 Jobling(2001)은 다운증후군 성인에게 성공적이었던 학생의 생활(가족, 친구, 취미, 흥미), 대중문화, 학생의 지역사회(예, 미디어, 지역사회를 탐구하기 위한 인터넷 사용), 지역사회 참여 증진에 목적을 둔 사회적 행동의 네 가지 주제에 관련된 문해 프로그램을 보고하였다. 이 프로그램에서 모든 학생은 새로운 기술을 습득하였으며 맥락화된 문해 교수 프로그램의 결과로 더욱 능숙한 독자와 작가가 될 수 있었다.

둘째, 당연히 학생의 능동적인 참여가 요구되는 교수가 수동적인 학습 활동보다 더욱 효과적이다. 인지장애인 또는 중도장애인은 기술을 습득하고 유지할 수 있는 역동적인 학습 활동에 참여할 필요가 있다(Iacono, 2004). 능동적인 학습은 문해의 목적을 이해할 수 있도록 도와주며, 그것이 어떻게 삶에 적용 가능한가를 이해할 수 있게 돕는다. 이 책의 나머지 부분에서 찾을 수 있는 상당수의 교수 전략은 학생의 능동적인 참여가 요구되므로 부분적으로 나이가 많은 학습자에게도 효과적이다.

셋째, 교수 회기는 자주, 지속적으로 일어나야 하며, 다양한 맥락에서 주요 기술이 반복될 수 있어야 한다(Foley & Staples, 2003; Moni & Jobling, 2001). 새로운 기술을 연습할 수 있도록 교수 회기 내에서와 회기 외 개인 생활의 다른 영역에서 새로운 기술을 연습할 수 있도록 기회를 자주 제공해 주는 것이 중요하다. 이러한 과정은 교실 배경에서 학생의 일상 경험으로의 일반화를 촉진시킨다. 이야기 인물에 관한 그림, 쓰기 텍스트를 만들기 위해 사용되는 그래픽 조직자 또는 건강에 관한 텍스트에서 동반되는 인간 심장 모형 등과 같은 실제 모형 또한 유용하다. 이러한 물품은 학생의 기억을 보조하고, 사건이나 개념 사이의 관계를 이해할 수 있도록 도우며, 새로운 어휘의 의미를 전달할 수 있도록 돕는다(kluth, 2003).

넷째, 교사는 학생의 문해 지원을 위해 공학을 사용할 수도 있다(Erickson, Koppenhaver, & Yoder, 1994). 컴퓨터와 활용 가능한 문해 관련 소프트웨어 프로그램 다수는 중도장애인이 새로운 학습의 기회에 접근할 수 있도록 열려 있다. 공학은 개인이 자신의 속도에 맞추어 일을 할 수 있게 해 주고, 문해 학습에 능동적으로 참여하는 데 필요한 지원을 제공해 준다. 텍스트를 작성하고 정보를 얻기 위한 컴퓨터 프로그램 사용에 관련 학습은 인지장애인과 중도장애인이 오늘날의 세상에서 아주 가치 있게 여겨지는 활동에 참여할 수 있게 해 준다. 컴퓨터 사용에 관련된 문해 활동은 대부분의 개인에게 동기를 부여하며 컴퓨터 사용 방법의 학습은 직장에서 일할 수 있는 기회를 증진시킨다.

[그림 11-1]은 한 여성 중도장애인이 대학교 수업에서 최근에 받은 교수 경험 중 하나를 설명한 편지의 예다. Michell과 그녀의 친구이자 촉진자인 Jeanne은 집중적인 지원이 필요한 어른을 위한 효과적인 교수에 대하여 가르치는 나의 대학원 문해 강좌에 자주 참가하였다. Michell은 신호를 보낼 수 있으며, 가끔은 단어를 사용하고 다른 이들과 의사소통 및 여러 가

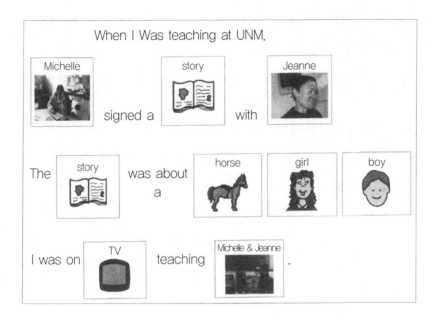

[그림 11-1]　Michell이 단어와 그림을 사용하여 만든 편지

지 문해 활동에 참여하기 위해 컴퓨터와 같은 공학을 사용했다. 그녀는 메
시지를 창조하기 위해 단어와 그림을 사용할 수 있는 컴퓨터 소프트웨어
를 활용하여 텍스트를 만들었다. 몇 년 전만 해도 Michell의 주변인들은
그녀를 문해가 가능한 사람으로 생각하지 않았다. 그녀의 꿈을 들은 공학
자와 임상가는 그녀가 필요할 때마다 제공해 준 개별화 교수와 지원은 누
군가에게 아무것도 말을 할 수 없는 사람이라는 인식에서 전문적인 배경
에서 정규적으로 표현이 가능한 이로 변할 수 있게 해 주었다. 그녀의 이
야기는 높은 기대감, 적합한 교수, 공학 같은 지원의 힘에 관한 예를 제공
해 준다.

　그러나 모든 보조공학 지원이 반드시 하이테크놀로지를 사용해야 할 필
요는 없다. 로우테크놀로지 보조공학 지원도 복잡한 전기 장치처럼 중요
하고 유용할 수 있다. 예를 들어, Foley와 Staple(2003)은 어른의 작업장에

서 근무하는 발달장애성인이 의사소통과 문해 발달을 촉진하기 위해 어떻게 선택판, 그림 스케줄, 그림 분석 과제를 사용했는가를 설명하였다.

중도장애성인을 위한 효과적인 문해 교수의 다섯 번째 요소는 학생이 선택한 목적에 기초한 교수다(Moni & Jobling, 2001; Pershey & Gilbert, 2002). 고학년 학생이 배우기를 원하거나 성취하기를 원하는 것이 무엇인가를 묻고 이러한 목적에 교수 프로그램을 맞추는 것이 필수적이다. 이는 곧 동기를 강화시키며, 교실 밖에서 잘 사용하지 않는 분리된 기술을 습득하는 것보다 의미 있는 결과가 나타나는 학습을 촉진시킬 수 있다. 학생이 이끄는 교수 또한 자율성과 자기 결정을 촉진시킨다. 청소년을 위한 교수의 주요 목적 중의 하나는 스스로 선택하고 결정할 수 있는 학습이다. 그들이 학습하기를 원하는 것에 대하여 성인과 어른의 입력을 추구하는 것은 그들이 '어른의 몸을 한 아이'(Foley & Staples, 2003, p. 326)가 아니라는 것을 인식하게 해 주며, 학습의 동기를 촉진시키며 궁극적으로 자기 결정을 촉진시킨다.

중등도 또는 중도 장애인의 문해교육을 촉진시키는 마지막 요소는 교수를 위해 제공되는 시간이다. 집중적인 지원이 필요한 대부분의 어른은 장애가 없는 일반 또래보다 학습 속도가 느리기 때문에 습득한 기술이 증명될 수 있도록 하기 위해서는 충분히 오랜 시간에 걸쳐 지속적인 교수를 제공해 주는 것이 중요하다. 사실상 문헌에서 설명된 가장 효과적인 교수 프로그램은 몇 년 동안 지속되어 왔던 것이다. 예를 들어, Foley와 Saples (2003), Moni와 Jobling(2001)은 어른의 문해 진전도를 2년간 조사하였다. Pershey와 Gilbert(2002)는 7년간 인지장애여성을 가르쳐 성공적이었던 문해 교수 프로그램의 결과에 대하여 보고하였다.

중등도 또는 중도 장애성인을 대상으로 한 연구에서 Foley와 Staples (2003)는 만약 그들이 중재를 시작한 지 몇 개월 후에 그들의 진전을 평가하였다면 그 평가는 대상자의 문해 기술의 변화가 아주 미묘하게 나타나 문해 기술의 습득이 불가능한 것으로 보였을 것이라고 지적하였다. 그들이 새로운 기술을 완전히 이해하고 적용하고 일반화하기까지는 시간이 더 필요하다. 그러나 2년 동안의 지속적인 교수 끝에 학습에 심각한 어려움이 있는 사람을 포함한 모든 이의 문해 기술에서 주목할 만한 변화가 나타났다.

어른이 학습하고 새로운 기술을 유창하게 적용할 수 있도록 하는 데 필요한 시간은 임상가로 하여금 문해 교수 서비스 제공 방식에 대해 다시 생각하게 한다. 임상가와 문해 교수를 제공하는 다른 이들은 단지 몇 주 또는 몇 달간의 단기 프로그램을 계획해 단기간에 서비스 제공 문해 기술을 재빨리 습득하고 사용하기를 기대하기보다 몇 년간 계속해서 교수할 수 있는 프로그램을 계획해야 한다. 이것은 교실 배경 이외에서 기술의 일반화를 계획하는 데 특히 중요하다. 기술이 정말 의미를 지니려면 학생이 다양한 배경과 맥락에서 새로운 기술을 학습하고 연습할 수 있도록 시간의 연장이 필요하다.

연령에 적합한 문해 자료

집중적인 지원이 필요한 성인의 문해 활동과 자료는 고학년 학생의 발달 수준과 연령에 적합해야 한다(Foley & Staples, 2003; Young et al., 2004). 이러한 기준에 적합한 자료 찾기는 쉬운 일이 아니다. 초기 문해 단계에 머물러 있는 성인에게 활용할 수 있는 출판된 자료는 증가하고 있으나 임상가는 여전히 학생의 흥미와 수준에 적합한 개별화된 자료를 만들 필요가 있다. 문해 수준의 범위에 부합되는 연령에 적합한 제안은 다음과 같은 것이 포함될 수 있다.

- 어른에게 적합한 글자 없는 그림책(예, David Wisner의 『화요일 (*Tuesday*)』
- 다수의 사진과 최소한의 텍스트가 제시되어 있는 사실적 주제에 관한 책
- 학생의 특정 흥미에 적합한 잡지와 카탈로그(예, 스포츠, 패션, 정원 등에 중점을 둔 잡지)
- 고학년 학생이 쓴 그림 또는 사진 등의 삽화가 들어간 언어 경험 이야기
- 신문
- 요리책과 그림으로 제시된 조리법
- 연령에 적합한 주제에 관한 예측이 가능한 책
- 친숙한 노래 가사
- 간단한 어휘와 이야기로 되어 있는, 언어 학습자를 위해 제작된 수정된 소설
- 시
- 테이프, 텍스트가 적혀 있는 CD나 화면 읽기 단말기를 이용해서 읽을 수 있는 전자책
- 나이가 많은 학습자를 위해 출판된 교육과정과 문해 자료(적합한 자료와 주문 정보에 관한 목록은 부록 참조)

문해 활동

이전의 장에서 설명된 상당수의 교수 활동은 주제와 활동의 내용이 연령에 적합하게 조정만 이루어진다면 청소년과 어른 학습자에게 적합하며 효과적이라 할 수 있다. 다음에 나오는 추가 활동도 나이가 많은 학습자의 문해 활동 촉진에 효과적인 것으로 증명된 것이다.

취학 전 아동에게 읽어 주기

이 장 앞부분에 언급된 것처럼 나이가 많지만 읽기를 처음 학습하는 사람이나 초기 문해자를 위해서는 현재 문해의 기술 수준과 연령에 적합한 문해 자료를 찾는 것이 중요하다. 연령에 적합한 초기 문해를 제공하는 한 방법은 나이가 많은 초기 독자가 어린 아동에게 책을 읽어 주는 기회를 만드는 것이다. 이것은 초기 독자가 예측 가능한 텍스트와 간단한 그림책, 그들의 현재 문해 수준에 적합한 것을 가지고 공부할 수 있게 해 주며, 또한 그들이 어린 아동에게 교사 또는 멘토로서 가치를 지니게 하며, 연령에 적합한 사회적 역할을 할 수 있게 해 준다.

이 활동의 예로 지역 고등학교 교사는 『갈색 곰아, 갈색 곰아, 무엇이 보이니(*Brown Bear, Brown Bear, What Do You See?*)?』를 완전하게 익히기 위해 학급에 있는 초기 독자와 같이 학습하였다. 이 책의 단순한 텍스트 반복은 학생의 현재 능력 수준과 잘 일치하였다. 이 책으로 하는 학습은 구어와 프린터의 관계 이해하기 및 책장을 앞뒤로 넘기는 것과 이야기를 이해하기 위한 보조로 그림을 어떻게 활용하는가에 관한 중요한 초기 문해의 개념을 많이 습득할 수 있게 해 준다. 그러나 책의 내용은 10대에게는 적합하지 않으며, 부적절한 자료를 사용하는 것에 대하여 비난을 받을 수도 있다. 이 활동을 연령에 적합한 것으로 전환하기 위해서 교사는 학생에게 이 책은 어린 아동을 대상으로 한 것이지만 이 활동의 목적은 자신의 고등학교 부속 유치원에 가서 유치원생에게 책을 읽어 주기 위한 것이라는 것을 교수 도입 부분에 알려 준다. 유치원에서의 봉사는 다른 사람을 도와주기보다는 거의 도움을 받는 위치에 놓인 청소년이 거의 경험해 보지 못한 조력자의 역할을 할 수 있게 한다. 이 방법은 그들에게 새로운 문해 기술을 연습해 볼 수 있는 기회를 제공하며 심지어 취학 전 아동의 조력자로서 잠정적 직업 선택을 경험해 볼 수 있는 기회를 제공한다.

책 동호회

고학년 학생이 연령에 적합한 활동을 할 수 있는 다른 방법은 책 동호회에 가입하는 것이다. 책 동호회는 전국의 성인 사이에서 인기 있는 사회 활동이다. 게다가 이 그룹은 문학을 토론하기 위한 장소를 제공할 것뿐 아니라 사회적 상호작용과 지역사회 참여를 위한 기회를 제공한다. 동호회는 다양한 장소(예, 서점, 커피숍, 회원의 집)에서 만나며, 회원 간의 대화와 상호작용은 많은 재미를 제공한다. 지난 몇 년 동안 장애인은 새로운 문해 기술을 습득하고 다른 사람들과의 상호작용을 확장시키기 위한 한 방법으로 책 동호회에 가입하거나 동호회를 만들었다. 동호회는 지역사회의 한 장소에서 정기적으로 만나 친구와 상호작용을 하면서 문해의 한 분야에 대하여 토론한다. 〈글상자 11-1〉는 동호회 회원이 중등도 또는 중도 장애인으로 구성된 성공적인 지역 책 동호회에 관한 것을 설명한 것이다. 다음 설명을 통해 어떻게 '밸런시아책 동호회' 회원이 언어와 문해 기술을 발전시킬 수 있었으며, 어떻게 지역사회에서 더욱 능동적인 구성원이 될 수 있는 기회가 제공되었는가를 쉽게 알 수 있다. 직원 Mary Clark는 동호회를 만들어 회원을 지원해 주었으며, 최근 다른 지역 책 동호회의 회원과 밸런시아 책 동호회 회원이 서점에서 만나 무슨 책을 읽었으며, 그 책이 어떠했는지 등을 함께 공유한 모임에 관하여 설명하였다. 이것은 일반 또래 독자가 가치 있게 여기는 문해 활동에 참여하는 것이 어떻게 사회적 상호작용과 참여를 증진할 뿐만 아니라 문해 능력도 강화시킬 수 있는가에 관한 설명을 제공한다.

글상자 11-1 》》》 **성공적인 책 모임에 관한 설명**

밸런시아 책 동호회는 로스 루나 지역사회 프로그램인 취업, 봉사 및 주민 (Employment, Volunteerism, and Commuity Membership)의 한 부분이다. 그것은 창조적인 문해와 기술 프로그램이다. 처음에는 발달장애성인이 주 축제에 참석해 커피를 마시면서 그들이 작성한 일기를 공유하기 위해서 모였다. 그 이후로 책 동호회는 그 달의 인기 주제와 연령에 적절한 책을 공유하기 위해 한 달에 한 번 커피숍에서 모임을 가졌다.

책 동호회를 준비하기 위해 회원은 매주 도서관에 갔으며, 다음 모임에서 토론을 위한 책, 주제 또는 작가를 선정했다. 회원은 지원을 받아 인터넷에 접촉하는 방법과 그들이 다음 모임에서 다른 회원과 같이 공유할 주제에 대한 정보와 삽화를 출력하는 방법을 배웠다. 일부 회원은 청각적 지원이 되는 문서 편집기를 사용하여 정보를 입력했다. 또한 다음 모임을 위한 준비 과정으로 직원 또는 또래로부터 지원을 얻기 위해 소리 내어 읽는 연습을 했다.

최근 동호회 모임에서 회원은 『펭귄의 행진(*March of the Perguins*)』이라는 책에 대한 집중적인 토론을 가졌다. 몇몇 회원은 흥밋거리 기사를 자원해서 읽거나 펭귄과 환경에 대하여 신호를 보냈다. 그리고 초보 독자를 위해 이해력을 강화시키고 초기 문해 개념을 향상하기 위해 단어에 그림 단서를 곁들여 강조하였다. 선정된 독자 한 명이 다른 회원에게 책 한 장을 읽어 주고 그 후에 동호회 회원은 그들이 읽고 들은 것에 대한 이해를 강화하고 기초적인 초기 문해를 촉진시키기 위해 추후 활동에 참여했다. 특정 달에 그들은 〈펭귄의 행진〉 DVD를 시청하고 그 영화에 대해 토론을 실시한다. 그들은 어떤 것이 더 좋은지와 왜 좋은지를 탐구하면서 영화와 책을 비교하였다.

극 장

많은 청소년과 젊은 청년은 극장에 가는 것을 좋아한다. 책 동호회에 가입하는 것과 극장에 가는 것은 문해 기술을 높이는 것 이상을 제공한다. 그것은 또한 재미와 우정을 경험할 수 있는 기회를 제공한다. 극장 작품은 관심과 능력 수준이 다른 다양한 이가 참여할 수 있게 해 주는 다양한 역할과 관련 직업을 가지고 있기 때문에 지역사회 통합을 촉진시킨다. 예를 들어, 어떤 이들은 배우를 하고, 다른 이들은 장면을 연출하고, 다른 이들은 조명을 관리하고 판매원 또는 티켓 판매원의 역할을 할 수 있다.

극장은 문해 기술의 습득 및 향상을 위한 다양한 기회를 제공한다. 8장에서 언급한 것처럼 이야기를 연극으로 해 보는 것은 줄거리 또는 새로운 어휘의 의미를 이해할 수 있도록 도와준다. 극장 경험에 연극 그 자체를 글로 쓰는 것이 포함된다면 읽기, 쓰기, 말하기, 듣기 기술을 발전시킬 수 있는 기회가 포함된다.

문해 기술과 지역사회 참여를 증진시키기 위한 극장의 사용에 관한 훌륭한 예는 최근 지역사회 한 고등학교에서 찾아볼 수 있다. 여러 명의 특수교사, 일반 교사와 언어병리사가 장애학생 및 일반 학생과 『괴물들이 사는 나라(Where the Wild Things Are)』를 기초로 구성된 연극을 공연하는 한 학기 장기 프로젝트를 발전시키기 위해 팀을 이루었다. 연극에 기초한 그 책은 어린 아동을 위한 것이었지만 모든 연령층에게 호소될 수 있도록 연극을 연출하였다.

학생은 연극을 위해 텍스트를 창작하고, 정교화된 복장과 세트를 개발하며, 대사를 학습하고 연습하는 데 많은 시간을 보냈다. 일반 학생은 파트너인 장애학생과 같이 다양한 문해 기술(예, 대사 이해하기, 텍스트 창작하기, 읽기, 대사 외우기)을 정기적으로 연습했다. 그 작품 중 가장 주목할 만한 일은 연극에 참여한 학생의 다양성을 반영하여 내레이터가 사인, AAC 체계, 영어와 스페인어를 사용하여 대사를 할 수 있게 한 것이었다. 교사는 중도장애인과 신체장애인을 일반 또래와 같이 짝을 지어 모든 이를 참여시켰다. 모든 참가자는 문해 기술을 강화하고 그러한 연극이 아니었다면 만나지 못했을 또래와의 관계를 발달시킬 수 있었다.

요 약

　출생에서 평생에 걸친 문해 학습의 진전에 대한 인식은 중등도 또는 중도 장애성인에게 제공되는 서비스의 형태와 지원에 대하여 중요한 시사점을 지니고 있다. 문해가 어떻게 발전되는가를 포괄적으로 이해하면 이해할수록 사회, 학교, 직장 배경에서 지원이 필요한 중도장애인의 개인적 역량과 참여 증진으로 이끄는 흥미진진한 학습 기회가 발전된다. 나이가 많은 성인 장애인을 새로운 지식과 기술을 습득할 수 없는 사람으로 보는 대신, 점차 필수적인 학업 기술 수행이 가능한 사람으로 보는 시선이 증가되며 지속적으로 이를 발전시킬 수 있도록 기회가 제공되고 있다. 학습 기회에 접근할 수 있도록 해 주는 효율적인 교수 실제와 혁신적인 공학의 결합에 관한 새로운 연구 결과 모두 중등도 또는 중도 장애인의 평생에 걸친 문해 학습의 집중적인 증진에 기여한다.

부 록

출판된 음운 인식 사정과 교수 프로그램

사정명/도구	목적/측정	대 상	출판사
Lindamood Auditory Conceptualization Test	음운 인식 사정을 위한 진단 도구로 사용	K-1(만 6세)	PRO-ED Inc. Phone: 1-800-897-3202 Proedrd2@aol.com www.proedinc.com
Comprehensive Test of Phonolgical Processing(CTOPP)	구어의 음운 구조에 대한 개인의 인식과 접근, 단기기억에 대한 조사, 장기기억에 대한 조사	K-College (5.0-24.11)	AGS Publishing Phone:1-800-328-2560 Fax: 1-800-471-8457 http://www.agsnet.com
Test of Phonological Awareness (TOPA)	단어의 개별 소리에 대한 유아의 인식 측정	K-2	Fax: 1-800-397-7633 Proedrd2@aol.com www.proedinc.com
Phonological Awareness Literacy Screening (PALS)	선별 도구	K-3	Univ. of Virginia Phone: 804-786-3925 Fax: 804-786-1703 http://pals.virginia.edu
Word Journeys Assessment-Guided Phonics, Spelling, and Vocabulary Instruction	아동의 철자와 단어 지식 능력 사정	K-12	Guilford Press Phone: 1-800-365-7006 Fax: 212-966-6708 Info@guilford.com www.guilford.com

교수 방법

Edmark 읽기 프로그램

이 프로그램은 자극-형성 접근법을 사용하여 고빈도의 단어를 가르친다. 원본의 프로그램은 두 단계(1수준은 150단어, 2수준은 200개의 부가적인 단어를 가르친다)로 구성되어 있으며 숙제와 철자 활동과 같은 보충 자료가 함께 제공된다. 지역사회 단어를 가르치기 위한 프로그램은 출판본과 컴퓨터용 버전으로 이용 가능하다.

Edmark Coroperation
P.O.Box 97021
Redmond, WA 98107
Phone: 1-800-362-2890
Fax: 425-556-8430
http://www.edmark.com

Meville 대 WEville: 초기 문해력과 의사소통 보완 교육과정

이것은 초기 문해력 학습자를 위한 연구 기반의 문해력 교육과정이다. 나이가 많은 학습자에게 적합한 자료가 대다수 포함되어 있다.

AbleNet, Inc.
2808 Fairview Ave. N
Roseville, MN 55113-1308
http://www.ablenetinc.com

읽기와 철자의 성공을 위한 패턴

이 프로그램은 Orton-Gillingham 접근에 기초하여 구조화되었으며, 순차적이고 다중 감각적인 수업으로 구성되어 있다. 프로그램은 특별한 읽기 문제를 가지고 있는 학생과 함께 일하는 교사, 개인지도 교사, 조력자 등을 위해 고안된 것이다. 프로그램은 학령 초기에 유용한 문자-소리 일치하기에서 중학교와 고등학교의 교과 영역 교재와 문헌을 읽기 위해 필요한 라틴어 단어와 그리스어 단어 부분까지 연속된 범위를 다루고 있다.

PRO-ED Inc.

8700 Shoal Creek Boulevard

Austin, Texas 78757-6897

Phone: 1-800-897-3202

Fax: 1-800-397-7633

general@proedinc.com

http://www.proedinc.com

책을 읽는 그림

이 읽기 프로그램은 단어 사이에 포함된 통합된 신호 체계에 기초하고 있다. 프로그램은 이 방법을 사용하여 220돌치(Dolch) 일견 단어를 가르친다.

Picture Me Reading

3899 Kenwood Drive

Spring Valley, CA 91977-1024

Phone 619-462-3938

Fax: 1-800-235-6822

picturemereading@cox.net

http://picturemereading.com/index.html

읽기 로드

읽기-로드(Reading Rods)는 연결되어 조작 가능하게 되어 있는 것으로, 읽기를 가르치거나 학습할 때 사용 가능하다. 막대는 문자 혹은 단어의 기능을 정의하고 자음, 모음, 조합, 명사, 동사 등을 구분하기 위해 색깔로 코드화되어 있다. 읽기 로드는 다수의 상업 출판사에서 구입 가능하다.

Learning Resources, Inc.
380 N. Fairway Drive
Vernon Hills, Illinois 60061
Phone: 1-800-333-8281
http://www.learningresources.com

그게 인생이야! 문학 시리즈

다양한 주제의 책들은 특별히 장애를 가진 중학생을 위해 개발되었다. 모든 책은 컬러 사진을 사용하고 있으며, 아주 흥미진진하며, 낮은 수준의 어휘 자료로 구성되어 있다.

AbleNet, Inc.
2808 Fairview Ave. N.
Roseville, MN 55113-1308
http://www.ablenetinc.com

만화영화 문해

만화영화 문해(Animated Literacy)는 소리, 글자와 단어 학습을 위한 다감각적인 접근법이다. 이 프로그램은 아동이 알파벳 이야기, 노래, 몸짓 그리고 색칠하기를 사용하여 읽기와 쓰기를 학습할 수 있도록 도와준다.

The Animated Literacy
P.O. Box 2346
La Mesa, CA 91943
Phone: 619-465-8278

http://www.animated-literacy.com

감각 연필

이것은 필기 기술을 개발하기 위한 포괄적인 프로그램이다. 프로그램은 대문자와 소문자 인쇄체 글자와 숫자를 가르치는 200개의 수업을 포함하고 있다.

ATC Learning LLC

P.O.Box 43795

Birmingham, AL 35243

Phone: 1-800-633-8623

Fax: 205-968-0591

http://www.atclearning.com

Wilson 읽기 체계

이 프로그램은 읽기와 철자의 영역에서 쓰기 표현에 어려움을 가지고 있는 개인들을 위해 고안된 체계적이고 다감각적인 교수 프로그램이다. 프로그램은 Orton-Gillingham 철학과 원리뿐만 아니라 현재의 음운론적 부호화 연구에 기초하고 있다. 이 프로그램의 주요 목적은 학생이 유창하고 정확한 구독자가 될 수 있도록 돕는 것이다.

Wilson Language Training Corporation

47 Old Webster Road

Oxford, MA 01540

Phone: 508-368-2399

http://www.wilsonlanguage.com

문해 기반 웹사이트

Dolch Word Activities
이 웹사이트는 Dolch 단어를 사용하여 학생의 문해 활동을 촉진할 수 있는 수많은 아이디어를 포함하고 있다.
http://www.gate.net/~labooks/xLPDolch.html

Misunderstood Minds
이 웹사이트는 손글씨와 텍스트 구성에 관한 기초적인 발달을 다루고 있다. 웹사이트에는 장애인의 쓰기 기술을 개발할 수 있는 아이디어와 연계된 정보가 포함되어 있다. '스스로 학습하기(Try It Yourself), 링크를 클릭해 보라. 그것은 글씨를 쓸 때 필요한 근육 운동의 어려움이 어떠한가를 알 수 있게 해 준다.
http://www.pbs.org/wgbh/misunderstoodminds/writingbasics.html

The Next Chapter Book Club
이것은 문해 기술, 사회적 관계 개발을 촉진시키고 지역사회 통합을 발전시키기 위한 목적으로 오하이오 주립대학 니송거 센터(Ohio State University Nisonger Center)를 통해 후원받는 프로그램이다. 이 웹사이트에는 자신만의 책 클럽을 만들 수 있는 프로그램뿐 아니라 클럽을 시작하는 데 도움이 되는 자료 또한 포함되어 있다.
http://www.nextchapterbookclub.org/index.asp

Word Wall Activieies
이 웹사이트는 창의적인 방식으로 단어벽을 조직화하고 사용할 수 있는 아주 많은 아이디어를 포함하고 있다.
http://www.theschoolbell.com/Links/word_walls/words.html

Worldless Picture Books

이 웹사이트는 다양한 연령대의 학생에게 적합한 글자 없는 책의 목록을 포함하고 있다. 링크는 글자 없는 책과 관련된 활동을 위한 아이디어를 제공해 주는 다른 사이트와 연계되어 있다.

http://www.holbrook.k12.az.us/picbook/wordless.html

출판사와 소프트웨어 회사

어테인먼트 회사

이 회사는 다양한 문해 자료를 제공하며, 그들 중 상당수는 중등도 또는 중도 장애 청소년과 성인에게 적합하다.

P.O. Box 9300160

Verona, WI 53593-0160

http://www.AttainmentCompany.com

Don Johnston, Inc.

이 회사는 다양한 문해 학습 관련 소프트웨어와 장애인이 컴퓨터에 접근할 수 있는 장치를 제공한다. 제품은 모든 연령대의 초기 문해에서 관습적 문해까지 집중되어 있다.

26799 W. Commerce Drive

Volo, IL 60073

연락처: 1-800-999-4660

http://www.donjohnston.com

선댄스 회사

이 출판사는 다양한 읽기 수준의 독자를 위한 책을 제공한다. 유명한 책의 주제의 상당수가 나이가 많은 초기 독자에게 적합한 것이다. 그것은 컬러 그림과 더불어 간단한 텍스트가 같이 제시되어 있어 초기 독자일지라도 내용 지식을 습득할 수 있을 뿐 아니라 초기 읽기 기술 또한 강화할 수 있다.

P.O. Box 740.
Northborough, MA 01532
Phone: 1-800-343-8204
http://www.sundancepub.com

소프트웨어 프로그램

주요 분야	개념/기술	소프트웨어	접근 가능한 선택권
단어 공부- 음운 인식	초성, 중성, 종성 소리, 합성	음소 교수(Soft Touch)	마우스, 단일 스위치, 두 개의 스위치 스캔, 터치 윈도우
	음운 인식	에로빅스 (Earobics, Cognitive Concepts)	터치 윈도우, 스위치 접근 가능
단어 공부- 파닉스	단어군, 라임, 단어 변별	사이먼이 철자를 말해요 (Don Johnston)	단일 스위치
	단어 해독 기술, 고빈도 단어, 반복, 단어 짝짓기	모든 단어 (Crick Software)	스위치 접근 가능
	파닉스, 단어 인지, 라임, 패턴	인텔리도구 균형적 문해 (Intellitools Blanced literacy, Intellitools)	인텔리키즈(Intellikeys) 자판기
	파닉스, 단어군	단어 만들기(Word Maker, Don Johnston)	터치 윈도우, 단일 스위치, 트랙볼, 마우스, 조이스틱
	단모음, 이중모음	http://www.starfall.com	트랙볼, 조이스틱, 인텔리키즈
	알파벳 글자, 자음, 단모음, 장모음	끈적한 곰 파닉스 I (Stickeybear Phonics I, Stickybear Software)	마우스, 터치 윈도우

단어 공부- 단어 재인	단어와 그림 일치시키기	말하기 시리즈-명사 말하기, 동사 말하기(Talking series- talking nouns, talking verbs, Laucreate)	터치 윈도우, 키보드, 단일 스위치, 마우스, 트랙볼, 조이스틱
	이야기 문맥 속에서 어휘 연습, 일견 단어 재인	읽자 시리즈(Let's Go Read series, Embark/Riverdeep)	터치 윈도우, 단일 스위치
	단어 재인, 어휘, 단어 선택	UkanDu 작은 책(UkanDu Little Books, Don Johnston)	스위치 접근 가능
다중 목적	빈칸 채우기 활동	빈칸 채우기 프로 (Cloze Pro, Crick Software)	스위치 접근 가능
	이야기 연결, 순서	Kidspiration/Inspiration (Inspiration Software, Inc)	인텔리키즈, 트랙볼
	독립적 읽기를 위한 선택을 하기 위해 전자책 만들기	나만의 책장 (Soft Touch)	단일 스위치, 두 개의 스위치 스캔, 터치 스크린, 인텔리키즈
	소설과 논픽션 읽기 이해력과 유창성, 독립적 읽기나 지원을 받아서 읽기	CD-ROM으로 되어 있는 책을 짝지어서 읽기(Pair-It Books on CD-ROM, Steck-Vaughn)	마우스, 트랙볼, 인텔리키즈
	모든 수준의 단어를 지원해 줄 수 있는 단어가 포함되어 있는 다수의 읽기 형식	시작에서 끝까지 (Start to Finish Books, Don Johnston)	마우스, 단일 스위치

전자책 자료

전자책 자료	필요한 소프트웨어	메모	비용
http://www.tumblebooks.com	인터넷 브라우저, 마이크로 미디어 플래시(Macromedia Flash) 플러그인(무료 다운로드)	애니메이션, 말하는 그림책, 개인, 학교와 지역 구독물	예
http://www.ipicturebooks.com	아크로벳 리더 (무료 다운로드)	인기 있는 아동 책의 전자책 버전	예
http://www.mightybook.com	인터넷 브라우저, 마이크로 미디어 플래시 플러그인 (무료 다운로드)	애니메이션 그림책의 원 버전, 읽을 때 글자가 강조됨	예
http://www.magiceyes.com/ebooks/	인터넷 브라우저, 마이크로 미디어 플래시 플러그 인 (무료 다운로드)	오리지널 이야기책, 클릭할 수 있는 책	예

온라인 책 자료

위 치	필요한 소프트웨어	메 모	비 용
Internet Public Library http://ipl.si.umich.edu/div/ kidspace/storyhour	인터넷 브라우저	독립적 독자를 위한 것 (그림이 곁들여져 있는 텍스트)	아니요
International Children's Digital Library http://www.icdlbooks.org/	인터넷 브라우저, 일부 버전은 무료 자바 웹 스타트(Java Webstart) 플러그인이나 아크로벳 리더가 필요할 수 있음	독립적인 독자를 위한 것 (다국어로 나오는 활자책의 스캔 버전)	아니요
Kiz Club http://www.kizclub.com/ Sbody.html	인터넷 브라우저, 마이크로 미디어 플래시 플러그인 또는 아크로벳 리더	만화영화로 되어 있으며, 말하는 그림책, 수준별 독자, 읽을 때 텍스트가 강조됨	아니요
	인터넷 브라우저	나이와 읽기 수준에 따라 정렬되어 있는 아동용 고전 동화를 스캔한 버전	아니요
University of Virginia Library http://etext.lib.virginia.edu/ ebooks/subjects/subjects- young.html	인터넷 브라우저, 마이크로소프트 리더(PC만 가능) 또는 팜 리더 (Palm Reader)	웹 기반의 고전 아동 문학, 마이크로소프트 리더나 팜 리더 형식	아니요

참고문헌

Allington, R. L. (1983). The reading instruction provided readers of differing reading abilities. *Elementary School Journal, 83*(5), 548-559.

Allington, R. L. (2006). *What really matters for struggling readers.* Boston: Pearson, Allyn & Bacon.

Allor, J. H. (2002). The relationships of phonemic awareness and rapid naming to reading development. *Learning Disability Quarterly, 25,* 47-57.

Al Otaiba, S., & Hosp, M. K. (2004). Providing effective literacy instruction to students with Down syndrome. *TEACHING Exceptional Children, 36,* 28-35.

The American heritage dictionary of the English language [Electronic version] (4th ed.; 2000). Boston: Houghton Mifflin; Bartleby.com

American Speech-Language-Hearing Association. (1982). Definition of language. Retrieved December 15, 2005, from http://www.asha.org/NR/rdonlyres/ 1F248614-EEF7-4D54-98AD-F3A0692EFC51/0/19130_1.pdf

American Speech-Language-Hearing Association. (2004). Roles and responsibilities of speech-language pathologists with respect to alternative communication: Technical report. *Asha Supplement, 24,* 1-17.

Armbruster, B. B., Lehr, F., & Osborn, J. (2001). *Put reading first: The research building blocks for teaching children to read: Kindergarten through grade 3*. Washington, DC: The Partnership for Reading.

Armstrong, T. (2000). *Multiple intelligences in the classroom*. Alexandria, VA: Association for Supervision and Curriculum Development.

Baer, G. T. (2003). *Self-paced phonics: A text for educators*. Upper Saddle River, NJ: Merrill Prentice Hall.

Baumgart, D., Brown, L., Pumpian, I., Nisbet, J., Ford, A., Sweet, M., et al. (1982). Principle of partial participation and individualized adaptations in educational programs for severely handicapped students. *Journal for the Association of Persons with Severed Handicaps, 7*(2), 17-27.

Bear, D., Invernizzi, M., Templeton, S., & Johnston, F. (1999). *Words their way: Word study for phonics, vocabulary, and spelling instruction* (2nd ed.). Upper Saddle River, NJ: Prentice Hall.

Beck, I. L., & McKeown, M. G. (2001). Text talk: Capturing the benefits of the read-aloud experiences for young children. *The Reading Teacher, 55,* 10-35.

Beck, I. L., McKeown, M. G., & Kucan, L. (2002). *Bringing words to life*. New York: Guilford Press.

Bedrosian, J., Lasker, J., Speidel, K., & Politsch, A. (2003). Enhancing the written narrative skills of an AAC student with autism: Evidence-based research issues. *Topics in language Disorders, 23,* 304-324.

Berninger, V., & Gans, B. M. (1986a). Assessing word processing capacity of the nonvocal, nonwriting. *Augmentative and Alternative Communication, 2,* 56-63.

Berninger, V., & Gans, B. M. (1986b). Language profiles in nonspeaking individuals of normal intelligence with severe cerebral palsy. *Augmentative and Alternative Communication, 2,* 45-50.

Betts, E. A. (1946). *Foundations of reading instruction, with emphasis on differentiated guidance*. New York: American Book Company.

Beukelman, D. R., & Mirenda, P. (2005). *Augmentative and alternative communication: Management of severe communication disorders in children and adults* (3rd ed.). Baltimore: Paul H. Brookes Publishing Co.

Beukelman, D. R., Mirenda, P., & Sturm, J. (1998). Educational inclusion of AAC users. In D. R. Beukelman & P. Mirenda (Eds.), *Augmentative and alternative communication: Management of severe communication disorders in children and adults* (3rd ed.; pp. 391-424). Baltimore: Paul H. Brookes Publishing Co.

Bloom, B. S. (1956). *Taxonomy of educational objectives, Handbook I: The cognitive domain.* New York: David McKay Company, Inc.

Bondy, A. S., & Frost, L. A. (1995). Educational approaches in preschool. In E. Schopler & G. Mesibov (Eds.), *Learning and cognition in autism* (pp. 311-333). New York: Plenum.

Boudreau, D. (2002). Literacy skills in children and adolescents with Down syndrome. *Reading and Writing: An Interdisciplinary Journal, 15,* 497-525.

Boyle, J. R., & Walker-Seibert, T. (1997). The effects of a phonological awareness strategy on the reading skills of children with mild disabilities. *Learning Disabilities: A Multidisciplinary Journal, 8,* 145-153.

Browder, D. M. (2001). Functional Reading. In B. Wilson & D. M. Browder (Eds.), *Curriculum and assessment for students with moderate and severe disabilities* (pp. 179-214). New York: Guilford Press.

Browder, D. M., Flowers, C., Ahlgrim-Delzell, L., Karvonen, M., Spooner, F., & Algozzine, R. (2004). The alignment of alternate association context with academic and functional curricula. *The Journal of Special Education, 37,* 211-233.

Brown, L., Branston, M. B., Hamre-Nietupski, S., Pumpian, I., Certo, N., & Gruenewald, L. (1979). A strategy for developing chronological and age-appropriate and functional curricular content for severely handicapped adolescents and young adults. *Journal of Special Education, 13,* 81-90.

Brown, L., Wilcox, B., Sontag, E., Vincent, B., Dodd, N., & Gruenewald, L. (2004). Toward the realization of the least restrictive environment for severely handicapped students. *Research and Practice for Persons with Severe Disabilities, 29,* 2-8.

Cahill, L., & McGaugh, J. L. (1995). A novel demonstration of enhanced memory associated with emotional arousal. *Consciousness and Cognition*(4), 410–421.

Calhoon, J. A. (2001). Factors affecting reading of rimes in words and nonwords in beginning readers with cognitive disabilities and typically developing readers: Explorations in similarity and difference in word recognition cue use. *Journal of Autism and Developmental Disorders, 31*(5), 491–504.

Calhoon, J. A., & Leslie, L. (2002). Longitudinal influences of rime neighborhood size on rime recognition. *Journal of Literacy Research, 34*(2), 39–58.

Cardoso-Martins, C., Michalick, M. F., & Pollo, T. C. (2002). Is sensitivity to rhyme a developmental precursor to sensitivity to phoneme?: Evidence from individuals with Down syndrome. *Reading and Writing: An Interdisciplinary Journal, 15,* 439–454.

Carlisle, J. F., & Rice, M. S. (2004). Association of reading comprehension. In C. A. Stone, E. Silliman, B. J. Ehren, & K. Apel (Eds.), *Handbook of language and literacy: Development and disorders* (pp. 521–540). New York: Guilford Press.

Castagnera, E., Fisher, D., Rodifer, K., & Sax, C. (1998). *Deciding what to teach and how to teach it: Connecting students through curriculum and instruction.* Colorado Springs, CO: PEAK Parent Center, Inc.

Colasent, R., & Griffith, P. L. (1998). Autism and literacy: Looking into the classroom with rabbit stories. *The Reading Teacher, 51,* 414–420.

Cole, C. M., Waldron, N., & Majd, M. (2004). Academic progress of students across inclusive and traditional settings. *Mental Retardation, 42*(2), 136–144.

Conley, C. M., Derby, K. M., Roberts-Gwinn, M., Weber, K. P., & McLaughlin, T. F. (2004). An analysis of initial acquisition and maintenance of sight words following picture matching and copy, cover, and compare teaching methods. *Journal of Applied Behavior Analysis, 37,* 339–350.

Connors, F. A. (1992). Reading instruction for students with moderate mental retardation: Review and analysis of research. *American Journal on Mental Retardation, 96,* 577–597.

Connors, F. A., Atwell, J. A., Rosenquist, C. J., & Sligh, A. C. (2001). Abilities underlying decoding differences in children with intellectual disability. *Journal of Intellectual Disability Research, 45,* 292–299.

Cooter, R. G., & Flynt, E. S. (1996). *Teaching reading in the content areas: Developing content literacy for all students.* Columbus, OH: Merrill/Practice Hall.

Corson, D. (1993). *Language, minority education and gender: Linking social justice and power.* Clevedon, England: Multilingual Matters.

Cunningham, P. M., Cunningham, J. W., & Allington, R. L. (2002). Research on the components of a comprehensive reading and writing instructional program. Retrieved January 7, 2005, from http://www.wfu.edu/academics/fourblocks/research.html

Cunningham, P. M., Moore, S. A., Cunningham, J. W., & Moore, D. W. (2004). *Reading and writing in elementary classrooms: Research-based k-4 instruction* (5th ed.). Boston: Allyn & Bacon.

Cupples, L., & Iacono, T. (2000). Phonological awareness and oral reading skill in children with Down syndrome. *Journal of Speech, Language, and Hearing Research, 43,* 595–608.

Cupples, L., & Iacono, T. (2002). The efficacy of 'whole word' versus 'analytic' reading instruction for children with Down syndrome. *Reading and Writing: An Interdisciplinary Journal, 15,* 549–574.

Davidson, J. W. (2005). *The American nation: Beginnings through 1877.* Upper Saddle River, NJ: Pearson Education Inc.

Denham, A. P., & Zabala, J. S. (1999). Assistive technology consideration guide for IEP teams. [Adapted from Georgia AT Project (GPAT), Wisonsin AT Initiative (WATI), Kentucky AT Guidelines, and the SETT Framework].

de Valenzuela, J. S., Copeland, S. R., Qi, C. H., & Park, M. (2006). Examining educational equity: Revisiting the disproportionate representation of minority students in special education. *Exceptional Children, 72,* 425–441.

Dowhower, S. L. (1999). Supporting a strategic stance in the classroom: A comprehension framework for helping teachers help students to be strategic. *Reading Teacher, 52,* 672–688.

Downing, J. E. (1999). *Teaching communication skills to students with severe disabilities.* Baltimore: Paul H. Brookes Publishing Co.

Downing, J. E. (2002). *Including students with severe and multiple disabilities in typical classrooms: Practical strategies for teachers* (2nd ed.). Baltimore: Paul H. Brookes Publishing Co.

Downing, J. E. (2005). *Teaching literacy to students with significant disabilities: Strategies for the K-12 inclusive classroom.* Thousand Oaks, CA: Corwin Press.

Dubin, F., & Kuhlman, N. A. (1992). The dimensions of cross-cultural literacy. In F. Dubin & N. A. Kuhlman (Eds.), *Cross-cultural literacy: Global perspectives on reading and writing* (pp. v-x). Englewood Cliffs, NJ: Regents/ Prentice Hall.

Ebbinghaus, H. (1913). *A contribution to experimental psychology.* New York: Teachers College, Columbia University.

Ehren, B. J., Lenz, B. K., & Deshler, D. D. (2004). Enhancing literacy proficiency with adolescents and young adults. In C. A. Stone, E. R. Silliman, B. J. Ehren, & K. Apel (Eds.), *Handbook of language and literacy: Development and disorders* (pp. 681-701). New York: Guilford Press.

Ehri, L. C. (2005). Learning to read words: Theory, findings, and issues. *Scientific Studies of Reading, 9,* 167–188.

Ehri, L. C., Nunes, S. R., Willows, D. M., Schuster, B. V., Yaghoub-Zadeh, Z., & Shanahan, T. (2001). Phonemic awareness instruction helps children learn to read: Evidence from the National Reading Panel's meta-analysis. *Reading Research Quarterly, 36,* 250-287.

Ehri, L. C., & Robbins, C. (1992). Beginners need some decoding skill to read words by analogy. *The Reading Teacher, 27*(1), 13-27.

Ehri, L. C., & Snowling, M. J. (2004). Developmental variation in word recognition. In C. A. Stone, E. R. Silliman, B. J. Ehren, & K. Apel (Eds.), *Handbook of language and literacy: Development and Disorders* (pp. 433-460). New York: Guilford Press.

Elder, P., & Goossens, C. (1996). *Communication overlays for engineering training environments: Overlays for adolescents and adults who are moderately/severely developmentally delayed.* Solana Beach, CA: Mayer-Johnson Co.

Elkonin, D. B. (1973). Reading in the U.S.S.R. In J. Downing (Ed.), *Comparative reading* (English translation; pp. 551-579). New York: Macmillan.

Erickson, K. A. (2003). Reading comprehension in AAC. *The ASHA Leader, 8*(12), 6-9.

Erickson, K. A., & Koppenhaver, D. A. (1995). Developing a literacy program for children with severe disabilities. *The Reading Teacher, 48*(8), 676-684.

Erickson, K. A., Koppenhaver, D. A., & Yoder, D. E. (1994). *Literacy and adults with developmental disabilities.* National Center on Adult Literacy Technical Report (TR94-15). Philadelphia: National Center of Adult Literacy.

Erickson, K. A., Koppenhaver, D. A., & Yoder, D. E. (2002). *Waves of words: Augmented communicators read and write.* Toronto, Ontario, Canada: ISAAC Press.

Ewing, G. (2000). Update from the executive director. *Metro Toronto Movement for Literacy Newsletter.* Retrieved January 12, 2005, from http://www. mtml.ca/newslet/july00/page1.htm

Farrell, M., & Elkins, J. (1995). Literacy for all? The case for Down syndrome. *Journal of Reading, 38*, 270-280.

Fifield, D. (2005). *March of the penguins.* Washington, DC: National Geographic Society.

Fisher, D., & Frey, N. (2003). *Improving adolescent literacy: Strategies at work.* Upper Saddle River, NJ: Merrill/Practice Hall.

Fisher, M., & Meyer, L. H. (2002). Development and social competence after two years for students enrolled in inclusive and self-contained educational programs. *Research and Practice for Persons with Severe Disabilities, 27*(3), 165-174.

Foley, B. E. (1993). The development of literacy in individuals with severe congenital speech and motor impairment. *Topics in Language Disorders, 13*(2), 16-32.

Foley, B. E. (1994). The development of literacy in individuals with severe congenital speech and motor impairment. In K. G. Butler (Ed.), *Severe communication disorders: Intervention strategies* (pp. 183-199). Gaithersburg, MD: Aspen.

Foley, B. E., & Pollatsek, A. (1999). Phonological processing and reading abilities in adolescents and adults with severe congenital speech impairments. *Augmentative and Alternative Communication, 15,* 156-174.

Foley, B. E., & Staples, A. H. (2003). Developing augmentative and alternative communication (AAC) and literacy interventions in a supported employment setting. *Topics in Language Disorders, 4,* 325-343.

Foley, B. E., & Staples, A. H. (2006). Assistive technology supports for literacy instruction. *Perspectives on Augmentative and Alternative Communication, 15*(2), 15-21.

Fromkin, V., Rodman, R., & Hyams, N. (2003). *An introduction to language* (7th ed.). Boston: Thomson Heinle.

Gagne, R. M., & Driscol, M. P. (1988). *Essentials of learning for instruction* (2nd ed.). Englewood Cliffs, NJ: Prentice Hall.

Gallaher, K. M., van Kraayenoord, C. E., Jobling, A., & Moni, K. B. (2002). Reading with Abby: A case study of individual tutoring with a young adult with Down syndrome. *Down Syndrome Research and Practice, 8,* 59-66.

Gardener, H. (1983). *Frames of mind.* New York: Basic Books.

Gardill, M. C., & Jitendra, A. K. (1999). Advanced story map instruction: Effects on the reading comprehension of students with learning disabilities. *The Journal of Special Education, 33,* 2-17.

Gaskins, W., Ehri, L., Cress, C., O'Hara, C., & Donnelly, K. (1996/1997). Procedures for word learning: Making discoveries about words. *The Reading Teacher, 50*(4), 312-327.

Goswami, U. (2001). Early phonological development and the acquisition of literacy. In S. Neuman & D. Dickinson (Eds.), *Handbook of Research in Early Literacy for the 21st Century* (pp. 111-125). New York: The Guilford Press.

Guilmet, G. M. (1979). Maternal perceptions of urban Navajo and Caucasian children's classroom behavior. *Human Organization, 38*, 87–91.

Gunning, T. G. (2002a). *Assessing and correcting reading and writing difficulties* (2nd ed.). Boston: Allyn & Bacon.

Gunning, T. G. (2002b). Building writing strategies. *Assessing and correcting reading and writing difficulties* (2nd ed.; pp. 458–495). Boston: Allyn & Bacon.

Hamill, L. B. (2003). Going to college: The experiences of a young woman with Down syndrome. *Mental Retardation, 41*, 340–353.

Hammill, D., & Larsen, S. (1996). *Test of written language–3*. Austin, TX: PRO-ED, Inc.

Harris, K. R., & Pressley, M. (1991). The nature of cognitive strategy instruction: Interactive strategy construction. *Exceptional Children, 57*, 392–404.

Hart, P. (2006). Spelling consideration for AAC intervention. *Perspectives on Augmentative and Alternative Communication, 15*(2), 12–14.

Hasbrouck, J. E., & Tindal, G. A. (1992). Curriculum–based oral reading fluency norms for students in grades 2 though 5. *Teaching Exceptional Children, 24*, 41–44.

Hasbrouck, J. E., & Tindal, G. A. (2006). Oral reading fluency norms: A valuable assessment tool for reading teachers. *The Reading Teacher, 59*(7), 636–644.

Hayes, J. R., & Flower, L. S. (1980). Identifying the organization of writing processes. In L. E. Gregg & E. R. Steinberg (Eds.), *Cognitive processes in writing* (pp. 3–30). Hillsdale, NJ: Lawrence Erlbaum Associates.

Hedrick, W. B., Katims, D. S., & Carr, N. J. (1999). Implementing a multimethod, multilevel literacy program for students with mental retardation. *Focus on Autism and Other Developmental Disabilities, 14*, 231–239.

Hiebert, E. H. (1991). Introduction. In E. H. Hiebert (Ed.), *Literacy for a diverse society: Perspectives, practices, and policies* (pp. 1–6). New York: Teachers College Press.

Hunt, P., Farron-Davis, F., Beckstead, S., Curtis, D., & Goetz, L. (1994). Evaluating the effects of placement of students with severe disabilities in general education versus special education classes. *Journal for the Association of Persons with Severe Handicaps, 19*(3), 200–214.

Hunter, M. (1994). *Enhancing teaching.* New York: Macmillan College Publishing Co.

Iacono, T. A. (2004). Accessible reading intervention: A work in progress. *Augmentative and Alternative Communication, 20*(3), 179–190.

Individuals with Disabilities Education Act (IDEA) of 1990, PL 101–476, 20 U.S.C. §§ 1400 *et seq.*

Individuals with Disabilities Education Act Amendments of 1997, PL 105–107, 20 U.S.C. §§ 1400 *et seq.*

Individuals with Disabilities Education Improvement Act of 2004, PL 108–446, 20 U.S.C. §§ 1400 *et seq.*

Iverson, J. M., & Thal, D. J. (1998). Communicative transitions: There's more to the hand than meets the eye. In A. M. Wetherby, S. F. Warren, & J. Reichle (Eds.), *Transitions in prelinguistic communication* (pp. 59–86). Baltimore: Paul H. Brookes Publishing Co.

Iverson, P., Kuhl, P. K., Akahane–Yamada, R., Diesch, E., Tohkura, Y., Kettermann, A., et al. (2003). A perceptual interference account of acquisition difficulties for non–native phonemes. *Cognition, 87,* B47–B57.

Jackson, L., Ryndak, D. L., & Billingsley, F. (2000). Useful practices in inclusive education: A preliminary view of what experts in moderate to severe disabilities are saying. *Journal for the Association of Persons with Severe Disabilities, 25*(3), 129–141.

Janney, R. J., & Snell, M. E. (2000). *Modifying schoolwork.* Baltimore: Paul H. Brookes Publishing Co.

Joe, J. R., & Miller, D. (1987). *American Indian cultural perspectives on communication,* Monograph Series. Tucson: University of Arizona.

Johnson, C. J., Beitchman, H. J., Young, S., Escobar, M., Atkinson, L., Wilson, B., et al. (1999). Fourteen–year follow–up of children with and without speech/language impairments: speech/language stability and outcomes. *Journal of Speech, Language, and Hearing Research, 42*(3), 744–760.

Johnson, D. (2001). *Vocabulary in the elementary and middle school.* Boston:

Allyn & Bacon.

Johnson, D. W., & Johnson, R. T. (1989). *Cooperation and competition: Theory and research*. Edina, MN: Interaction Book Company.

Johnson, D. W., Johnson, R. T., & Holubec, E. (1993). *Circles of learning*. Edina, MN: Interaction Book Company.

Johnson, J. M., Baumgart, D., Helmstetter, E., & Curry, C. A. (1996). *Augmenting basic communication in natural contexts*. Baltimore: Paul H. Brookes Publishing Co.

Joseph, L. M. (2002). Facilitating word recognition and spelling using word boxes and word sort phonic procedures. *School Psychology Review, 31,* 122–129.

Joseph, L. M., & McCachran, M. (2003). Comparison of a word study phonics technique between students with moderate to mild mental retardation and struggling readers without disabilities. *Education and Training in Developmental Disabilities, 38,* 192–199.

Joseph, L. M., & Seery, M. E. (2004). Where is the phonics? A review of the literature on the use of phonetic analysis with students with mental retardation. *Remedial and Special Education, 25,* 88–94.

Kabrich, M., & McCutchen, D. (1996). Phonemic support in comprehension: Comparisons between children with and without mild mental retardation. *American Journal on Mental Retardation, 100,* 510–527.

Kahn-Freedman, E. (2001). Finding a voice: Poetry and people with developmental disabilities. *Mental Retardation, 39,* 195–200.

Kaiser, A., & Grim, J. C. (2006). Teaching functional communication skills. In M. E. Snell & F. Brown (Eds.), *Instruction of students with severe disabilities* (6th ed.; pp. 447–488). Upper Saddle River, NJ: Pearson Prentice Hall.

Katims, D. S. (1994). Emergence of literacy in preschool children with disabilities. *Learning Disability Quarterly, 17,* 100–111.

Katims, D. S. (1996). The emergence of literacy in elementary students with mild mental retardation. *Focus on Autism and Other Developmental Disabilities, 1*(3), 147–158.

Katims, D. S. (2000). *The quest for literacy: Curriculum and instructional procedures for teaching reading and writing to students with mental retardation and developmental disabilities.* Reston, VA: Council for Exceptional Children.

Katz, J., Mirenda, P., & Auerbach, S. (2002). Instructional strategies and educational outcomes for students with developmental disabilities in inclusive "multiple intelligences" and typical inclusive classrooms. *Research and Practice for Persons with Severe Disabilities, 27,* 227-238.

Kay-Raining Bird, E., Cleave, P. L., & McConnell, L. (2000). Reading and phonological awareness in children with Down syndrome: A longitudinal study. *American Journal of Speech-Language Pathology, 9,* 319-330.

Keefe, E. B., & Van Etten, C. (1994). *Academic and social outcomes for students with moderate to profound disabilities in integrated settings.* Paper presented at The Association for Persons with Severe Handicaps, December, Atlanta, Georgia.

Kennedy, E. J., & Flynn, M. C. (2003). Training phonological awareness skills in children with Down syndrome. *Research in Developmental Disabilities, 24,* 44-57.

Kliewer, C., Fitzgerald, L. M., Meyer-Mork, J., Hartman, P., English-Sand, P., & Raschke, D. (2004). Citizenship for all in the literate community: An ethnography of young children with significant disabilities in inclusive early childhood settings. *Harvard Educational Review, 74,* 373-403.

Kluth, P. (2003). *You're going to love this kid!: Teaching students with autism in the inclusive classroom.* Baltimore: Paul H. Brookes Publishing Co.

Koppenhaver, D. A. (2000). Literacy in AAC: What should be written on the envelop we push?. *Augmentative and Alternative Communication, 16,* 270-279.

Koppenhaver, D. A., Spadorcia, S. A., & Erickson, K. A. (1998). How do we provide inclusive literacy instruction for children with disabilities?. In S. B. Neuman & K. A. Roskos (Eds.), *Children achieving: Best practices in early literacy* (pp. 77-96). Newark, DE: International Reading Association.

Kulhavey, R. W., Stock, W. A., Verdi, M. P., Rittschof, K. A., & Savanye, W. (1993).

Why maps improve memory for text: The influence of structural information on working memory operations. *European Journal of Cognitive Psychology, 5*(4), 375–392.

Lane, H. B., Pullen, P. C., Eisele, M. R., & Jordan, L. (2002). Preventing reading failure: Phonological awareness assessment and instruction. *Preventing School Failure, 46,* 101–110.

Langer, J. A. (1991). Literacy and schooling: A sociocognitive perspective. In E. H. Hiebert (Ed.), *Literacy for a diverse society: Perspectives, practices, and policies* (pp. 9–27). New York: Teachers College Press.

Langer, J. A., & Flihan, S. (2000). Writing and reading relationships: Constructive tasks. In R. Indrisano & J. R. Squire (Eds.), *Perspectives on writing: Research, theory, and practice* (pp. 112–139). Newark, DE: International Reading Association.

Leslie, L., & Calhoon, J. A. (1995). Factors affecting children's reading of rimes: Reading ability, word frequency, and rime neighborhood size. *Journal of Educational Psychology, 87*(4), 576–586.

Liberman, I. Y., Shankweiler, D., Fischer, F. W., & Carter, B. (1974). Explicit syllable and phoneme segmentation in the young child. *Journal of Experimental Child Psychology, 18,* 201–212.

Light, J. C., & Binger, C. (1998). *Building communicative competence with individuals who use augmentative and alternative communication.* Baltimore: Paul H. Brookes Publishing Co.

Logan, K. R., Bakeman, R., & Keefe, E. B. (1997). Engaged behavior: Effects of instructional and teacher variables for students with severe disabilities in general education classrooms. *Exceptional Children, 63,* 481–497.

Martin, B. (1967). *Brown bear, brown bear, what do you see?.* New York: Henry Holt & Company.

Mathes, P. G., & Fuchs, D. (1997). Cooperative story mapping. *Remedial & Special Education, 18,* 20–28.

McCoy, L. J., & Sundbye, N. (2001). *Helping the struggling reader: What to teach and how to teach it* (2nd ed.). Lawrence, KS: Curriculum Solutions, Inc.

McGill-Franzen, A., & Allington, R. L. (1991). The gridlock of low reading achievement: Perspectives on practice and policy. *Remedial and Special Education, 12,* 20-30.

McLaughlin, T. F., & Skinner, C. H. (1996). Improving academic performance through self management: Cover, copy, and compare. *Intervention in School and Clinic, 32,* 113-118.

Millar, D. C., Light, J. C., & McNaughton, D. B. (2004). The effect of direct instruction and writer's workshop on the early writing skills of children who use augmentative and alternative communication. *Augmentative and Alternative Communication, 20,* 164-178.

Miller, G. (1956). The magical number seven, plus or minus two: Some limits on our capacity for processing information. *The Psychological Review, 63,* 81-97.

Mirenda, P. (2001). Autism, augmentative communication, and AT: What do we really know?. *Focus on Autism and Other Developmental Disabilities, 16*(3), 141-152.

Mirenda, P. (2003). "He's not really a reader……": Perspectives on supporting literacy development in individuals with autism. *Topics in Language Disorders, 23,* 271-282.

Mirenda, P., & Erickson, K. E. (2000). Autism, AAC and literacy. In A. Wetherby & B. Prizant (Eds.), *Communication and language issues in autism and PDD: A transactional developmental perspective* (pp. 333-367). Baltimore: Paul H. Brookes Publishing Co.

Moni, K. B., & Jobling, A. (2000). LATCH-ON: A program to develop literacy in young adults with Down syndrome. *Journal of Adolescent and adult Literacy, 44*(1), 40-50.

Moni, K. B., & Jobling, A. (2001). Reading-related literacy learning of young adults with Down syndrome: Findings from a three year teaching and research program. *International Journal of Disability, Development, and Education, 48,* 377-394.

Moore, V. M., Metzler, C., & Pearson, S. (2006). Connecting across the community: Pen pals in inclusive classrooms. In E. B. Keefe, V. M. Moore, & F. R. Duff

(Eds.), *Listening to the experts* (pp. 107–113). Baltimore: Paul H. Brookes Publishing Co.

Morgan, M., Moni, K. B., & Jobling, A. (2004). What's it all about? Investigating reading comprehension strategies in young adults with Down syndrome. *Down Syndrome Research and Practice, 9,* 37–44.

Murphy, J. F., Hern, C. L., Williams, R. L., & McLaughlin, T. F. (1990). The effects of the copy, cover, compare approach in increasing spelling accuracy with learning disabled students. *Contemporary Educational Psychology, 15,* 378–386.

Nation, K., & Norbury, C. F. (2005). Why reading comprehension fails: Insights from developmental disabilities. *Topics in Language Disorders, 25,* 21–32.

National Center for Education Statistics. (1995) *Listening to children read aloud, 15.* Washington, DC: Author.

National Joint Committee for the Communicative Needs of Persons with Severe Disabilities. (1992). Guidelines for meeting the communication needs of persons with severe disabilities. *Asha, 34* (March, Supp. 7), 1–8.

National Reading Panel (NRP). (2000). *Report of the National Reading Panel: Teaching children to read. Reports of the Subgroups.* (NIH Publication 00–4754). Washington, DC: National Institute of Child Health and Human Development.

No Child Left Behind Act of 2001, PL 107–110, 115 Stat. 1425, 20 U.S.C. §§ 6301 *et seq.*

Nystrand, M. (1990). Sharing words: The effects of readers on developing writers. *Written Communication, 7*(1), 3–24.

O'Connor, R. E., & Bell, K. M. (2004). Teaching students with reading disability to read words. In C. A. Stone, E. R. Silliman, B. J. Ehren, & K. Apel (Eds.), *Handbook of language and literacy: Development and disorders* (pp. 481–498). New York: Guilford Press.

O'Connor, I. M., & Klein, P. D. (2004). Exploration of strategies for facilitating the reading comprehension of high-functioning students with autism spectrum disorders. *Journal of Autism and Developmental Disorders,*

34, 115-126.

Ochs, E. (1986). Introduction. In B. B. Schieffelin & E. Ochs (Eds.), *Language socialization across cultures* (pp. 1-13). New York: Cambridge University Press.

Oelwein, P. L. (1995). *Teaching reading to children with Down syndrome: A guide for teachers and parents.* Bethesda, MD: Woodbine House.

Olson, R. K., Forsberg, H., & Wise, B. (1994). Genes, environment, and the development of orthographic skills. In V. W. Berninger (Ed.), *The varieties of orthographic knowledge I: Theoretical and developmental issues* (pp. 27-71). Dordrecht, The Netherlands: Kluwer Academic Publishers.

Perfetti, C. A., Beck, I., Bell, L., & Hughes, C. (1987). Phonemic knowledge and learning to read are reciprocal: A longitudinal study of first grade children. *Merrill-Palmer Quarterly, 33,* 283-319.

Pershey, M. G., & Gilbert, T. W. (2002). Christine: A case study of literacy acquisition by an adult with developmental disabilities. *Mental Retardation, 40,* 219-234.

Pierce, P. L., & Porter, P. B. (1996). Helping persons with disabilities to become literate using assistive technology: Practice and policy suggestions. *Focus on Autism & Other Developmental Disabilities, 11,* 142-148.

Polloway, E. A., Smith, T. E. C., & Miller, L. (2004). Written expression. In *Language instruction for students with disabilities* (3rd ed.; pp. 432-480). Denver: Love Publishing.

Pressley, M., Symons, S., Snyder, B. L., & Cariglia-Bull, T. (1989). Strategy instruction research comes of age. *Learning Disability Quarterly, 86,* 360-406.

Putnam, J. W. (1998). *Cooperative learning and strategies for inclusion.* Baltimore: Paul H. Brookes Publishing Co.

Rasinski, T. V. (2003). *The fluent reader.* New York: Scholastic.

Ray, K. W. (2006). When kids make books. *Educational Leadership, 62*(2), 14-18.

Reichle, J., Beukelman, D. R., & Light, J. C. (Eds.) (2002). *Exemplary practices for beginning communicators: Implications for AAC.* Baltimore: Paul H. Brookes Publishing Co.

Reutzel, D. R., & Cooter, R. B. (2003a). *Strategies for reading assessment and instruction: Helping every child succeed* (2nd ed.). Upper Saddle River, NJ: Merrill.

Reutzel, D. R., & Cooter, R. B. (2004). *Teaching children to read: Putting the pieces together* (4th ed.). Upper Saddle River, NJ: Merrill/Prentice Hall.

Reutzel, D. R., Hollingsworth, P. M., & Eldredge, L. (1994). Oral reading instruction: The impact on student reading development. *Reading Research Quarterly, 29,* 40-62.

Rey, H. A. (1947). *Curious George takes a job.* Boston: Houghton Mifflin.

Rivera, M. O., Koorland, M. A., & Gueyo, V. (2002). Pupil-made pictorial prompts and fading for teaching sight words to a student with learning disabilities. *Education and Treatment of Children, 25,* 197-207.

Romski, M. A., & Sevcik, R. A. (1996). *Breaking the speech barrier: Language development through augmented means.* Baltimore: Paul H. Brookes Publishing Co.

Rowland, C., & Schweigert, P. (1993). Analyzing the communication environment to increase functional communication. *Journal of the Association for Persons with Severe Handicaps, 18*(3), 161-176.

Ryndak, D. L., & Alper, S. (2003). *Curriculum and instruction for students with disabilities in inclusive settings.* Boston: Allyn & Bacon.

Ryndak, D. L., Morrison, A. P., & Sommerstein, L. (1999). Literacy before and after inclusion in general educationsettings: A case study. *Journal for the Association of Persons with Severe Disabilities, 24*(1), 5-22.

Samuels, S. J. (1979). The method of repeated reading. *The Reading Teacher, 32,* 403-408.

Sapon-Shevin, M., Ayres, B. A., & Duncan, J. (2002). Cooperative learning and inclusion. In J. S. Thousand, R. A. Villa, & A. I. Nevin (Eds.), *Creativity and collaborative learning* (2nd ed.). Baltimore: Paul H. Brookes Publishing Co.

Schirmer, B. R., & Bailey, J. (2000). Writing assessment rubric: An instructional approach with struggling writers. *TEACHING Exceptional Children, 33,* 52-58.

Sendak, M. (1963). *Where the wild things are.* New York: Harper Collins.

Sharpe, M. N., York, J. L., & Knight, J. (1994). Effects of inclusion on the academic performance of classmates without disabilities. *Remedial and Special Education, 15*(5), 281-287.

Sheehy, K. (2002). The effective use of symbols in teaching word recognition to children with severe learning difficulties: A comparison of word alone, integrated picture cueing and the handle technique. *International Journal of Disability, Development, and Education, 49,* 47-59.

Siegel, E., & Wetherby, A. (2006). Nonsymbolic communication. In M. E. Snell & F. Brown (Eds.), *Instruction of students with severe disabilities* (6th ed.; pp. 405-446). Upper Saddle River, NJ: Pearson Prentice Hall.

Sims, C. (2006). Language planning in southwest American Indian communities: Contemporary challenges and issues. *Current issues in language planning.*

Singer, B. D., & Bashir, A. S. (2004). Developmental variations in writing composition skills. In C. A. Stone, E. R. Silliman, B. J. Ehren, & K. Apel (Eds.), *Handbook of language and literacy: Development and Disorders* (pp. 559-582). New York: Guilford Press.

Smith, M. M. (1989). Reading without speech: A study of children with cerebral palsy. *The Irish Journal of Psychology, 10,* 601-614.

Smith, M. M. (2005). *Literacy and augmentative and alternative communication.* Burlington, MA: Elsevier Academic Press.

Snell, M. E., & Brown, F. (2006). *Instruction of students with severe disabilities* (6th ed.). Upper Saddle River, NJ: Pearson Education Inc.

Snell, M. E., & Janney, R. (2000). *Collaborative teaming.* Baltimore: Paul H. Brookes Publishing Co.

Snowling, M. J., Hulme, C., & Mercer, R. C. (2002). A deficit in rime awareness in children with Down syndrome. *Reading and Writing: An Interdisciplinary Journal, 15,* 471-495.

Soto, G. (2006). Supporting the development of narratives skills in children who use AAC. *Perspectives on Augmentative and Alternative Communication, 15*(2), 7–11.

Stanford, P., & Siders, J. A. (2001). E-pal writing. *TEACHING Exceptional Children, 34,* 21–24.

Stanovich, K. E. (1986). Matthew effects in reading: Some consequences of individual differences in the acquisition of literacy. *Reading Research Quarterly, 21,* 360–407.

Stanovich, K. E. (1998). Twenty-five years of research on the reading process: The grand synthesis and what it means for our field. In T. Shanahan & F. Rodriguez-Brown (Eds.), *Forty-seventh yearbook of the National Reading Conference* (pp. 44–58). Chicago: NRC.

Staub, D., & Peck, C. A. (1994). What are the outcomes for nondisabled students?. *Educational Leadership, 52,* 4, 36–40.

Steelman, J. D., Pierce, P. L., & Koppenhaver, D. (1993). The role of computers in promoting literacy in children with severe speech and physical impairments. *Topics in Language Disorders, 13*(2), 76–88.

Steelman, J. D., Pierce, P. L., & Koppenhaver, D. A. (1994). The role of computers in promoting literacy in children with severe speech and physical impairments. In K. G. Butler (Ed.), *Severe communication disorders: Intervention strategies* (pp. 200–212). Gaithersburg, MD: Aspen.

Sturm, J., & Koppenhaver, D. A. (2000). Supporting writing development in adolescents with developmental disabilities. *Topics in Language Disorders, 20,* 73–92.

Sylwester, R. (1995). *A celebration of neurons: An educator's guide to the human brain.* Alexandria, VA: Association for Supervision and Curriculum Development.

Technology-Related Assistance for Individuals with Disabilities Act of 1988, PL 100–407, 29 U.S.C. §§ 2201 *et seq.*

Tomlinson, C. A. (2001). *How to differentiate instruction in mixed-ability classrooms.* Alexandria, VA: Association for Supervision and Curriculum Development.

Topping, K. (1987). Peer tutored paired reading: Outcome data from ten projects. *Educational Psychology, 7,* 604-614.

Topping, K. (1989). Peer tutoring and paired reading. Combining two powerful techniques. *The Reading Teacher, 42,* 488-494.

Torgesen, J. K. (2000). Individual differences in response to early interventions in reading: The lingering problem of treatment resisters. *Learning Disabilities Research & Practice, 15,* 55-64.

Torgesen, J. K., & Mathes, P. G. (2000). *A basic guide to understanding, assessing, and teaching phonological awareness.* Austin, TX: Pro-Ed.

Torgesen, J. K., Wagner, R. K., Rashotte, C. A., Rose, E., Lindamood, P., Conway, T., & Garvan, C. (1999). Preventing reading failure in young children with phonological processing disabilities: Group and individual responses to instruction. *Journal of Educational Psychology, 91,* 579-593.

Treiman, R. (1983). The structure of spoken syllables: Evidence from novel word games. *Cognition, 15,* 49-74.

Treiman, R. (1985). Onsets and rimes as units of spoken syllables: Evidence from children. *Journal of Experimental Child Psychology, 39,* 161-181.

Troia, G. A. (2004). Phonological processing and its influence on literacy learning. In C. A. Stone, E. R. Silliman, B. J. Ehren, & K. Apel (Eds.), *Handbook of language and literacy: Development and Disorders* (pp. 271-103). New York: Guilford Press.

Udvari-Solner, A., Villa, R. A., & Thousand, J. S. (2002). Access to general education curriculum for all: The universal design process. In J. S. Thousand, R. A. Villa, & A. I. Nevin (Eds.), *Creativity and collaborative learning* (2nd ed.). Baltimore: Paul H. Brookes Publishing Co.

U.S. Department of Education, National Center for Education Statistics. (1995). *Listening to Children Read Aloud, 15.* Washington, DC: Author.

Vaughn, S., & Klingner, J. (2004). Teaching reading comprehension to students with learning disabilities. In C. A. Stone, E. R. Silliman, B. J. Ehren, & K. Apel (Eds.), *Handbook of language and literacy: Development and disorders* (pp. 541-555). New York: Guilford Press.

Villa, R. A., & Thousand, J. S. (2000). *Restructuring for caring and effective education* (2nd ed.). Baltimore: Paul H. Brookes Publishing Co.

Villa, R. A., & Thousand, J. S. (2005). *Creating an inclusive school* (2nd ed.). Alexandria, VA: Association for Supervision and Curriculum Development.

Wagner, M., Newman, L., Cameto, R., Garza, N., & Levine, P. (2005). *After high school: A first look at the postschool experiences of youth with disabilities. A report from the National Longitudinal Transition Study-2 (NLTS2).* Menlo Park, CA: SRI International.

Wetherby, A. M., & Prizant, B. M. (1989). The expression of communicative intent: Assessment guidelines. *Seminars in Speech and Language, 10,* 77–91.

Wetherby, A. M., Reichle, J., & Pierce, P. L. (1998). The transition to symbolic communication. In A. M. Wetherby, S. F. Warren, & J. Reichle (Eds.), *Transitions in prelinguistic communication* (pp. 197–230). Baltimore: Paul H. Brookes Publishing Co.

Wetherby, A. M., Warren, S. F., & Reichle, J. (1998). Introduction to transitions in symbolic communication. In A. M. Wetherby, S. F. Warren, & J. Reichle (Eds.), *Transitions in prelinguistic communication* (pp. 1–11). Baltimore: Paul H. Brookes Publishing Co.

Whitmire, K. (2001). The evolution of school-based speech-language services: A half century of change and a new century of practice. *Communication Disorders Quarterly, 23*(2), 68–76.

Wigfield, A., & Guthrie, J. T. (1997). Relation of children's motivation for reading to the amount and breadth of their reading. *Journal of Educational Psychology, 89,* 420–432.

Wilcox, M. J., & Shannon, M. S. (1998). Facilitating the transition from prelinguistic to linguistic communication. In A. M. Wetherby, S. F. Warren, & J. Reichle (Eds.), *Transitions in prelinguistic communication* (pp. 385–416). Baltimore: Paul H. Brookes Publishing Co.

Winterton, W. A. (1976). The effect of extended wait-time on selected verbal response characteristics of some Pueblo Indian children. Unpublished doctoral dissertation, University of New Mexico, Albuquerque.

Wisener, D. (1997). *Tuesday*. New York: Clarion Books.

Wolfe, P. (2001). *Brain matters: Translating research into classroom practice*. Alexandria, VA: Association for Supervision and Curriculum Development.

Yoder, D. E. (2001). Having my say. *Augmentative and Alternative Communication, 17*, 2-10.

Yoder, D. E., Erickson, K. A., & Koppenhaver, D. A. (1997). *A literacy bill of rights*. Chapel Hill, NC: University of North Carolina at Chapel Hill, Center for Literacy and Disability Studies.

Yopp, H. K. (1988). The validity and reliability of phonemic: Awareness tests. *Reading Research Quarterly, 23*, 159-177.

Yopp, H. K. (1992). Developing phonemic awareness in young children. *Reading Teacher, 45*(9), 696-703.

Young, L., Mono, K. B., Jobling, A., & van Kraayenoord, C. E. (2004). Literacy skills of adults with intellectual disabilities in two community-based day programs. *International Journal of Disability, Development, and Education, 51*, 83-97.

Zabala, J. S. (1995). *The SETT framework: Critical areas to consider when making informed assistive technology decisions*. Houston, TX: Region IV Education Service Center. (ERIC Document Reproduction Service No. ED381962).

참고자료

책

Allington, R. L. (2001). *What really matters for struggling readers: Designing research-based programs*. New York: Longman.

Browder, D. M., & Spooner, F. (2006). *Teaching language arts, math, and science to students with significant cognitive disabilities*. Baltimore: Paul H. Brookes Publishing Co.

Castagnera, E., Fisher, D., Rodifer, K., Sax, C., & Frey, N. (1998). *Deciding what to teach and how to teach it: Connecting students through curriculum and instruction*. Colorado Springs, CO: Peak Parenting Center.

Culham, R. (2004). *Using picture books to teach writing with the traits*. New York: Teaching Resources.

Cunningham, P. M. (2000). *Systematic sequential phonics they use for beginning readers of all ages*. Greensboro, NC: Carson-Dellosa Publishing Co.

Cunningham, P. M., & Hall, D. P. (1994). *Making words: Multilevel, hands-on, developmentally appropriate spelling and phonics activities*. Carthage, IL: Good Apple.

Cunningham, P. M., & Hall, D. P. (2001). *Making words: Lessons for home or school.* Greensboro, NC: Carson-Dellosa Publishing.

Cunningham, P. M., Hall, D. P., & Sigmon, C. M. (1999). *The teacher's guide to the four blocks.* Greensboro, NC: Carson-Dellosa Publishing.

Dennison, P. E., & Dennison, G. E. (1986). *Brain gym: Simple activities for whole brain learning.* Ventura, CA: Edu-Kinesthetics, Inc.

Dennison, P. E., & Dennison, G. E. (1987). *Edu-K for kids: The basic manual on educational kinesiology for parents and teachers of kids of all ages.* Ventura, CA: Edu-Kinesthetics, Inc.

de Valenzuela, J. S., & Niccolai, S. L. (2004). Language development in culturally and linguistically diverse students with special education needs. In L. Baca & H. Cervantes (Eds.), *The bilingual special education interface* (4th ed.; pp. 124–161). Upper Saddle River, NJ: Merrill.

Downing, J. E. (2002). *Including students with severe and multiple disabilities in typical classrooms: Practical strategies for teachers.* Baltimore: Paul H. Brookes Publishing Co.

Downing, J. E. (2005). *Teaching literacy to student with significant disabilities: Strategies for the K-12 inclusive classroom.* Thousand Oaks, CA: Corwin Press.

Fisher, D., Frey, N., & Sax, C. (1999). *Inclusive elementary schools: Recipes for success* (2nd ed.). Colorado Springs, CO: Peak Parenting Center.

Griego-Jones, T., & Fuller, M. L. (2003). *Teaching Hispanic children.* Boston: Allyn & Bacon.

International Reading Association. (2002). *Evidence-based reading instruction: Putting the national reading panel into practice.* Newark, DE: International Reading Association.

Janney, R., & Snell, M. E. (2000). *Teachers' guides to inclusive practices: Modifying schoolwork.* Baltimore: Paul H. Brookes Publishing Co.

Jorgensen, C. M. (1998). *Restructuring high schools for all students: Taking inclusion to the next level.* Toronto, ON: Paul H. Brookes Publishing Co.

Kalyanpur, M., & Harry, B. (1999). *Culture in special education: Building reciprocal family-professional relationships.* Baltimore: Paul H. Brookes

Publishing Co.

Kibby, M. W. (1995). *Practical steps for informing literacy instruction: A diagnostic decision-making model*. Newark, DE: International Reading Association.

McCarthey, S. (2002). *Students' identities and literacy learning*. Newark, DE: International Reading Association.

Miller, J. F. (1999). Profiles of language development in children with Down syndrome. In J. F. Miller, M. Leddy, & L. A. Leavitt (Eds.), *Improving the communication of people with Down syndrome* (pp. 11-39). Baltimore: Paul H. Brookes Publishing Co.

Neuman, S. B., & Dickinson, D. K. (2006). *Handbook of early literacy research*. New York: Guilford Press.

Oczkus, L. D. (2003). *Reciprocal teaching at work: Strategies for improving reading comprehension*. Newark, DE: International Reading Association.

Oelwein, P. L. (1995). *Teaching reading to children with Down syndrome: A guide for parents and teachers*. Bethesda, MD: Woodbine.

Rasinski, T. V. (2003). *The fluent reader: Oral reading strategies for building word recognition, fluency and comprehension*. New York: Scholastic.

Sigmon, C. M. (2001). *Modifying the four blocks for the upper grades: Matching strategies to students' needs*. Greensboro, NC: Carson-Dellosa Publishing.

Suina, J. H., & Smolkin, L. B. (1994). From natal culture to school culture to dominant society culture: Supporting transitions for Pueblo Indian students. In P. M. Greenfield & R. R. Cocking (Eds.), *Cross-cultural roots of minority child development* (pp. 15-130). Hillsdale, NJ: Lawrence Erlbaum Associates.

Thousand, J. S., Villa, R. A., & Nevin, A. I. (2002). *Creativity and collaborative learning: The practical guide to empowering students, teachers, and families* (2nd ed.). Baltimore: Paul H. Brookes Publishing Co.

Tomlinson, C. A., & Eidson, C. C. (2003). *Differentiation in practice: A resource guide for differentiating curriculum* (5-9). Alexandria, VA: Association for Supervision and Curriculum Development.

Tomlinson, C. A., & McTighe, J. (2006). *Integrating: Differentiated instruction and understanding by design.* Alexandria, VA: Association for Supervision and Curriculum Development.

Tyner, B. (2004). *Small-group reading instruction: A differentiated teaching model for beginning and struggling readers.* Newark, DE: International Reading Association.

Villa, R. A., Thousand, J. S., & Nevin, A. I. (2004). *A guide to co-teaching: Practical tips for, facilitating student learning.* Thousand Oaks, CA: Corwin Press.

Voss, K. S. (2005). *Teaching by design: Using your computer to create materials for students, with learning differences.* Bethesda, MD: Woodbine House.

Wirt, B., Bryan, C. D., & Wesley, K. D. (2005). *Discovering what works for struggling readers: Journeys of exploration with primary grade students.* Neward, DE: International Reading Association.

논문 및 보고서

Duran, E. (1991). *Functional language instruction for linguistically different students with moderate to severe disabilities* [ERIC EC Digest #E501]. ERIC Clearinghouse on Disabilities and Gifted Education. Retrieved September 9, 2001, from http://ericec.org

González, N., Moll, L. C., Floyd-Tenery, M., Rivera, A., Rendón, P., Gonzales, R., & Amanti, C. (1993). *Teacher research on funds of knowledge: Learning from households* (Educational Practice Report 6). Santa Cruz, CA: National Center for Research on Cultural Diversity and Second Language Learning.

National Joint Committee for the Communicative Needs of Persons with Severe Disabilities. (1992). Guidelines for meeting the communication needs of persons with severe disabilities. *American Speech Language Hearing Association, 34,* 1-8.

Sileo, T. W., & Prater, M. A. (1998). Creating classroom environments that address the linguistic and cultural backgrounds of students with disabilities. *Remedial and Special Education, 19*(6), 323–327.

찾아보기

〈내용〉

‖ 저자 소개 ‖

Susan R. Copeland

New Mexico 대학교 특수교육과 조교수로서 다양한 특수 학습자의 교육적 동등성에 관하여 공부하였다. 그녀는 주로 장애인의 자립, 스스로 자신의 삶 이끌어 가기, 가족, 학교, 지역사회에서의 능동적인 참여 강화를 위한 전략 개발에 관하여 연구한다. 주된 연구 분야는 통합교육, 또래 지원, 효과적 읽기와 문해 교사가 되기 위한 준비 과정 등이다. 이러한 주제에 관한 연구는 『미국 정신지체 저널(*American Journal on Mental Retardation*)』『교정과 특수교육(*Remedial and Special Education*)』, 『중중장애인을 위한 협력 저널(*Journal of the Association for Persons with Severe Disabilities*)』 등을 포함한 여러 저널에 게재되었다. 또한 읽기/문해 교수, 장애인 옹호와 자율권, 응용행동 분석, 지적장애인의 역사와 이해 등의 과정을 가르치고 있다. 그녀는 Southern Methodist 대학에서 음악치료를 전공했고, 리틀록에 있는 Arkansas 대학교에서 석사학위를 취득했으며, Vanderbilt 대학교에서 교육과 인간 발달 분야의 박사학위를 취득했다.

Elizabeth B. Keefe

New Mexico 대학교 특수교육과 조교수로서 다양한 특수 학습자의 교육적 동등성에 관하여 공부하였다. 그녀는 영국 Newcastle-upon-Tyne 대학교에서 사회학을 전공하였고, Nebraska 대학원에서 인류학으로 석사학위를 받았으며, New Mexico 대학교에서 예술학 석사와 특수교육학 박사학위를 취득했다. 그녀는 초등학교 통합학급에서 학생을 가르쳤으며, 멕시코 전역에서 다양한 교육 개혁의 쟁점이 되는 이슈에 능동적으로 참여하고 있다. 또한 통합교육 실제, 협력 교수와 체계가 어떻게 변화되는가에 중점을 두고 연구하고 있으며, 이를 초등학교, 중학교, 고등학교까지 연장하여 연구하고 있다. 그녀는 여러 저널에 이러한 주제에 관련된 논문을 게재하였으며, 전문 서적에서 그녀의 목소리를 내기 위해 학생, 가족, 실천가와 협력하고 있다.

‖ 공헌자 ‖

Johnthan D. Brinkerhoff

New Mexico 대학교 사범교육과 조교수다. 그는 학부생과 대학원생을 대상으로 교육 공학과 교육심리 과정을 가르치고 있다. New Mexico 대학교 교수가 되기 전 초등학교 교사로 17년간 재직하였다. 그 기간 동안 캘리포니아 국무부의 Tri-Tec 프로그램의 자 문 위원으로, 교생 실습 지도 교사로, 예비 교사의 수석교사로 일했다. Brinkerhoff 박 사는 이러한 각각의 직위를 역임하면서 연구 기반의 교수 실제를 효과적으로 사용할 수 있도록 하기 위해 노력하였다.

J. Anne Calhoon(Cherokee)

New Mexico 대학교 언어, 문해, 사회문화학과 조교수다. 그녀는 Marquette 대학교에 서 교육심리학 박사를 받았다. 그녀는 읽기 과정, 평가 및 미국 인디언 문학 코스를 학 부생에게 가르치고 있으며 문해와 미국 인디언의 정체성에 중점을 두고 많은 연구를 하였다. 초기 문해 발달에 관련된 문헌이 『자폐와 발달장애 저널(*Journal of Autism and Developmental Disorders*)』『문해 연구 저널(*Jorunal of Liferacy Research*)』 등에 게재되었다. 그녀는 2007년 봄에 출간된 『교육을 통한 성의 동등성에 관한 핸드북 (*Handbook on Gender Equity Through Education*)』(Laqrence Earlbaum Associaties)에서 '미국 인디언 학생을 위한 성의 동등성(*Gender Equity for American Indian Students*)' 이라는 장의 주 저자이기도 하다.

Beth E. Foley

Utah 대학교 의사소통장애와 청각장애아 교육학과의 부교수이며 학부장이다. 그녀의 20년 이상의 경력은 중도 장애학생을 위한 교육적 · 사회적 · 직업적 성취에 중점을 두 었다. 주요 연구 관심사는 복잡한 의사소통이 필요한 아동의 언어와 문해 발달 및 일반 교육 환경에서 보완대체 의사소통을 사용하는 학생의 통합에 관한 것이다. 이러한 주 제와 관련된 수많은 출판물, 회의 발표 자료와 워크숍은 중증장애학생을 위한 교육적 프로그램에서 보조공학과 AAC 언어, 문해 중재에서 최선의 실제를 통합하는 데 필수 적인 것에 관하여 이야기하고 있다.

Julia Scherba de Valenzuela

New Mexico 대학교 조교수로, 정신지체와 중도장애학생의 집중적 특수교육 분야에서 다양한 특수교육 학습자를 위한 교육적 동등성에 관한 연구를 한다. 그녀는 특수교육 학과에서 교수 임용을 받았으며, 교육언어학에서 학제 간 박사학위 프로그램을 편성하 고 이중교육/외국인을 위한 영어교수법 프로그램을 진행하고 있다. 언어병리학 자격증을 지니고 있다. 주요 연구 관심 분야는 문화적 · 언어학적으로 다양한 인구의 이중언어 특수교육, 언어 사회화와 의사소통 발달이다. 그녀는 주와 국가적 수준에서의 평가 발달에 많은 공헌을 했다. 최근 그녀의 출간물은 『특수교육학개론(*The Handbook of Special Education*)』(Sage, 2007) 『이중언어 특수교육 의사소통(*The Bilingual Special Education Interface*)』(Prentice Hall, 2004)이며, 『특수교육아동저널(*Exceptional Children*)』에도 게재되어 있다.

Amy Staples

North Iowa 대학교 특수교육과 부교수로 재직 중이다. 그녀는 문해와 통합에 중점을 둔 방법론을 가르친다. 20년간의 문해 학습에 관한 그녀의 연구는 모든 아동, 특히 장애아동에게 적합한 교육적 요구에 대한 흥미로 이어졌다. 그녀는 공학이 통합교육 환경에서 장애아동의 문해 발달과 능동적인 참여 지지에 기여하기 위해 어떤 역할을 해야 하는가에 관하여 연구한다.

M. Marilyn Tracey

New Mexico 대학교에서 정신지체와 중도장애를 위한 특수교육 박사과정 학생이다. Tracey는 애리조나 북동부 Diné Nation의 회원이며, 이중언어 교사, 상담가, 진단사 자격증을 소유하고 있다. 주 연구 분야는 문화적 · 언어적으로 다양한 인구의 이중언어 특수교육, 언어 지연과 언어 재생, 의사소통 발달과 대체 사정/평가다. 그녀는 주 수준에서의 평가 발달에 공헌하였다.

‖ 역자 소개 ‖

이미경(Lee Mikyung)
대구대학교 대학원 석사(언어치료 전공)
단국대학교 대학원 박사(언어청각장애교육 전공)
현 세한대학교 언어치료청각학과 교수
　　한국 언어장애전문가협회 언어치료사(1급)

〈주요 연구〉
중도장애학생의 기본교육과정 사회과 교육의 실제에 관한 특수교사의 인식(2012), 중
재학습경험전략을 적용한 이야기책 읽기가 중도 뇌성마비 학생의 어휘력 및 읽기이해
력에 미치는 효과(2011), 직접교수가 AAC 체계를 사용하는 비구어 뇌성마비 학생들의
음운인식과 단어재인에 미치는 영향(2010)

박경옥(Park Kyoungoak)
단국대학교 대학원 석사 및 박사(특수교육 전공)
한국우진학교 교사 역임
현 대구대학교 특수교육과 교수

〈주요 연구〉
발달장애학생을 위한 교수·학습설계에 대한 특수교사의 중요도 및 실천 정도에 관한
인식 연구(2013), 지체 및 뇌성마비학생의 비상징적 의사소통행동 평가 문항(AICD-
PD)에 대한 요인구조 확인(2011), 중도·중복장애학생을 위한 학교 교육과정 운영의
어려움과 운영 방향에 대한 교사의 인식(2011)

박윤정(Park Younjung)
단국대학교 대학원 석사(특수교육 전공)
미국 Pennsylvania 주립대학교 박사과정(특수교육 전공)

〈주요 연구〉
장애학생을 위한 국내 사회과교육 연구 동향(2012), A meta-analytic review of graphic
organizers and science instruction for adolescents with learning disabilities(2011), 중
도, 중복장애의 개념, 진단평가 및 교육지원 관련 연구동향 분석(2009), 희귀질환을 가
진 중증장애학생의 교육적 고려 실태 및 지원방안(2008)

‖ 감수 소개 ‖

한경근(Han Kyounggun)
미국 Pennsylvania 주립대학교 대학원 석사
미국 Illinois 대학교 대학원 박사
서울 강일중학교, 삼육재활학교 교사 역임
현 단국대학교 특수교육과 교수

〈주요 연구〉
중도중복장애학생을 위한 보완대체의사소통(AAC) 체계 중재 원리의 실제적 적용 방안
탐색(2010), 중도중복장애 학생의 성공적인 통합교육을 위한 협력적 지원에 대한 초등
학교 교사들의 인식(2009), 반성적 대화저널쓰기가 발달장애 학생의 글쓰기와 문제행
동에 미치는 효과(2008)

중도장애학생을 위한 문해교육

Effective Literacy Instruction for Students with Moderate or Severe Disabilities

2014년 5월 15일 1판 1쇄 인쇄
2014년 5월 20일 1판 1쇄 발행

지은이 • Susan R. Copeland · Elizabeth B. Keefe
옮긴이 • 이미경 · 박경옥 · 박윤정
펴낸이 • 김진환
펴낸곳 • ㈜ 학지사

        121-838 서울특별시 마포구 양화로 15길 20 마인드월드빌딩
대표전화 • 02)330-5114   팩스 • 02)324-2345
등록번호 • 제313-2006-000265호

홈페이지 • http://www.hakjisa.co.kr
커뮤니티 • http://cafe.naver.com/hakjisa

ISBN 978-89-997-0320-1 93370

Korean Translation Copyright ⓒ 2014 by Hakjisa Publisher, Inc.

정가 18,000원

인터넷 학술논문 원문 서비스 **뉴논문** www.newnonmun.com

이 도서의 국립중앙도서관 출판시도서목록(CIP)은 서지정보유통지
원시스템 홈페이지(http://seoji.nl.go.kr)와 국가자료공동목록시스템
(http://www.nl.go.kr/kolisnet)에서 이용하실 수 있습니다.
(CIP 제어번호: CIP2014013896)